歌で親善外交です
歌手・洪一峰来日
糊塗理髮師
洪一峯
寶島首席低音歌王
專程返國巡迴演唱
鈴鈴
Ring Ring RECO
洪一峰金唱集
版權所有
翻印必究
①可憐戀花再會吧
②悲情的城市
③台北發的尾班車
④再會夜都市
⑤夜間飛行
台視歌仔戲團
台灣寶島歌王歌后
洪一峯傑作第二集
CR-2016
山頂黑狗兄
出発 DEPARTUR
RR-6055
故鄉的男性
懷念台語名歌
洪一峰唱
放浪人生

序曲

〈山頂黑狗兄〉的歌聲在大廳迴繞著，熱情的「黑狗兄」已經告別山谷，回到燈火明滅的天家休息。

二〇一〇年三月十三日，寶島歌王洪一峰的安息追思禮拜在士林靈糧堂隆重舉行。靈糧堂一千五百個座位坐滿了教友、演藝界好友與無數感傷不捨，來自臺灣各個角落的歌迷。

追思禮拜在會眾唱詩、故人追思、禱告與教會詩班獻詩中進行。總統頒發褒揚令；洪榮宏唱〈思慕的人〉、讀家人給父親的「批信」，訴說對父親的感激思念。會場打出洪一峰「生平大事年表」與好友紀露霞、鄭日清、康丁、魏少朋的追憶影片。

禮拜結束，發引臺北市第二殯儀館火化。傍晚，禮車在濕冷的雨中抵達萬里「福田妙國」。牧師引領子孫到塔位專室安奉靈骨、禱告，隨後在〈思慕的人〉、〈舊情綿綿〉與〈淡水暮色〉婉轉交互的琴聲中，完成安奉追思大典。

洪一峰幼時窮困，音樂成就純憑自學。十七歲以精湛琴藝在西門町做街頭表演，為人寫生，嗣在餐廳、酒家遊吟走唱。戰後首開風氣，在萬華水門外淡水河邊舉辦露天音樂會，推展臺語歌曲，到二二八事變發生才解散。

一九五三年，洪一峰受聘在中廣臺南電臺彈琴駐唱，歌聲渾厚低魅，風靡府城。次年，應聘臺北民聲電臺，擔任樂師兼歌手，與洪德成、鄭日清、紀露霞、林英美、張淑美等現場演唱，轟動臺北。後應歌樂、女王、南國、臺聲等唱片公司邀請，灌錄〈寶島蓬萊謠〉、〈深更的吉他〉、〈山頂的黑狗兄〉、〈攤販夜嘆〉、〈相逢有樂町〉等數十曲；隨後加入亞洲唱片，傳世名曲源源推出，與葉俊麟合作的〈舊情綿綿〉、〈淡水暮色〉、〈寶島曼波〉、〈寶島四季謠〉、〈放浪人生〉、〈快樂的牧場〉、〈思慕的人〉等經典，傳唱迄今逾半世紀，「寶島低音歌王」盛譽，不脛而走。

十九歲發表處女作〈蝶戀花〉，迄八十歲完成〈愛常常喜樂〉詩歌，六十餘年間創作不輟，作曲一百六十首，作詞九十首，灌錄歌曲三百六十餘首，都膾炙人口。平生精通鋼琴、小提琴、手風琴、吉他、二胡等樂器，其自彈自唱的舞臺丰采，長留歌迷心中。

六〇年代演出《舊情綿綿》、《何時再相逢》、《無情之夢》、《祝你幸福》、《歌星淚》等電影，掀起臺語文藝歌唱電影熱潮。又擅長繪畫，留下許多精美歌簿插圖，是全方位藝術家。

與此同時，洪一峰於一九六三年應邀赴日演唱，躍登「日本劇場」豪華盛大舞臺，與國際一流歌舞明星合作演出；此後十餘年間，巡迴日本各大城市，備受聽眾喜愛及當紅歌手法蘭克•永井、水原弘、橋幸夫、北島三郎、森進一等人的敬重，並與作詞家川內康範合作，建立終生友誼，是戰後首位赴日發展的臺灣歌手。

洪一峰對臺語歌曲熱情執著，志節堅毅，至死不渝。而其為人謙沖厚實，氣度恢宏，是臺灣近百年來屈指可數的傑出歌手，低沉音色，前所未有。歌聲表現男性感情，時代心聲，撫慰一代心靈，陪伴大家走過那壓抑、蒼白、無言的五、六〇年代。二〇一〇年，遲來的金曲獎追贈「終身成就貢獻獎」。

他是臺灣人的「國民歌手」，名符其實的「寶島歌王」。

HUI HUANG

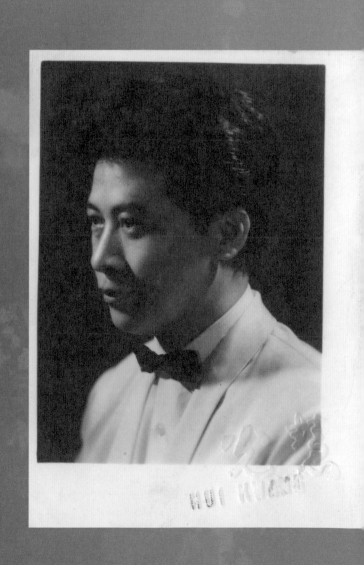

再會吧
Studio Memory

可憐戀花

生輝的年少時代

家境清苦的洪一峰，從小就對音樂感興趣。他不放棄追求，在貴人的挖掘及鼓勵下，激發了他開始思索自己的人生。然而，為了避免加深母親和大家的反對，他很少在家唱歌或彈樂。閒暇時刻，他抽空外出和志同道合的朋友們一起切磋練習。他也寫了一些曲子在街頭發表，可惜這些作品，在戰後一首也沒保留下來。

目睹戰爭的肆虐而大難不死，他面對戰爭的結束，只希望不再戰爭，一切平和。而後，民生凋敝，人人忙著重建家園，找尋生計，日常娛樂等已無暇顧及，洪一峰醉心的音樂也只好束之高閣。但，這只是他音樂旅途上的短暫休息……。

綿綿的可愛伊人

在時代的交響中，洪一峰與兄長日夜努力推展臺語歌曲。此時，他遇見了幾位音樂同好，眾人組合成露天音樂會，甚至集思廣益想出了「賣歌簿」的營利方式，讓音樂會可以細水長流。有的人刻鋼板，有的人負責銷售，而洪一峰負責繪圖，大家各司其職。逐漸地，水門外露天音樂會成為戰後臺語歌曲最初的舞臺，也是新歌手創作新曲、鍛鍊歌喉的所在。

直到母親過世，洪一峰不再有牽掛，開始遊走各地，所到之處都有喜愛他的歌迷。人生旅途上，他結識了幾個聰慧的女孩，無論過往的美麗與哀愁，她們都成為洪一峰生命中緊緊相依的靈魂伴侶。

掌聲響起的時候

才華洋溢的洪一峰，一度拍了電影，成為電影明星。但是，他最終熱愛的是音樂，憑藉著帶點磁性而渾厚的歌聲走入市井，深受民眾的迴響。無論是廣播電臺、電視，還是那卡西、歌廳秀，都爭相邀訪他演唱。代表歌曲一首接一首，源源不絕地產出，往往一推出便炙手可熱。

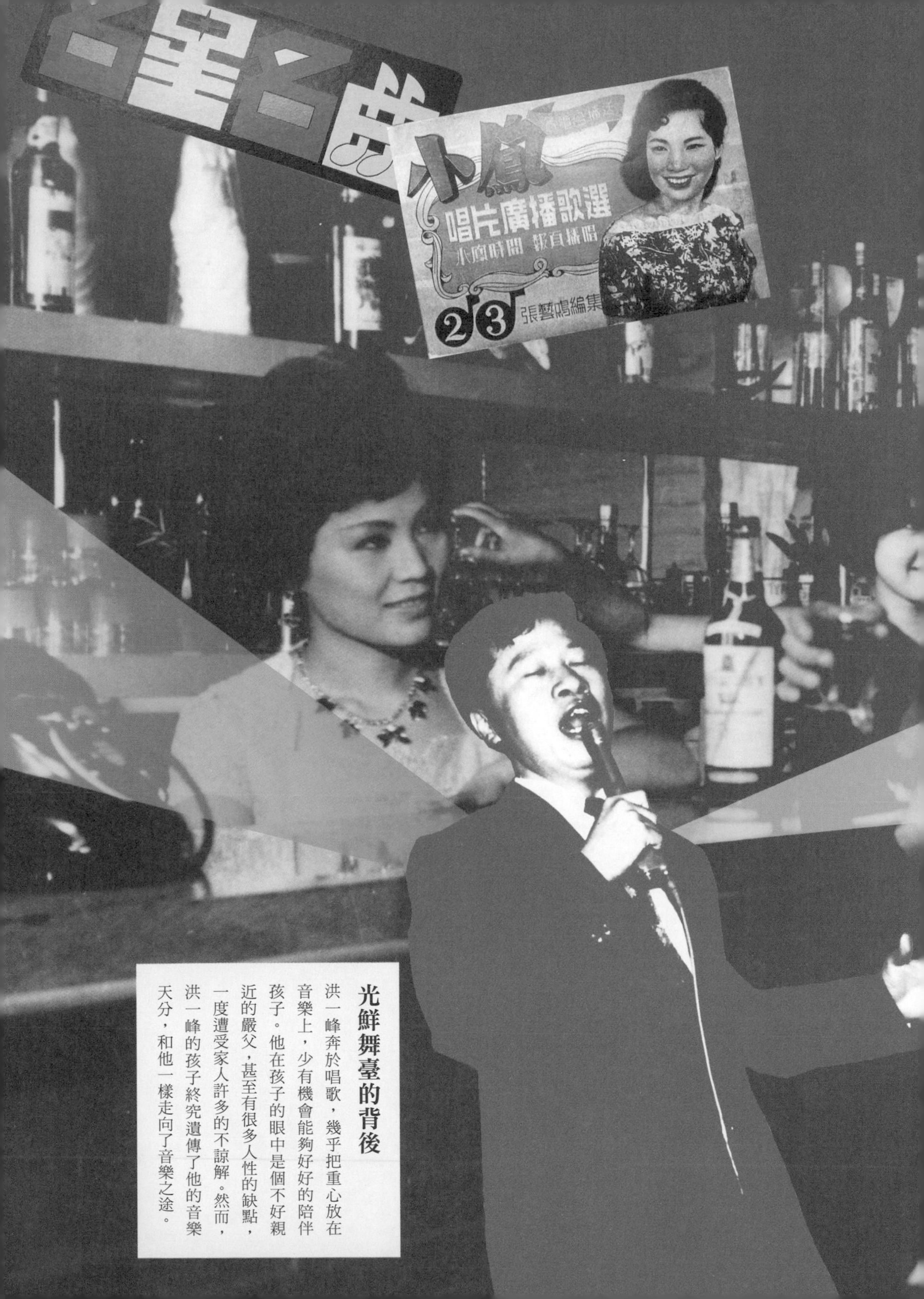

光鮮舞臺的背後

洪一峰奔於唱歌，幾乎把重心放在音樂上，少有機會能夠好好的陪伴孩子。他在孩子的眼中是個不好親近的嚴父，甚至有很多人性的缺點，一度遭受家人許多的不諒解。然而，洪一峰的孩子終究遺傳了他的音樂天分，和他一樣走向了音樂之途。

曲終人不散

上帝關了一扇門，必定會開另一扇窗。在漫漫的人生旅途中，人們飽嚐生老病苦，但洪一峰藉由信仰度過了最黑暗的時期，以及身體病痛的折磨。而家庭的原諒與包容，也讓他由藝術走向信仰，為自己的一生譜完終章。洪一峰在時代巨輪下的音樂家生涯，以及他為臺語歌用心努力的軌跡，將在記憶的舞臺上，雋永流傳……。

蝶恋花

洪一峰作詞作曲

3 - 21 | 3 - 21 | 2 1. 6 | 5 - . | 1 - 61 | 6 - 3 | 5 - . | 5 - |

312888 | 6856 3 | 2 - 3 | 5 - 656 | 1 - . | 1 - . ||

|| 1 - 23 | 5 - . | 6 5 3 | 5 - | 6 5 6 | 3 2 . 1 | 3 - . | 3 - 0 |

紅紅花蕊当清香　春天百花欉
南風吹來心輕鬆　漸漸重吳恋
白花開透送香味　文雅自然美
愛情投合在心内　空中月也知

6 - 36 | 5 - 3 | 2 3 1 | 6 - . | 2 - 35 | 6 3 2 | 1 - 0 |

青翠花朵定定紅　不驚野蜂弄
春色可比自由夢　蝴蝶賞花欉
春天阮着放心開　鳥隻乱乱飛
心心相印双人愛　終身相感介

i 7 i | 2 - . | 3 - 6 | 5 - . | 7 . 1 | 2 1 . 6 | 5 - | 5 - 0 |

心愛哥哥你一人　花美水遠同
心愛妹妹你一人　妳着正清香
阮是愛哥有情義　痛疼結相遺
咱是甜蜜做東西　遊賞咱世界

3 6 . 5 | 6 - 3 | 2 1 2 | 3 - . | 6 5 6 | 3 . 5 2 3 | 1 - | 1 - ||

阮是忍耐風雨凍　歡迎你一人
快樂美滿是無限　我愛妹一人
恋花多情多事非　不甘來分開
蝶恋花栽相等待　年久着原在

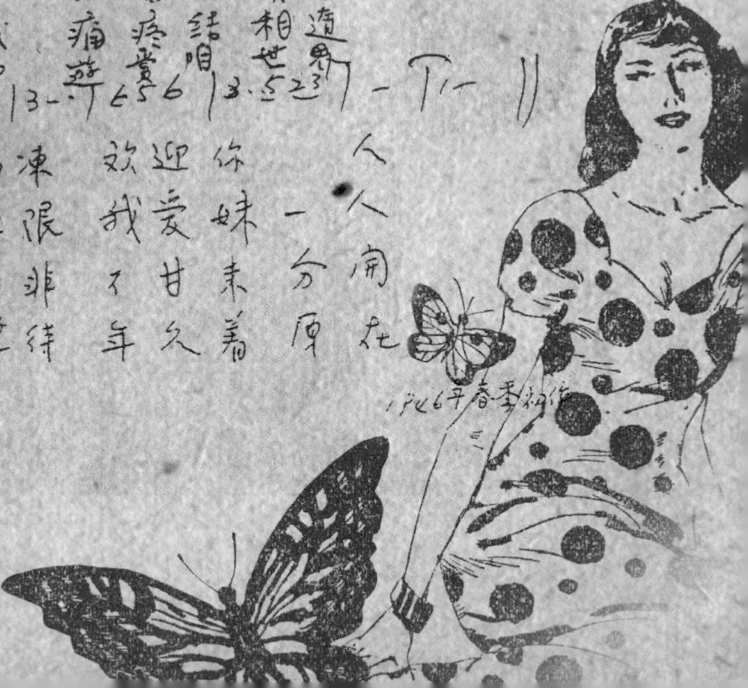

1966年春季初作

蝶戀花

作詞：洪一峰

作曲：洪一峰

山頂一个烏狗兄　伊是牧場的少爺
透早到暗真拍拚　牧場開闊規山坪
喙唸明朗的歌聲　透日歌聲唸袂定
伊的歌韻真好聽　聲好會唸蓋出名

有聽聲看無影　U Lay E Lee
歌韻響山嶺　U Lay E Lee
歌聲幼軟緣投得人疼　U Lay E Lee
U Lay E U Lay E Lee

阮的貼心烏狗兄　逍遙自在真好命
姑娘聽著心肝神魂綴伊行　央三託四共伊求親情

山頂的烏狗兄

作詞：高金福

作曲：Leslie Sarony

思慕的人
男兒哀歌
相逢有樂町
作詞：葉俊麟
作曲：渡久地政信

繁華的青紅燈
難忘的夜景
請原諒我總是需要揣前程
再會呀再會呀
癡情的女性
流浪的男兒心境
應該你是會分明
含情的黑目睭
妖嬌的模樣
雖然是引起我戀戀瞑日想
再會呀再會呀
難忘的姑娘
顧你的幸福自由
毋通替我來憂愁
再會夜都市

臺北發的尾班車

作詞：葉俊麟
作曲：豐田一雄

毋願露出心焦急　擛頭看天星
淒涼的夜景愈引我稀微
望再見　望再見　今暗總是愛分離
啊～～啊　臺北發的尾班車　欲開去

離別雖然咱雙人　無奈的同意
有心來相送應該的代誌
望再見　望再見　何必想伊目屎滴
啊～～啊　臺北發的尾班車　欲開去

抱著悲酸的心情　坐在車窗邊
想起彼當時純情的言語
望再見　望再見　愈想愈糟亂心機
啊～～啊　臺北發的尾班車　欲開去

綿綿

作詞：葉俊麟
作曲：洪一峰

一言說出就欲放予袂記得
舊情綿綿暝日較想也是妳
明知妳是楊花水性
因何偏偏對妳鍾情
啊～～毋想妳　毋想妳　毋想妳
怎樣我又閣想起
昨日談戀的港邊

青春夢斷妳我已經是無望
舊情綿綿心內只想妳一人
明知妳是有刺野花

舊情

因為怎樣我毋反悔
啊～～毋想妳　毋想妳　毋想妳
怎樣我又每暗夢
彼日談情的樓窗

男子立誓甘願看破來避走
舊情綿綿猶原對妳情義厚
明知妳是輕薄無情
因何偏偏為妳犧牲
啊～～毋想妳　毋想妳　毋想妳
怎樣若看黃昏到
著來想妳目屎流

作詞：葉俊麟
作曲：洪一峰

淡水暮色

日頭將欲沉落西　水面染五彩
男女老幼咧等待　漁船倒轉來
桃色樓窗門半開　琴聲訴悲哀
啊～幽怨的　心情無人知

朦朧月色白光線　浮出紗帽山
河流水影色變換　海風陣陣寒
一隻小鳥揣無伴　歇在船頭岸
啊～美妙的　啼叫動心肝

淡水黃昏帶詩意　夜霧罩四邊
教堂鐘聲心空虛　響對海面去
埔頂燈光真稀奇　閃閃像天星
啊～難忘的　情景引心悲

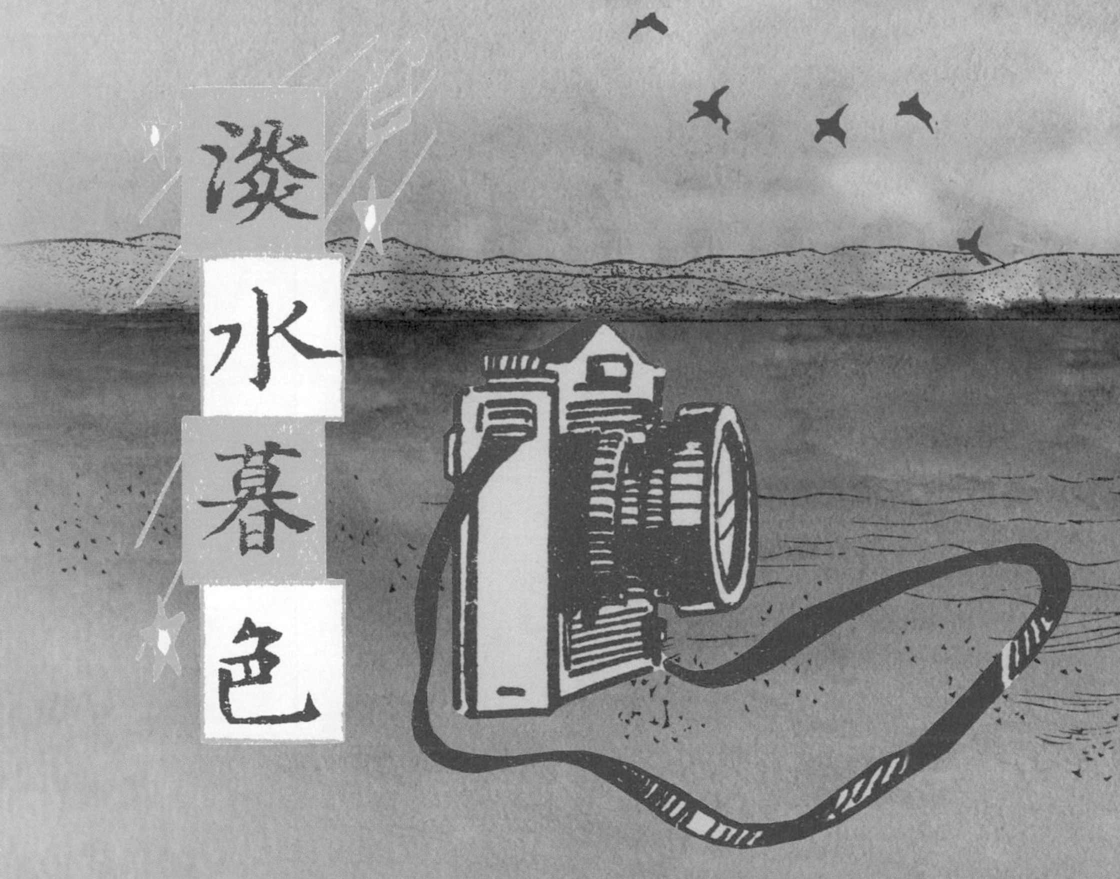

寶島曼波

作詞：葉俊麟
作曲：洪一峰

嘿呼　大家出來唸歌喔！（呵～呵）
嘿呼　大家相招來𨑨迌！（呵～呵）
無分男女老幼緊出來喲！（呵～呵）

寶島曼波　曼波寶島　寶島曼波　曼波寶島
寶島天清雲薄薄　南部妹妹𤆬兄哥
唱出寶島的曼波　我來拍鼓你拍鑼
喔～寶島　唱出寶島的曼波
來唱曼波　來跳曼波　相招來唱來跳曼波

寶島曼波　曼波寶島　寶島曼波　曼波寶島
寶島四季好𨑨迌　台東花蓮到蘇澳
海陸水路平波波　欲食海味免驚無
喔～寶島　唱出寶島的曼波

寶島曼波　曼波寶島　寶島曼波　曼波寶島
寶島透年生楊桃　也有荔枝甜葡萄
老人食著解心嘈　少年食著愛情好
喔～寶島　寶島少年愛曼波
來唱曼波　來跳曼波　相招來唱來跳曼波

寶島曼波　曼波寶島　寶島曼波　曼波寶島
寶島四季鳥隻多　鴛鴦水鴨上相好
逍遙自在咧奔波　吟出寶島的曼波
喔~寶島　寶島鳥隻唱曼波
寶島曼波　曼波寶島　寶島曼波　曼波寶島
寶島曼波　曼波寶島~
寶島歌王 洪一峰

目次 CONTENTS

序曲

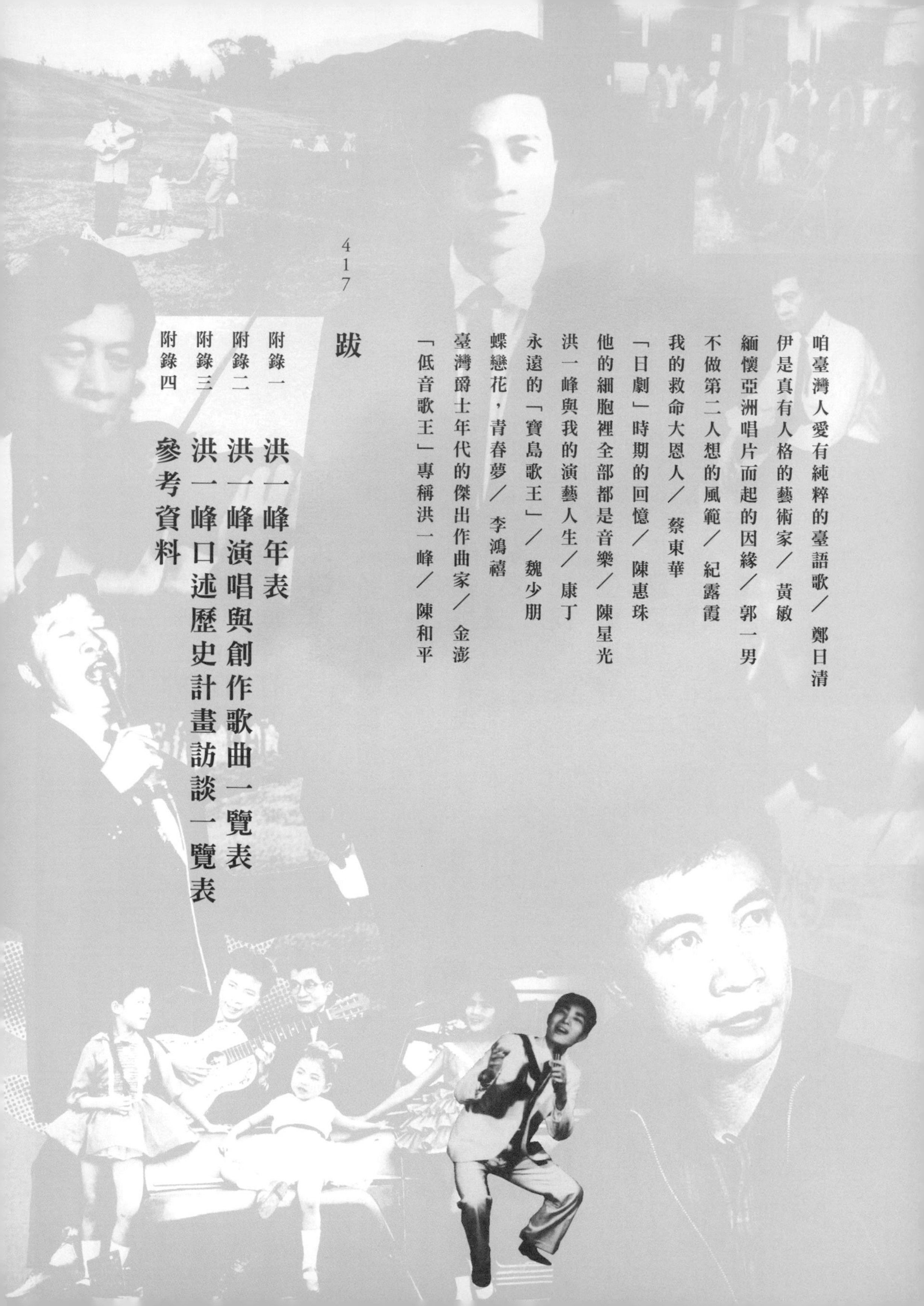

序一

洪家故事的見證者

／洪榮良

洪一峰的口述歷史訪談，從葉俊麟臺灣歌謠推展基金提出來至今，算算已經七個年頭了。七年的時間成就一本書，堪稱是一部巨著。感謝葉法官、李鴻禧教授、國禎、李老師和基金所有諮詢委員這段期間給我們很多的指導，跟我們一起了解我們的爸爸。

這裡，我也分享爸爸的這一段口述歷史。

大約是在二〇〇七到二〇〇八年，也就是爸爸八十歲前後這兩年，我們兄弟就想：要怎麼樣才能把爸爸創作的東西和他的故事，留給臺灣這片土地。不過正如李老師說的，臺灣的文化界很少為流行音樂文化的工作者寫一本書或留一些什麼東西下來，因此，如何落實這個想法，我們一直茫無頭緒。因為我是電視節目的製作人，二哥是音樂製作人，大哥是唱歌的，如果是用音樂、影像來記錄爸爸，那很簡單，但是對於純粹的文化紀錄片這方面則很陌生，認為應該要有文化界的人來參與才合理，卻不知道文化界有誰對這方面比較關心，也比較有專長。於是我們開始祈禱，期待上帝來成就、並祝福這件事情。

差不多過了一個月左右，葉俊麟臺灣歌謠推展基金的葉法官打電話來，說要做爸爸的口述歷史。而在口述歷史訪談進行了一段時間之後，臺灣大學的邱婉婷、臺北教育大學的張喻涵兩位研究生也來了，說她們論文的主題是洪一峰。於是多年來為爸爸做點什麼的構想，已經水到渠成。

身為洪家人，從小看爸爸，感覺一切都是那麼自然，沒什麼了不起，尤其那時爸爸比較不會表達，加上他喜歡向前看，我們如果問他：你作過什麼歌呢？影響有多大？他總是回答說：這沒什麼啦！但在我跟李老師結緣認識之後，發現每次帶他去做爸爸的口述歷史時，他總是發出尊敬和崇拜的目光注視著爸爸。原來李老師是爸爸的粉絲，說爸爸的歌影響了很多人，當兵寂寞時，爸爸的歌陪著他們；鬱卒的時候更是伴隨著他，是我們的上一代和這一代人共同的回憶。如果不把這些留下來，下一代人就不曉得有這麼一段歷史了。

口述歷史告一段落，我開始著手拍爸爸的紀錄片，片名是《尋找爸爸》。過程發現，我爸爸具備以下三個面向：

第一、「藝術家的爸爸」。爸爸是藝術家，他不斷地創作人生最美的作品——音樂。他的幾首歌正好可以形容他的人生：〈舊情綿綿〉，是伊的名；〈思慕的人〉，是伊的影；〈寶島曼波〉，是伊最愛的舞步；〈淡水暮色〉，是伊行過的路；雖然〈放浪的人生〉，是伊的過去；這位漂丿的黑狗兄（〈山頂的黑狗兄〉），如今已在〈快樂的牧場〉唱著伊〈愛常常喜樂〉這首歌。

我感覺，爸爸的歌就是一篇故事，一篇臺灣人的故事，也是我們家的故事。

第二、「教育家的爸爸」。爸爸是一位傑出的歌手，演唱創作之餘，透過教學，也把他一身工夫傳承給他的兒子和學生。小時候，我們家住臺南市青年路，爸爸每天對我們施以非常嚴格的訓練，清晨五點、六點，就把哥哥洪榮宏、洪敬堯、姐姐洪鶯娥和我叫起來排成一排，用日語的「あいうえお」五十音訓練我們發聲（有一次，李鴻禧教授對我說我爸爸唱歌的アクセント〔語調、聲調〕和義大利歌劇的發聲法是相通的）。不過，爸爸沒有老師給他訓練，他是聽了日本的音樂、國外的音樂後自己揣摩，最後形成「洪氏發聲法」，他就用這個發聲法訓練我們。

而為了確保喉嚨與發聲，早上，爸爸便以他獨特的養生法，叫我們嚼食蒜頭、紅蘿蔔、洋蔥，吞生雞蛋。說蒜頭顧心臟，吞生雞蛋顧肺管，洋蔥殺菌，紅蘿蔔顧眼睛。在這樣嚴格、用心的調教下，爸爸造就了我哥洪榮宏，使他在國語歌曲獨尊、臺語歌曲黯淡的七〇、八〇年代，崛起歌壇，大放異彩。

李老師的口述歷史訪問了鄭日清老師、陳星光老師、紀露霞老師等十幾位爸爸演藝界的好友，也訪問了爸爸的親戚和學生，讓我們瞭解爸爸小時候的家境非常窮苦，不像我們一出生就在音樂的家庭。他學音樂總是挨家人罵，所以只能在外面偷偷地學；起初沒有樂器，有的就是吃飽飯後，敲擊碗筷，發出 khin-khin-khiang-khiang 的聲音。但是環境的困難沒有埋沒他對音樂的熱愛，他一路堅持，樂觀進取，追求夢想，終於創作了許多經典，同時不斷從事教學，培養人材，對臺語音樂教育付出很大的心力。

第三、「缺席的爸爸」。口述歷史提到我們成長在一個破碎的家庭，兩家分開的十幾年間，爸爸在我們成長的過程中缺席了。我們處在平行線上，訪談時，很多事情要不要講出來讓人知道，經常使我們陷入掙扎。但是李老師總是耐心地和我們一起感受，當中有歡樂，也有淚水。

當初，媽媽帶著四個孩子回到外婆家——苗栗後龍鄉下生活。有一天，來了一位傳教士，姓蔡，叫蔡信淑，經過我們家門口，聽見我哥哥在彈琴，知道有一個單親媽媽帶著孩子在這鄉下地方很困難，於是開始關心媽媽，媽媽就在這個時候走入教會，生命從此有了極大的改變。而爸爸為兩個家庭困擾，心情不好，加上四處演唱，日夜奔忙，健康亮起了紅燈，最後暈倒歌廳舞台。住院期間，媽媽打了電話來關心，爸爸很訝異。電話中媽媽對爸爸說：「我們最近在教會裡。我說你身體不好，不如進來教會，上帝會解除你一切的痛苦。」爸爸聽了又驚又喜，怎麼世界上竟有這麼好的事？於是半信半疑，帶著阿姨和我妹妹來到教會。在教會，爸爸聽到詩歌一直流眼淚，心想是什麼力量可以感動我媽媽來原諒他？原來父親不管做多少好事，念多少佛經都無法得救贖的，上帝卻都願意饒恕他、赦免他一切過犯。

我的紀錄片劇本寫到這裡，就把電影的名稱改成《阿爸》，原來在我們生命當中，都有一個「上帝阿爸」在疼惜我們，讓失聯十幾年的阿爸又跟我們走在一起；也猛然發現，我們多久不曾跟爸爸拍過全家福了。於是在李老師去雙連安養院訪問我媽媽那一次，我便帶來攝影師，為我們家拍下十幾年來第一張全家福照片，照片中爸爸坐著輪椅，兩家人圍繞著他，神情滿足。每次看到這些照片，我就非常懷念，非常感激。

走過這一段歷程，每一個發生的故事都是現在進行式，不是過去式：爸爸進出醫院更加頻繁了，病情起起伏伏，口述訪談為此一延再延。爸爸昏迷躺在加護病房期間，記得是大年夜，我們全家人圍著爸爸病床，手牽手，彼此道歉。最後阿姨代表爸爸，說爸爸過去做錯了事，但他永遠是你們的爸爸，他非常愛你們，常常提到有你們這些孩子，讓他感到很驕傲。大家聽了都流眼淚。從那時候起，我們就更珍惜彼此的關係。

李老師說在雙連安養院的那一場訪問，帶給他很深的感動。事實上，這樣的感動透過《阿爸》的播映，存在許多人的心中。這幾年，我們去過美國、韓國、紐澳、馬來西亞、廈漳泉到西安，不管走過的是不是講閩南語的地方，大家看了這部電影才知道，原來臺灣有這麼好聽的臺灣歌謠；知道上帝在我們家施了恩典，使分裂的家最終和好，大歎這是神蹟。

最近接到一些信息，說很多人看了這部電影，爸爸跟兒子的關係修復了，丈夫跟妻子的關係修復了。我因此感覺，爸爸寫這首〈愛常常喜樂〉，就是希望每一個家庭都愛「常常喜樂」、互相感恩，而這首歌的歌詞就出自《聖經》帖撒羅尼迦前書的一段經文。

很榮幸，也很感謝李老師訪談期間的陪伴，他見證了愛與寬恕的神在我們家施行的一切美好。讀了這本書，你將更加瞭解我爸爸和他那個時代，並且熱愛臺灣這片土地、也蒙受這位阿爸天父美好的祝福。

序二

深愛臺灣的藝界長者

／葉賽鶯
文化公益信託葉俊麟臺灣歌謠推展基金委託人兼諮詢委員會召集人

洪一峰老師是家喻戶曉的寶島歌王。他和先父葉俊麟先生合作的許多歌曲，已經成為臺語文化的寶貴經典。在洪老師晚年，我有很多機會和他相處，讓我深切覺得，他是一位摯愛臺灣、多才多藝，令人敬仰的長者。

一九五七年，先父葉俊麟先生經友人介紹結識了洪老師，自此開啟兩人合作創作臺語歌曲的契機。先父每寫好一首歌詞，便交給洪老師譜曲、演唱，幾年間，為唱片公司錄製了不少膾炙人口的歌曲，如〈舊情綿綿〉、〈思慕的人〉、〈淡水暮色〉、〈寶島四季謠〉、〈寶島曼波〉等；也有逕以日本曲填詞，由洪老師唱紅的臺語歌，如〈悲情的城市〉、〈可憐戀花再會吧〉等，都傳唱至今。

當時年紀小，只記得洪老師是一位歌聲渾厚低沉，風靡全臺的名歌星，其他則一無所知。直到二〇〇七年底，我因為籌組「臺灣銀行受託文化公益信託葉俊麟臺灣歌謠推展基金」（以下簡稱「公益信託基金」）的關係，而與家母、舍弟登門拜訪洪老師，敦聘他為諮詢委員，之後，因開會和舉辦活動常有接觸，才對洪老師和他的家人有更多的瞭解。

洪老師擔任諮詢委員時，已經生病而不良於行，都由愛玲師母開車推輪椅陪著他來開會。記憶所及，洪老師除了看病不能來，否則幾乎不曾缺席；而出席，一定是聚精會神地參與討論。記得在臺北和基隆舉辦的兩場先父逝世十週年紀念音樂會上，他坐著輪椅出場，以顫抖的聲音唱出〈寶島四季謠〉、〈放浪人生〉等動聽歌曲，還說臺灣人唱臺灣歌是很自然的事，鼓勵大家重視臺語歌曲，令全場為之動容。

尤其令人感動的是二〇〇九年九月間，在國立臺北教育大學雨賢廳舉辦的一場「作詞家陳達儒與臺灣歌謠發展研討會」上，洪老師在愛玲師母的陪同下，坐著輪椅在臺下聆聽；研討會結束，還應主持人要求，對大家說了一段鼓勵的話；會後還和大家共進晚餐，親切地閒話家常。據我所知，這是洪老師生前最後一次的公開露面，展現他關心臺語歌曲，鼓勵學者研究的前輩風範。

那一年十月和十二月，公益信託基金和三重市公所、成功大學藝術中心、扶輪社等公私單位合作，在臺南成功大學醫學院會議廳和三重市體育場演藝廳，各舉辦一場「向寶島歌王作曲大師洪一峰致敬音樂會」（前一場由當時諮詢委員孫德銘先生主辦，後一場由洪老師的三位公子主辦），會場走道、階梯都坐滿了人，場外還有許多人進不來，迴響非常熱烈。可惜洪老師當天住院發燒，不能來參加，只好播放榮良在病榻前預先為他錄好的VCR，向滿場歌迷致意。

洪老師能寫能唱，精通鋼琴、小提琴、吉他、手風琴，又擅長繪畫，為臺語歌簿畫了許多雋永生動的插圖，還演過《舊情綿綿》等多部電影，是一位多才多藝的藝術家。

洪老師很重視孩子的教育，在臺語歌曲沉寂低迷的六、七〇年代，他費盡心力栽培每一位孩子，期望他們繼承衣缽、傳承臺語歌曲。他的心血沒有白費，孩子後來都有非凡的成就：洪榮宏是紅透半邊天的臺語偶像歌手，洪敬堯是名重歌壇的大編曲家，洪榮良是電視音樂節目和大型演唱會的名製作人、金鐘獎的常客。小女兒洪薇婷和愛玲師母也都能歌善舞。洪氏一門是臺灣歌壇知名的音樂家族，在臺灣音樂光譜閃爍耀眼的光芒。

洪老師往生後，榮宏兄弟在臺北小巨蛋為他舉辦了一場公益的萬人追思音樂會，會場眾星雲集，人山人海；每一位歌手，不分是否唱臺語歌的，都以能夠參加這一場音樂會為榮，而從國內外趕來。洪老師一生唱臺語歌，作臺語歌，演臺語電影；在戰後困難的年代，在淡水河邊舉辦露天音樂會，推展臺語歌曲；在圓環邊、廟埕賣歌簿，在酒家餐廳唱那卡西，聽底層聲音，走本土路線；最後有不分階層，超過萬人的歌迷聚在一起聽他的音樂、唱他的歌，緬懷他，敬仰他，給他畫上人生最美好的休止符，令人非常欣慰，也非常感動。

這本傳記的完成，來自二〇〇八年十月間公益信託基金諮詢委員會議的一項決議：為了向國寶音樂家洪一峰老師致上臺灣人對他的敬意，決定為他舉辦一場音樂會，在場諮詢委員李瑞明則加碼提出為洪老師進行口述訪談的構想，當場獲得與會所有委員的贊同和洪老師的首肯。於是眾人推舉李瑞明、孫德銘、吳國禎三位委員組成訪談小組執行這項決議。經過李老師的細心規畫，二〇〇九年三月起，訪談小組一行開始馬不停蹄地採訪洪老師本人、家人、親友和臺灣歌謠界的演唱家如紀露霞、鄭日清等數十人，最後由李老師整理資料，寫成這本傳記；洪老師家人則提供了大量未曾發表的照片。

費時多年的洪一峰老師口述傳記得以出版，要感謝李瑞明委員不辭辛勞的採訪和潛心撰寫；感謝洪老師在身心已很勉強的情況下接受訪談以及他家人全心全意的配合協助；感謝所有受訪者傾其所知，分享他們和洪老師相處的點點滴滴，並提供多年珍藏的資料，而使本書的內容更為多采多姿。

最後，要感謝前衛出版社費盡心思的編印這本書，而使臺灣歌曲得以留下這一部珍貴而豐厚的歷史。

序三

傾聽寶島史歌

／李筱峰
國立臺北教育大學臺灣文化研究所教授

我喜歡唱歌，而且不像孔仲尼「子於是日哭，則不歌」，我是不管哭不哭，皆歌，尤其喜歡唱早期的臺灣歌曲。說起臺灣歌曲，戰後最具「感動力」的作曲家，首推洪一峰無疑。我喜歡洪一峰，倒不是因為我們都是「峰」字輩，而是他寫了很多旋律動人的曲子，讓我在每次唱「卡拉ＯＫ」時，很難不點他的歌。〈蝶戀花〉、〈舊情綿綿〉、〈淡水暮色〉、〈思慕的人〉、〈男兒哀歌〉、〈寶島四季謠〉……我都百唱不厭。其中，一流作詞家葉俊麟生動的歌詞，已經扣人心扉，再經大師洪一峰的譜曲，更是絲絲入扣。

洪一峰為何能譜出那樣扣人心弦的經典旋律？原來他自小就有著靈敏的音樂感。洪一峰小時候住在有許多廟宇的艋舺（萬華），廟埕戲臺常常酬神演戲，洪一峰說：「我對戲臺上演些什麼並不了解，但對兩旁或幕後那綿綿幼幼、宛轉輕柔的絃仔聲、品仔聲，還有叮叮咚咚的鑼鼓特別感興趣，常常聽得入神。」不僅如此，小時候連火車聲都引發他的靈感。洪一峰小時候住在縱貫鐵路旁，他回憶說：

「……黃昏時有一班火車經過。『喀隆！喀隆』的聲響由遠而近，通過我家門前時，聲勢洶湧澎湃，隨即『喀隆！喀隆』地遠去消失，過程像交響樂的樂章。我的思緒常被火車引向遙遠的彼方，既幻想又有詩意。」

我愛唱洪一峰的歌已經唱了半世紀以上，從來不知道原來這位「寶島歌王」在小時候就有這種敏銳的音樂靈感。如果不是吾友李瑞明老師趕著在洪一峰老師的晚年採訪他，記下他這些珍貴的口述，我還無緣體會歌曲大師的心靈世界。以後我路經鐵路看火車經過時，應該不再有煩吵之感了。

我有幸與洪一峰老師、李瑞明老師同列「葉俊麟信託基金」的諮詢委員。「葉俊麟信託基金」是葉賽鶯法官為紀念她的尊翁葉俊麟先生設立的。我們有感於洪一峰在臺灣歌壇的成就與貢獻，應該記錄下來傳乎社會，特委請華文造詣深厚的李瑞明老師，對洪一峰本人及其親友進行口述採訪，記錄整理。在訪談進行告一段落時，洪一峰老師不幸過世！瑞明老師把握難得已採訪到的口述內容，再旁徵博引相關史料，完成這部《思慕的人：寶島歌王洪一峰與他的時代》。

本書的可貴，不只記錄洪一峰的歌唱、作曲、演藝的一生，也不只透漏了洪一峰的「羅曼上古史」、「羅曼近代史」……更讓我們看到洪一峰所經歷的大時代，讓我們看到洪一峰在歌曲世界、感情世界之外，他與時局的互動關係，使得本書更有史料價值，更具歷史意義。

很多人不知道洪一峰在戰後曾經當過警察，時間雖短，他以下這段回憶卻道盡當時從中國帶來的警察作風：「（攤販）一遭取締，東西被沒收，秤子當場被折斷，令人不忍。」「人家在賣煙，一群人（警察）過去把煙架打翻，香煙、現金沒收，人帶回派出所來。結果，好的菸留下來（警察）自己抽，剩下來的便用腳踩爛。抓私宰時，把沒收的豬肉拿回警局，大家就分一分帶回家吃。」

這樣的警察作風，果然在翌年一次取締私菸的衝突中，引爆二二八事件。洪一峰目睹了二二八事件的一幕：「二二八，像我這年紀的人都看到、經歷到，也感受到了！」「那時街上槍聲『砰砰磅磅』，家人叫我躲在床下不許動，但是鄰居有人從床下被拖出來，在門口就被槍殺了。崛江町那邊三、四個青年，只在屋前說說笑笑，沒做什麼壞事，三更半夜就一個個被抓上卡車載走，沒有回來。隔壁一位青年，清早被叫起來，走到大廳，就『砰』一聲，當著母親的面被打死，他是家裡的獨生子！祖師廟口幾棵樹，我親眼看見樹下伏著三、四具屍體，用草席蓋著。」

五〇、六〇年代兩蔣威權統治的政治輻射，也籠罩在洪一峰的演藝生活：有一次，洪一峰成立的「小鳳歌唱團」在西門町大世界戲院對面的圓環表演，正在拉小提琴的洪一峰被一位氣沖沖的警察走上來拍他肩膀說：「政府要反攻大陸了，你還在這裡唱歌！」表演被迫中止；有一次在嘉義演出，臺下一群高中生對洪一峰嚷著：「唱國語啦！唱國語啦！」；又有一次，一位退伍軍人跑到後臺找洪一峰，盛氣凌人打他一個耳光，質問「為什麼不唱國語」？

我們看到臺灣歌曲家的辛酸血淚，背後是外來統治者的奴化教育與文化霸權。這些時代的寫照，都經由李瑞明老師精細的訪談、流暢的文筆，在本書中呈現。

感謝李瑞明老師！懷念洪一峰先生！

李筱峰　於

國立臺北教育大學臺灣文化研究所

序四

淡水暮色，散塔露琪亞！

／鄭邦鎮
前國立臺灣文學館長、前臺南市教育局長

今年三月底，到臺北出席「臺灣前途懇談會」，巧遇葉賽鶯女史。以幾年前在國立臺灣文學館舉辦過她的先尊臺灣歌壇國寶葉俊麟先生（一九二一～一九九八）紀念音樂活動的因緣，而面囑我為這本新書作序。但仔細一聽，這本書卻是「低音歌王洪一峰」的傳記。這樣的交集，讓我腦中立刻閃出一曲〈淡水暮色〉！

我從小對音樂、歌謠，都是經由聲音的、感動的頻道，引起共鳴，直接哼唱曲調或歌謠本身，而不太留意作曲、作詞、主唱者是何人。也就是說，是美感性的本能共鳴，而不是知識性的追求活動。

記得一九五五年我念小學一年級時，從姐姐畢業典禮前在家反覆練唱的「驪歌初動，離情轆轆……」那張歌譜上，無師自通地悟出簡譜的一二三五六，而能唱成曲調的時候，我是多麼滿足於那個成就感，以致整天整夜不管歌詞而不停地哼唱那個曲調。姐姐說我怎麼才入學就在唱驪歌。長大後，當我的身心偶然接觸到〈思慕的人〉、〈舊情綿綿〉、〈男兒哀歌〉、〈再會夜都市〉、〈黃昏的故鄉〉、〈悲情的城市〉、〈海洋的國家〉、〈四月望雨〉、〈補破網〉、〈臺灣魂〉、〈鑼聲若響〉、〈夜半路燈〉、〈南都之夜〉、〈安平追想曲〉、〈悲戀公路〉、〈菅芒花〉、〈星夜的離別〉、〈男性的純情〉、〈孤女的願望〉、〈溫泉鄉的吉他〉、〈針線情〉、〈雙人枕頭〉、〈流浪天涯伴吉他〉……的時候，我的反應始終只有一種，就是甘心被感動，被征服，禁不住起共鳴，起激情，「不管伊是誰人，跟伊當作眠夢」般囀唱不停而已！難道，有人能聽到這些歌曲而無動於衷的嗎？

說到鄧雨賢，就想到李臨秋；沒有許石，就沒有劉福助；有謝雷，才有余天……。這些命題，應該都是研究者的理解與心得，那已經是學問了；若是尋常人家，歡喜就好，誰必須先去管年代先後、或作者唱者是誰。就是單純地當下接受它，珍惜它，陪伴它，展現它；不是因為必須記得住，而是由於從此忘不了的啊。我敢說，除了少數研究者之外，大部分的人都是跟我一樣的吧！

然而，洪一峰和葉俊麟，對我來說，就不太一樣，關鍵就在於他們的〈淡水暮色〉。

在我還不確知這首歌的作曲、作詞、主唱時，只因受感動，喜歡，百唱不厭，我內心就深深吶喊著：「〈淡水暮色〉，就是臺灣的〈散塔露琪亞〉啊！」我不知道為什麼中學時代的音樂課本裡有〈散塔露琪亞〉而沒有〈淡水暮色〉！回想起來，似乎直到有卡拉OK之後，我才完整地、立體地接觸到這首歌，而一見鍾情，相見恨晚。不過，仍然不在意誰創作、誰主唱。

一九八五年前後，我因必須專心趕寫博士論文，不得不準備辭去專任的臺南家專教職。對愛護我的李福登校長，和自己所熱愛的校園師生，心中有愧對，有不忍，也有不捨和不得已。同事中平日埋首研究蘇東坡「烏臺詩案」而沉默寡言的、年稍長於我的林俊銘老師，了解我的心事時，拍拍我的肩膀說：「這就是人間的無奈與不捨啊！」有一天，他忽然一反平日，就在辦公室裡又害羞又勇敢地唱了一首〈恰想也是你一人〉，說是要送我離開，同時也是用以替我安慰辦公室同仁與學校的告白。他影印歌本中這首歌給我，說，這是臺南人吳晉淮的作品，主唱的是洪榮宏，是鹽水人洪一峰的兒子。他從木訥中透露出來的前所未有的熱情，一時引起整個辦公室內全體同事的騷動和傾聽。大家乾脆請他反覆教唱，他竟也暫時放開得像電影《仙人掌花》裡的英格麗褒曼。畢竟，以當時的社會制約，一群「國文老師」在辦公室裡大唱臺語歌〈恰想也是你一人〉，是無法想像的事。最後，他還順便強調，寶島歌王很多，低音歌王只有一個，就是洪榮宏的父親，也就是和葉俊麟合作且唱紅了〈淡水暮色〉的洪一峰。我忽然有了問一得三的啟發，既獲慰藉，又發現他的深藏不露，且更自豪於我當初把〈淡水暮色〉比擬為臺灣的〈散塔露琪亞〉的英雄慧眼。從此以後，我更加欣賞低音歌王洪一峰了！

大約一九九五年起，我由於偶然的機會，應邀在國家電影資料館巡迴活動中，嘗試客串早期默片電影的「辯士」，那些活動又常常結合資深影歌星的懷舊演唱，因此我接觸到多位資深的寶島歌王歌后，文夏、紀露霞、鄭日清、洪一峰等等。另外，在解嚴後二十年來的反對運動、民主運動或選舉造勢場合中，學術界的後援助講和歌藝界的熱場表演，也往往在造勢現場產生黃金交叉。助講都是義務的，算是知識力量的回饋；演唱則應是有酬勞的，所以通常稱為「選舉秀」。有一次，大約二〇〇〇年前後，我在中部大肚山脈稜線上的龍井鄉一間主祀魯班的大廟廣場，為綠營候選人助講。當時天色稍近黃昏，臺中港海域的海景和滿天的晚霞，照映得美不勝收。我一時興起，趁著熱場之需，在正題開講前，跟聽眾介紹說，這般海洋臺灣的氣氛，比起義大利名歌〈散塔露琪亞〉的意境，毫不遜色。並且說，〈淡水暮色〉就是臺灣的〈散塔露琪亞〉！聽眾一旦被撩起情緒，就要求我唱〈淡水暮色〉。我早有此意，就毫不遲疑地引吭高歌，且獲得掌聲無數。等我又講演完畢要離場時，司儀宣布，低音天王洪一峰先生到場，即將展開一場選舉秀。洪一峰先生上臺第一首歌，果然就是〈淡水暮色〉，而且一開嗓高下立判，我還來不及離場，雖先夾藏在人群中，卻覺得被探照燈罩住一般，把我羞出一身熱汗。那次的經驗，至今不忘！

包括臺灣的〈淡水暮色〉是不是義大利的〈散塔露琪亞〉這樣的命題在內，我常常深思一些抽象的議題，例如：臺灣千百年前各原住民族音樂歌謠的實況如何？四百年來，每次後來的、外來的殖民統治者，是怎樣對待先前在地的藝術文化？中國國民黨據臺且戒嚴統治時期，為什麼會禁掉那麼多臺灣歌謠？又為什麼有些歌謠禁唱其詞，而又不禁奏其曲？

臺語歌天后江蕙為什麼猶豫三十年才初登場，又為什麼六、七年後就封麥？茱麗安德魯絲主演的《真善美》，不論在外國或在臺灣都是長期風靡的電影，但那故事情景，在臺灣不就是〈安平追想曲〉作者臺南人許石的家族合唱團的故事嗎？寶島歌王歌后的身世和處境為什麼總是有些困頓和不堪？國寶級的寶島歌王歌后不少，他們何時能像日本的「不死鳥」美空雲雀，或者都春美、島倉千代子，北島三郎、橋幸夫一般，被尊為「國民音樂家」呢？

唯一的低音歌王洪一峰先生（一九二七～二〇一〇）已高齡作古幾年了，研究他的論文漸多，而今天又在機緣之下，藉由李瑞明先生詳實地彙整大量照片、史料與口述訪談內容，以流暢的筆觸完成了洪一峰的傳記，甚至旁徵了親屬與同時代臺語音樂人的見證，一切都更豐富更有意義了。臺灣的「散塔露琪亞」——〈淡水暮色〉，是臺南洪一峰和基隆葉俊麟的天作之合，也是臺灣人的驕傲。我雖淺薄，總是使出全力地應命作序，來答謝葉俊麟的女兒葉賽鶯女史的錯愛！

壹。空想夢想的童年

一、

素有寶島歌王之稱的洪一峰，締造了臺灣歌謠的音樂盛世，從那卡西走唱，再到歌廳秀場表演，他的一生宛如臺灣歌謠發展史的縮影。

他的本名叫洪文路，於昭和二年（一九二七年）十月三十日，在臺北艋舺出生。他在母親懷胎三個月大時，父親便過世了。他一出生就是個遺腹子，連父親的照片都沒見過。

他的戶籍生日欄記載為昭和三年（一九二八年）四月一日，戰後戶籍登記為民國十七年（一九二八年）四月三日，龍山國小學籍資料則為昭和二年四月三日。生日撲朔迷離的情形，恰似洪一峰起伏多變的人生，帶著濃濃的傳奇色彩。

洪一峰的父親洪文櫳，臺南鹽水人，是一位民俗畫的畫師，以繪製「師公圖」和寺廟的壁畫聞名鄉里。「師公圖」是師公（道士）為人立壇做法事時，懸掛在法壇的十殿閻羅圖繪，描述人死後靈魂遊到陰間地府，受十殿閻羅審判的故事。在那個年代，很少有人從事這個行業，遠近需要的，大抵由他包辦。因此，南部歷史悠久的老壇，如果保有早期道教法器文物的，應該還有不少他的作品，這些已可算是國寶級的文化資產了。

洪一峰年幼時，即相當懂事，他依稀聽說某間廟宇或某個門徒手中，還保有父親的作品與手稿，可惜隨著時光的流逝，逐漸忘記了。

洪一峰幾無幼年影像，此處以洪榮宏與表姐合照，借代懷念。

繪畫之外，據說洪文櫳的書法也是一絕，可惜家人一件也沒保留。倒是洪家兄弟個個得到他的真傳——無論繪畫、書法、音樂或文學創作，都遺傳了父親的藝術細胞。

洪文櫳從他父親洪福螺的手中分到了五甲田地，是鹽水一帶的「富戶家」。不過，他因為專心繪畫，不善理財，「錢項的代誌」都交由大房（元配）掌理。不知何故，到他死前，田地都已賣光了。一說是大房沉迷於四色牌輸掉了；另有一說則與洪文櫳雅好風月有關，而這得從鹽水特有的風月文化談起。

鹽水，舊稱鹽水港，古稱月津，根據《鹽水鎮誌》的記載，這裡是十八世紀前後臺灣南部對外貿易相當重要的港埠。郊商雲集，市況繁榮，因此古有「一府二鹿三艋舺四月津」的說法。只是後來急水溪氾濫，港口淤塞，「倒風內海」急速內陸化，以致海運衰微，商旅四散，市景歸於沉寂。

直到日治時期推展現代糖業，臺灣最大的「鹽水港製糖會社」所屬「岸內製糖工廠」，再度帶動了鹽水經濟的繁榮，餐館、酒家隨之興起，生意人、糖廠職工與地方士紳酬酢交際，出入其間，久之便形成遠近馳名的鹽水風月文化。

想像洪文櫳這樣一位富於貲財而又才華橫溢的藝術家，閒來周旋於「群英樓」、「月津樓」、「醉花樓」的群芳之間，縱情揮灑他的財富與才情，似乎也不違背「常理」與「常情」吧？

洪一峰說：「我父親是愛藝術的人，他也愛到外面閒晃，可能是一些『粉味』的地方吧！」大姐洪鳳則說得直接：「我父親很風流！」

洪一峰的母親蘇治，是艋舺人蘇槌與蘇林氏銀夫婦的長女，小時候因為家裡貧窮而被送到鹽水洪家做「查某嫺仔」①（名義是「契查某囝」）。長大後，被洪文櫳納為二房，生下洪戊己（洪德成）、洪鳳、洪珠以及洪一峰等二男二女。

蘇治懷著洪一峰三個月時，正值青年的洪文櫳猝然過世，享年三十二歲。

洪一峰沒見過父親，但總能說出父親的許多故事：「聽說父親長得高高的，愛打拳，很會養生。有一天，他從外頭回家，還在庭院打了一陣子拳，突然痛苦喊說：『口渴！口渴！』母親端來一大碗公開水給他，他一飲而盡，隨後就……」洪一峰對父親的形影，全憑想像。

「人家說父親畫像畫得『真活』，卻不曾留下一張畫像給我們。」說到父親，洪一峰眼裡流露著孺慕與失落的神色。

丈夫猝逝，二房蘇治心力交瘁，處境為難，一方面洪家已經一無所有，另一方面有「虎姑婆」之稱的大房相對強勢。一個懷著身孕的「兩跤查某」②能怎麼辦？她想到幼時的生家。於是，她帶著八歲的戊己、四歲的洪鳳和腹中的孩子，回到艋舺。

生家依然窮困，蘇治回到家時，並不順利，兄弟常指著她說：「妳是因為家裡窮得養

註① 查某嫺仔：tsa-bóo-kán-á，婢女。

註② 兩跤查某：nn̄g-kha tsa-bóo，寡婦。

不起，才送人家做查某嫺的，如今卻帶著一群孩子回來！」不過，抱怨歸抱怨，日子久了，終究還是接納了他們。

生家人口眾多，破舊的房子不夠住，他們就在鐵路旁搭一間「板仔厝」棲身，房子周遭盡是麻竹園。

蘇治挺著肚子四處找工作，經人介紹在一間「打石仔店」打石。打石的工作相當粗重，灰塵瀰漫。蘇治為了養活孩子，只能咬緊牙關。

這一年秋天，蘇治生下了洪一峰。

二、

洪一峰到上學前都由外婆撫養。外婆常常把他放在小椅子上餵他吃飯；衣服破了，就一針一針地綴補。

母親在打石店工作了一段時間後辭職，到處打零工，晚上還為好幾戶人家洗衣服，可說是「磨指頭仔皮」③。後來往返北港、鹽水等地，在人家家裡固定幫傭，逢年過節才回艋舺。

母親因為經年「拖磨」④，帶著兩個「身命」⑤纏綿一生，一個是便秘，一個是頭痛。

註③　磨指頭仔皮：buâ tsíng-thâu-á-phuê。

註④　拖磨：thua-buâ，辛苦操勞。

註⑤　身命：sin-miā，體質。

註⑥　後斗：āu-táu，腦後方、後頭部。

大姐洪鳳說，小時候經常看見母親一天到晚抱著肚子在蹲廁所，不停地呻吟；洪一峰說，聽到母親「唉唉」地喊痛，大叫「來喔！來喔！」的時候，就知道母親的頭痛在發作了，便趕緊去拿梳子沾茶油，為母親刮「鬢邊」和「後斗」⑥，希望透過刮痧減輕她的痛苦。

洪一峰說：「也許是過分操勞，又有病痛，母親性地⑦急躁，一不如意就動氣罵人，讓自己受苦，也讓她的病更不容易好。」因為如此，家中的大小事就落在洪鳳的身上。

洪鳳長洪一峰四歲，小小年紀除了要煮飯洗衣、照顧弟弟，每天還得到蔗田去撿蔗槁、蔗葉和火車經過掉落的煤屑回來燃火煮飯。洪鳳晚年回憶時，自況是一個「查某嫺仔主婦」，說到有一回，因為口渴偷折甘蔗吃而被田主追打的往事，還感到鼻酸。

外婆家裡清寒，年邁的外婆，也要拖著纏足的小腳出去賣芋粿維生。洪一峰說：「外婆拄著拐杖，手臂掛一個籃子走到工廠門口，『芋粿噢！糕仔潤噢！跤車藤⑧好食，來買噢！』地叫賣著。一塊芋粿賣一錢❶，雖然便宜，可惜工人常常『身軀斷點』（身無分文），難得交關一塊，生意並不好做。好不容易賣完回家，阿媽就叫我的乳名：『戉福仔，戉福仔，過來，阿媽這个予你食，這仙錢⑨予你！』」他說：「阿媽給我的是『毋成物』⑩啦，可是卻很寶貴。」

艋舺廟宇多，一年到頭酬神許願、神明生、拜平安、普度等，行事不斷，終年有戲可看。外婆到廟埕戲棚腳賣芋粿，也常順便帶他去看「迎鬧熱」。洪一峰牽著外婆的衫裾走著走

註⑦　性地：sìng-tē，脾氣、性情。

註⑧　跤車藤：kha-tshia-tîn，麻花。

註⑨　這仙錢：tsit sián tsînn，「仙」為錢幣單位，音譯自英語cent。

註⑩　毋成物：m-tsiânn-mih，微不足道、無關緊要的事物。

洪一峰的大房媽媽（晚輩口中的「虎姑婆阿媽」）。

著，遠遠聽到戲臺鑼鼓聲，小小年紀的他，顧不得拄著拐杖走路、危危顫顫的外婆從後呼叫，便急向戲臺奔去。

「我對戲臺上演些什麼並不了解，但對兩旁或幕後那綿綿幼幼、婉轉輕柔的絃仔聲、品仔聲，還有叮叮咚咚的鑼鼓特別感到興趣，常常聽得入神，欲罷不能。」

草根絃管，野臺鑼鼓，已在洪一峰的幼小心靈，埋下了音樂的種子。

艋舺是個富於音樂的地方，有優美的傳統曲調，也有輕鬆有趣的現代旋律。「砰碴！砰碴！」是來到街角、廣場的小丑的鼓聲。聽到這樣的聲音，家家戶戶的孩子都跑到街上來，一路跟著小丑的腳步前進。

小丑的臉塗得白白，眼睛大大黑黑，鼻頭和嘴巴擦得鮮紅，誇張的造型，深深吸引孩子的目光。而更神奇的是他身上的機關，只要輕輕踩動踏板，就會觸動木槌，讓身前的大鼓、小鼓、銅鈸發出美妙的節奏。他就混在孩子的隊伍中，渾然忘我地越跟越遠。回家就在牆壁或床板上敲敲打打，發出同樣的聲音[2]。

對洪一峰來說，家裡周遭也不缺乏音樂。他說：「我家在鐵枝路腳，黃昏時有一班火車經過。『喀隆！喀隆！』的聲響由遠而近，通過我家門前時，聲勢洶湧澎湃，隨即『喀隆！喀隆！』地遠去消失，過程像交響樂的樂章。我的思緒常被火車引向遙遠的彼方，既幻想又有詩意。」

三、

洪一峰七歲時，舉家遷到北港。

新學年開學，洪一峰入學北港公學校一年級。而在艋舺東園公學校讀完二年級後輟學在家幫忙的洪鳳，來此復學讀三年級；大哥戊己已從公學校畢業，便在北港公學校念高等科。一家人離開貧苦的艋舺來到北港，不外想在這裡尋求生活的新天地。

當初蘇治帶著孩子回到艋舺，親情上固然多了一份依靠，只是生家日子並不好過，母親除了協助照顧孩子，也幫不上忙。後來人家介紹一位蔡姓後叔過來同住，家裡多了一個男人分擔家計，感覺上才踏實許多。

洪鳳說，這位蔡後叔是三重埔人，以「打金」為業，做人老實，工作認真。可惜正值世界經濟恐慌，日本陷入蕭條，殖民地臺灣也不能倖免，「打金仔」的工作，有一天沒一天的，極不穩定。

「無金仔好打，後叔便帶我們到北港去求發展。他有一個兒子錦德，住在那裡；而母親這幾年北港來來去去，對那地方也熟，一家人便搬過去了。」洪鳳說。

比起艋舺，北港算是「庄腳所在」，儘管它是臺灣最早開發的舊邑，也是北港郡治所在。擁有三百年歷史的北港媽祖宮，香火鼎盛，廟前街道是遠近部落、莊稼販售花生、番薯，採買日用雜貨的市集。每到牛墟「墟日」，各地牛販、農民爭相趕集而至。柑割（雜貨店）、牛具、種籽、打鐵、嫁妝、糕餅、米糧等店鋪外，路旁的攤販更是各據要津地吆喝客人，好不熱鬧。還有打拳賣藥的技藝雜耍，五湖四海地到處喧騰；更不用說每年三月，遠從四方「割香」⑪而來的進香客如何把宮口擠得水洩不通的景象了。

這裡「金仔店」開了兩家，遠近嫁娶、彌月、度晬、謝神需要的手環、金牌、披鍊，都來這裡備辦。蔡後叔受僱在這裡工作，生活暫時安定下來。

不過，蘇治的身體還是很差。孩子們都在上學，蔡後叔憑一個人的收入，不足以應付生活的開銷，只得在家承接一些客人委託的「翻金」雜務，賺些外快。只是藥水滾開時冒出來的氣味，嗆得家人呼吸困難，不停咳嗽，無法睡覺，不得已，只好移到屋頂上去做。

「查某嫺仔主婦」洪鳳，課後仍然要到田間撿拾柴火，到農民收成過的田裡翻扒掉落的番薯、花生、綠豆、稻穗。稻穗撿回家後曬乾，再用碗緣刮粒，裝入「一升瓶」❸裡搗穀去殼，所得糙米，便是一家人的主食。

兩年後，洪一峰的哥哥洪德成從高等科畢業；大正九年出生的他，已是一位相貌堂堂、滿懷理想的熱血青年了。洪鳳說：「大哥有才藝，口才又好，畢業後整天不是看書，就是

註⑪　割香：kuah-hiunn，進香、帶著佛像上廟宇參拜。

到外頭和一群朋友在一起。晚上則拚命寫作，想做小說家，整晚不睡覺。」

這位文學青年，穿一領「詰襟」（chumeeli）的學生服，戴副眼鏡，抽著菸，手上捧著新出的文學雜誌，口袋插一本文庫小說，和朋友們高談闊論，一副新潮前衛的派頭。洪鳳抱怨說：「這位阿舍，我母親最疼他了，雖然反對他寫什麼小說，卻默許他可以不必做事。人家『勤勞奉仕』，一戶指派一名『公工』出去掃地、鋪路、起造神社什麼的，他學校畢業了自己不去，老是推派我去，母親也不說他。」洪一峰的母親或許從這位兒子身上，看到那逝去不久的丈夫的影子吧！

一九三五年臺北剛辦完盛大的「始政四十年博覽會」，各項活動蓬勃展開，松山機場、新公園、公會堂次第落成，新的臺北，新的願景，召喚著他。他不甘蟄伏在這南方舊邑，他蓄積著充沛的能量，要雄飛，要遠征。往往幾天不見，已經騎著單車往返於北港與臺北之間了。

不久，他在臺北榮町街角的「新高堂」，找到一份配書兼店員的工作，每月雜誌新書一到，都可以先睹為快。這距離他追求的夢想，大大地跨進了一步。

他，是五、六〇年代臺灣廣播節目製作、編劇，臺語歌曲創作上頗享盛名的洪德成。

剛入學的洪一峰，初來乍到，看「下港囝仔」全身曬得烏烏亮亮，頭頂剃得金爍爍⑫，上課規規矩矩地聽老師唸一句大家跟著唸一句的情景，感到非常新奇。他記得老師教大家

註⑫　金爍爍：kim-sih-sih，發光、閃亮的樣子。

寫個人姓名的情景：「老師一個一個指導，然後叫人上黑板去寫自己的名字。我那『洪』字的『三點水』和『共』字，寫得開開的，『四四角角』的，還有深刻的印象。」

洪一峰喜歡「習字」（書法）和「唱歌」兩科。他的字一筆一畫，圓圓飽飽的，常被老師貼到教室後面，讓同學們觀摩；到了「唱歌」的課，就和同學們比手畫腳，大聲地唱，非常開心。他看老師的手在琴鍵上來回彈著，音箱就像人的吐納一樣流瀉悅耳的聲音，非常有趣。他總是一邊唱著，一邊盯著風琴不放。

四年級的級任老師野世先生，看他上課專注，聲音宏亮，與其他孩子不同，有時會點他範唱，糾正缺點，課後再指導發聲技巧，使他獲益良多。

洪一峰說：「老師的教育，首先是培養——有疼惜心，有方法，必要時指點一下；其次是褒獎；再來是給他機會發揮。我看野世先生對我，『淡薄仔』是有這個意思。」

幾年前，在一次長篇訪談中，洪一峰曾說野世先生是他的「恩人」，不僅啟發他的音樂才能，也鼓勵他往音樂的道路邁進。自此，洪一峰和音樂結下了深刻的緣分。

四、

幾年後，隨著年齡的增長和各人生涯的考慮，家人又陸陸續續離開北港，回到艋舺。

最早一位是洪德成，在新高堂找到了工作。其次洪鳳，十四歲那年北上，轉回東園公學校繼續就讀，次年（昭和十三年）三月畢業。

母親蘇治，這一年把戶籍「轉寄留」在堀江町三三五番地本籍地，留下十一歲的洪一峰在北港。次年九月，洪一峰回到了艋舺，轉入龍山公學校六年級下學期，於昭和十五年（一九四〇年）三月畢業❹。

在北港幾年間，洪一峰也成了「烏烏金金」的下港囡仔，回到艋舺，難免一副「土裡土氣」的模樣，所以畢業時，渡邊老師給了他「田舍臭い」的評語。「不過，或許因為如此，他的書法和圖畫才顯得特別傑出，在班上數一數二，實在了不起。」渡邊老師這樣讚美他。

檢視洪一峰在龍山國民學校的學籍資料，小學一、二年級，他的成績只是中等。三年級以後，書法、圖畫、唱歌、體操各科表現則很突出，特別是書法、圖畫兩科達到九級，藝術性向非常明顯。令人意外的是，「唱歌」一科，畢業時掉到了七級，是否因為剛從鄉下轉來難有表現，抑或與青春前期聲帶變化有關，不得而知。

資料顯示，第四學年開始，洪一峰常常生病請假，那一年病假請了十七天；五年級請了十七天，六年級請了九天。而「保護者」（家長）蘇治的職業欄寫著「日稼」，還是靠打零工維生。能夠這樣完整保存七十年前學生的紀錄，是臺灣學校一大傳統特色，令人不得不致以由衷的敬意和感激。

索引表

番號	姓名	番號	姓名	番號	姓名
1	曾火來	29	許遠東	57	葉[illegible]火
2	林[illegible]輔	30	黃天賜	58	李[illegible]
3	林老秀	31	林江玉	59	張嘉祥
4	江瑞金	32	陳清海	60	[illegible]
5	吳世明	33	蕭士慶	61	
6	洪維欽	34	李金土	62	
7	黃鴻福	35	王金生	63	
8	朱文進	36	陳朝陽	64	
9	游德惠	37	[illegible]財	65	
10	鄭根枝	38	王[illegible]成	66	
11	林金潭	39	洪和來	67	
12	林溪河	40	王[illegible]星	68	
13	高連生	41	黃水泉	69	
14	林添貴	42	吳永	70	
15	周旺	43	黃明卿	71	
16	洪自然	44	陳伯文	72	
17	林海山	45	黃慶生	73	
18	梁東基	46	[illegible]	74	
19	張振坤	47	林榮吉	75	
20	陳坤渭	48	潘加勝	76	
21	洪進根	49	吳慶德	77	
22	黃路漢	50	黃[illegible]慶	78	
23	陳金福	51	朱添鐘	79	
24	王天右	52	潤茂冬	80	
25	王[illegible]	53	陳萬來	81	
26	洪文路	54	林昭明	82	
27	林慶鏞	55	胡聯興	83	
28	陳榮雲	56	陳以烈	84	

備考：每學年年長順ニ依リ整理ヲナスト雖モ中途入學者ハ最後ニ整理シ中途退學者ハ缺號トス

畢業生名錄上可見「26 號洪文路」和「29 號許遠東」的名字。

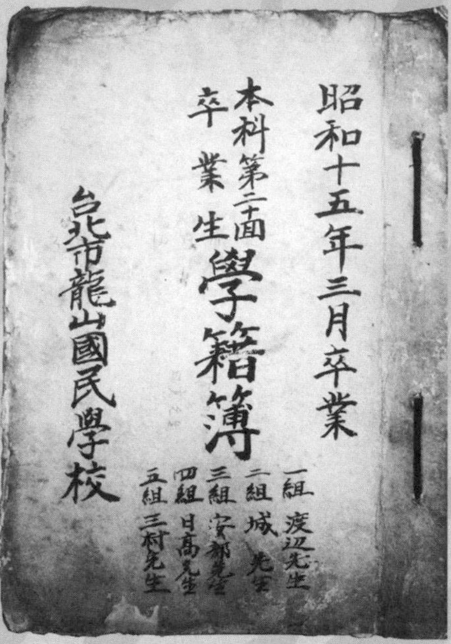

一組 渡辺先生
二組 城 先生

四組 日高先生
五組 三村先生

龍山國民學校昭和十五年三月卒業生學籍簿。

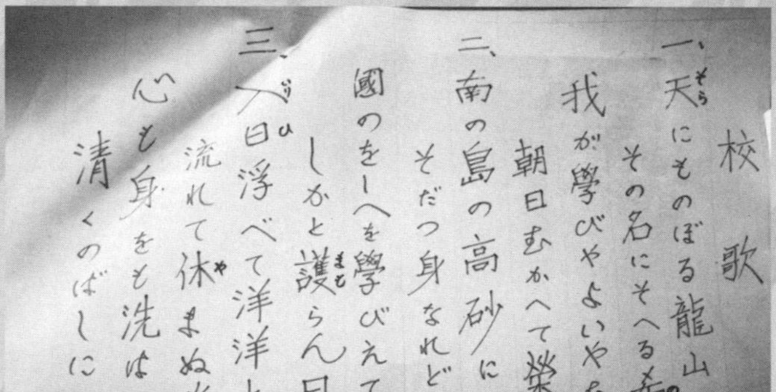
一、天にものぼる龍山の
その名にそへる希望もつ
我が學びやよいやたかく
朝日むかへて榮えませ。
二、南の島の高砂に
そだつ身なれどゆたかにも
國のをしへを學びえて
しかと護らん日のみ旗。
三、入日浮べて洋洋と
流れて休まぬ淡水に
心も身をも洗はれて
清くのばしにこやかに。

龍山國民學校日治時期校歌。

校史記載，龍山國小的前身是大正四年（一九一五年）借艋舺祖師廟為臨時校舍而創辦的艋舺第二公學校，附屬於「臺灣公立女子高等普通學校」。次年十二月新建校舍完成，遷回現址；十一年四月一日改名「龍山公學校」，成為「臺北州立第三高等女學校」的附屬小學。

一九四〇年四月一日，洪一峰畢業後一個星期，總督府廢除了日本人子弟讀「小學校」、臺灣人子弟讀「公學校」的差別待遇，小學一律改稱「國民學校」。這名稱沿用到一九六八年實施九年國教，才改為「國民小學」迄今。如此說來，洪一峰是日治時期「公學校」的最後一屆畢業生。

筆者走訪龍山國民小學時，適逢該校盛大慶祝創校九十週年校慶後不久，老師們知道洪一峰是七十年前畢業的傑出校友，都感到與有榮焉。龍山公學校時代的校訓是：「よく学べ、よく遊べ。」（「好好地學，好好地玩。」）簡單明瞭，讓人眼睛一亮。「日本時代小學的教育理念挺好的！」年輕的女老師看到校史室裡的資料，感到非常意外。教育的理念，不該有教條，而且越簡單越好，不是嗎？

昭和十五年，洪一峰升讀龍山國民學校高等科。日治時期五年制中學（日本戰後稱為「舊制中學」）課程，包含預科二年、本科三年。前者招收小學六年畢業生，後者招收小學高等科畢業生或中學預科結業者。高等科附設於小學，修業兩年，程度相當於中學預科，或戰後新學制的初中二年級。

洪一峰高等科畢業後，不再升學。除了家計不容許外，按捺不住對音樂的狂熱而不想待在學校裡，也是原因之一。

坊間著作傳聞：洪一峰念龍山公學校時，老師教過他小提琴。訪者求證他時，他說：「好像沒有。」渡邊老師的評語說他書法、圖畫很棒，可沒提到「唱歌」。而且誠如前述，他在龍山公學校六年級下學期「唱歌」一科的成績，還是退步的。

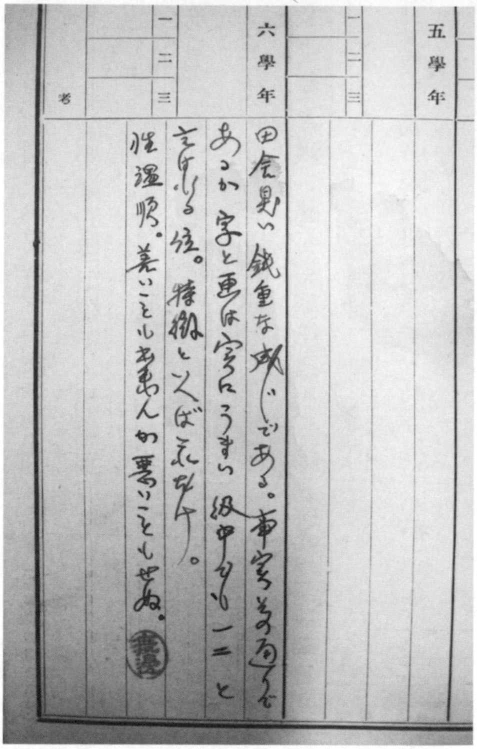

洪一峰於龍山公學校畢業時，渡邊老師寫的評語。

當時「唱歌」的教學樂器是風琴而非小提琴；而在那個連日本小孩學琴都很稀有的年代，一個窮苦的臺灣孩子，是否有機會學琴，都很令人懷疑，因此也就不存在老師可能單獨指導他小提琴的問題。

「那麼高等科期間，老師是否教你小提琴？」他的答案是：「沒有這個印象。」學琴是多麼重要的學習經驗，對一位音樂家來說，怎麼可能會忘記呢？不過，高等科期間，洪一峰的確跟朋友學了小提琴，而且還學了大提琴。只要不是吹奏的樂器，拿得到手的，他都渴望一試，而試了很快就上手。

五、

這時，臺灣內外局勢已有很大的變化。昭和十二年（一九三七年），發生影響重大的「支那事件」。洪鳳從公學校畢業時，松山機場首度遭到砲火攻擊，臺灣進入戰時體制：臺北燈火管制、地方組成青年團、各地加緊招募軍伕投入中國戰場。

昭和十四年九月，洪一峰回到臺北時，希特勒閃電入侵波蘭，揭開二次世界大戰序幕；總督府確立了工業化、基地化、皇民化三大施政方針，禁陰曆、改姓名，如火如荼地展開皇民化運動。

昭和十六年（一九四一年）十二月八日，日本偷襲珍珠港，美國參戰，太平洋戰爭爆發。這時洪一峰就讀高等科二年級，每天沉迷於音樂；洪鳳則在「生活戰線」上，重複著「走米」、幫傭和擺攤生意，為家忙碌著。

走米，就是戰爭期間從事「黑市米」買賣的「YAMI」（闇）行為。

統制經濟下的臺北，配給買賣的米糧根本不夠吃，市內也已無糧可買，要吃米，只有到鄉下產米的地方去設法。洪鳳就常迢迢走到八里樂山院附近農家去買米，回程再坐竹筏渡河，搭乘火車回家。

洪鳳說：「一次頂多背一斗米，要買也沒得多買；中途，遇臨檢發現，還會被充公呢！有一次，我揹大女兒佐智

洪一峰的大姐洪鳳。

子❺去，中途遇到空襲，急忙躲入附近防空壕，忽聽背後『叩！』一聲，女兒哇哇大哭，原來防空壕的門太低，撞到女兒頭額了，一緊張，竟把背上的女兒忘掉了。這一斗米還不是要煮來當三餐吃，而是用來磨成更高價值的『芋粿』，拿去賣了賺取差額回來貼補家用的。」

洪鳳公學校畢業後，受雇在日本人家裡照顧小孩。有一次，她揹著小主人參觀提燈遊行，被同學看到了，感覺「真見笑」⑬，於是改去三重埔蔡後叔家附近批鹹菜回來賣，或去工廠批芎蕉膏（類似羊羹），由洪一峰以消毒筷一支一支串好，搬到軍營，賣給阿兵哥。

有一回過年，母親正愁年關難度，洪鳳心生一計，向人借了十塊錢買了一批紅紙、筆墨，釘一塊板子，放到龍山寺旁，由洪一峰現場揮毫，寫些「春」、「福」之類的對聯，賣給香客、行人，生意居然不壞。幾天下來，母親的煩惱都解決了。

洪鳳十七歲那年，為戰爭也為生活，「疏開」⑭到嘉義鹿草洪珠的家。（洪珠在「度晬滿」就被送給當地一戶農家做養女。）期間，就到嘉義一間製粉工廠「打大麵」、「做豆簽」，一天賺「三角半銀」。她說：「能夠減輕家裡負擔的，我什麼都做。」

當她帶著賺取的工資和阿珠家人送的一袋土豆回到臺北時，路上遇到盤查，警察懷疑那是黑市買來的，予以沒收。洪鳳心有不甘，隔天跑去警署理論，說東西是她從「緣故疏開地」❻帶回來的「土產」，不是私貨。警察查知實情，又見她「誓不甘休」的態度，只

註⑬　見笑：kiàn-siàu，丟臉、沒面子。

註⑭　疏開：soo-khai，戰爭時為了躲避空襲而疏散到鄉間。

好讓她領回。

「大人都給你充公去了，你卻拿得回來，你哪會遐賢⑮？」鄰居都稱讚洪鳳「有辦法」。

這趟「疏開」之行，洪鳳認識了製粉工廠的陳姓老闆。不久兩人「結婚」，生下一女。但洪鳳不甘屈居陳家老二，於是帶著出生的女兒回艋舺娘家，自己撫養。

六、

洪德成在「新高堂」工作愉快，有一天，在店裡看到廣告，說日本一家黑瓦工廠招募工人，他逮住機會，船票一買，就到日本去了。

洪一峰相當佩服大哥，他說：「大哥看到廣告，幾天興奮得睡不著覺。到了日本，他日時做工，透早配送報紙，暝時讀夜間學校。那兩、三年間他拚命工作、讀書、寫作，渴望成為小說家。後來戰火燒到日本本土，母親日夜擔心，急叫我拍電報說：『母親病危速回』。他接獲電報趕回臺灣，卻找不到工作，只好到街上幫人畫像，或到龍山寺前面公園找人算命。不久，戰爭就結束了。」

「他在日本貫徹日本精神，隨時講日語，回到臺灣，一句臺灣話也不會說了。問他臺灣話，他答日本話；焚香祭告『公媽』，說他平安回來了，講的也是日語。臺灣光復，語言變不通，以前拚命學的，都沒用了，一切從零開始。但是他很努力，不久，就出了漢文

註⑮　賢（替用字）：gâu，能幹、有本事

小說。他很熱情，在日本，每天寫日記。他的日記，給我很大的影響。那是令人羨慕的日本半工半讀時代。日記裡常寫著『夢的東京』、『希望的東京』之類的話。」

大哥對文學的狂熱，激發洪一峰閱讀與寫作的興趣，思索自己的人生。課餘，他成為「新高堂」的常客，參考書、小說之外，也看基礎樂理和音樂家傳記之類的書。西方作曲家的作品還似懂非懂，他們創作的歷程卻讓他悠然嚮往。知識的窗戶一旦打開，外面的世界五花十色，刺激著洪一峰努力再努力，生怕自己停頓下來。洪一峰說：「想到自己後來也作一些曲子，唱一些歌，都是那個時候奠下的基礎。」

時值昭和歌謠的全盛期，藤山一郎、霧島昇、東海林太郎這些深受日本人愛戴的歌手，自然成為青年男女傾慕的偶像。不過，在戰時體制下，時局歌謠、愛國歌曲取代一切，年輕人唱的都是這些曲調，洪一峰也不例外。

他和大哥常到臺北公會堂參加萬華青年團的活動，有時在臺下當觀眾，有時也上臺唱〈支那之夜〉之類的歌。級任老師喜歡音樂，常鼓勵他去參加。

洪一峰熱衷音樂，卻因母親和大姐反對而避免在家唱歌或彈樂器，只有利用假日外出時，和志同道合的朋友們一起切磋練習。洪一峰說：

「我是足癮⑯的啦！別人練習六、七個小時就夠了，我會連續練十幾個小時也不覺得累。雨天走路時，還把雨傘當琴練習；晚上睡覺，手指都還在動呢！練習的琴原本是借來的，有些還是朋友淘汰不要的。後來存錢，才買了便宜的二手貨。在外頭大家一起學，往

註⑯　癮（替用字）：giàn，對某事物極度渴望、迷戀。

往今天學的，明天就派上用場。說來非常勇敢，好像在講笑話，其實只要有熱情，事情就不會困難。」

「因為聽到我的聲音，大家都『相爭欲鬥陣』。本來煩惱沒有樂器可以練習的，現在都不成問題了。」

剛開始，是洪一峰去找朋友；漸漸地，是朋友主動過來邀他一起練習。

高等科畢業後，洪一峰進入附近的工廠工作。那是把蔗粕壓成蔗板，做為建築材料，附屬於臺北製糖所的副產品加工廠。

母親和大姐正為他可以工作賺錢分攤家計而高興，他卻對每天單調的作息感到無聊。唯一令他振奮的是一位姓楊的同事，總是一邊工作一邊哼著輕快的旋律，讓他樂思起伏。「我人在工作，心裡卻都是音符在跳躍呢！」

不到一年，洪一峰提出辭呈，告別生平第一次的就職生涯。

註❶ 錢，日本貨幣單位。十錢為一厘，十厘為一圓。

註❷ 這是傳自日本的廣告形式，也是迷人的街頭藝術，當時臺灣從事這活動的大抵是日本人。據說戰後三船敏郎從滿州回到日本找不到工作，曾寄身在廣告團裡扮演小丑，逗人發笑，直到一九四六年六月參加東寶映畫的「徵選new face」而躍上銀幕。

註❸ 一升瓶，日本容量一．八公升的清酒瓶。

註❹ 在龍山公學校六年一組六十名同學中，有一位叫許遠東，後來當到中央銀行總裁。

註❺ 洪佐智子，戰後改名洪金英。

註❻ 緣故疏開，指戰時為躲避空襲災害而借住到鄉下親友家的疏開行為。

貳。歌唱生涯的發端

一、

踏出工廠大門，洪一峰邁向音樂之路的決心不再改變。他每天早出晚歸、拚命練琴，沒有片刻休息。他讀遍新高堂書店有關音樂的書，像霧島昇寫的一本指導歌唱的書，他看了又看，還買吉他和手風琴的書，在家研讀。他的內心隱隱有一股衝動驅策著他。獨處時，總有一些音符，縈迴腦際；創作的意欲，逐漸萌芽。

母親和大姐，對家中兩個男孩，一個醉心文學，一個癡迷音樂，非常困擾。只是洪德成自我意識強烈，誰也奈何不了他，在日臺間航線布滿危險的時刻，他船票一買，就到日本去了，哪管母親反對。

洪一峰雖然乖順，但在興趣的堅持上，也不遑多讓。幾次參加青年團活動，讓他眼界大開，充滿自信。樂器方面除了熟練，還能自創技法，讓朋友們刮目相看；青春期後，歌喉變得低沉渾厚，更讓大家感到驚奇。

某一天，洪一峰走到西門町的橢圓公園，挑一個位置，拿出小提琴，便逕自拉了起來。聽到〈國境之町〉、〈誰人袂想起故鄉〉、〈慕影〉這些熟悉的旋律，路過的行人，都情不自禁地駐足觀望。他一首接一首地演奏，直到告一段落，把琴放下，聽眾才從恍惚中醒覺過來，報以熱烈的掌聲。他從聽眾的掌聲，知道自己的琴藝已經獲得聽眾的肯定。

晚上，他翻來覆去睡不著覺，只盼天亮可以再去那裡表演。

幾天後，他帶來吉他和小提琴交互演奏。每演完一首，便向聽眾頷首致意。聽眾對他優雅、誠懇的態度，極為讚賞。大家口耳相傳，知道西門町有一位青年藝術家在表演，每天時間一到，便相約而至。常到的人謀面日久，都成了朋友。他也試著自彈自唱，低沉的嗓音，獲得聽眾更大的迴響。

慢慢地，有人開始投錢。五錢、十錢，一天下來，竟有一、兩塊錢之多。錢多錢少，他不在意，重要的是，滿足他對音樂的那份熱情。蓄積足夠的錢，他買了一臺嶄新的英國製手風琴。他佇立街頭演奏的身影，成為西門町一幅動人的風景。

過一陣子，他把一天分成幾個時段，西門町之外，圓環、龍山寺、大稻埕媽祖宮口，開始出現他的蹤跡。

這時，戰爭的鐵蹄聲已迫在眼前。日本主要的詞曲作家、歌手，迫於軍方的要求也不得不寫作、演唱一些迎合時局的作品。而在臺灣，電臺充斥的是〈愛國行進曲〉、〈臺灣軍之歌〉等激昂、雄壯的曲調，這些是他所不樂意演奏的。

偶爾，他也彈奏十幾年來臺灣本土創作的流行歌謠。關於臺灣流行歌謠，洪一峰說：「少年時陣，我對鄧雨賢、李臨秋他們的作品自然有接觸，但不多（因為時局歌曲掩蓋了一切）。他們的作品好是好，不過，我的欲望較大，心想如果演奏的是自己的作品，豈不更好？我一直有創作的衝動，覺得能夠發揮，就要盡量發揮。另外，我也覺得他們的作品，在音域和技巧上，還可以更廣更細，像『雨夜花，雨夜花』，如果是我來做的話，一定是從別的方式來做，這是我的『感覺』啦。」回首來時路，洪一峰對自己的創作和臺灣歌謠，自有他的想法。

他也寫了一些曲子在街頭發表，可惜這些作品，戰後一首也沒保留下來。

沉浸在掌聲和自我滿足中的洪一峰，回到家裡卻讓母親和大姐給潑了冷水。

「又不是乞者揹『膨管』①家家戶戶在乞討，讓人家丟錢！」母親和大姐認為這種「街頭藝術」和乞丐沒有兩樣，不是什麼體面的事。

洪一峰聽了不以為然，說：「想想看，在那裡，人家稱讚我，欣賞我，給我掌聲；我帶給他們快樂，他們給我音樂的滿足，這有什麼不好？何況，叫我不做這個，那我要做什麼呢？至少，我有一點收入，總比有些人無所事事，到處晃蕩的好！」

家人的想法很單純，她們認為唱歌「不是頭路」，找個正經事做才要緊。然而，家人的反對，卻動搖不了他對音樂的執著，反而激發他更強烈的信念。慢慢地，家人知道反對也沒用，偶爾唸一唸，也就不再管他了。

他在街頭的演奏，引起西門町日本食堂、酒場（カフェー）的注意，紛紛請他去唱「那卡西」；大稻埕臺灣人經營的餐廳、酒家也來邀請。他那渾厚低魅的歌聲，在上流人士出

註①　膨管：phōng-kóng，用來敲打出聲的竹管，是乞丐行乞必備之器具。

入的場合迴盪，漸漸闖出了名號。

臺北公會堂、大世界館等地常有演藝活動，由臺北放送局、唱片公司、電影公司或經紀團體主辦，邀請日本知名歌手、名優來臺表演，洪一峰常去觀賞。

其中有些配合軍方的活動。「支那事變」後，軍方常常策動新聞、演藝界組團赴前線勞軍，五、六年間，天王歌手藤山一郎、松平晃、上原敏、東海林太郎、歌后音丸、淡谷のり子、渡邊はま子、二葉あき子、李香蘭等都曾應聘來臺，在臺北公會堂、臺北放送局、西門町「大世界館」、陸軍醫院等地演出；偶像歌手岡晴夫在這前後也來到臺灣。

岡晴夫。

「他那一身別著蝴蝶結，非常英挺的白色西裝，唱時微露笑容，唱完一曲便向觀眾鞠躬致意的優雅風度，使我著迷。我告訴自己，將來，也要成為那樣的歌手。」

岡晴夫時年二十八、九，風度翩翩，才以〈國境之春〉、〈港口香頌〉（戰後翻唱為〈港口情歌〉）等曲風靡歌壇。他有別於日本歌手多半出身於正規音樂學校或「藝者」的傳統，是一步一步從「那卡西」熬過來的實力歌手，這一點使洪一峰感到格外親切而心生共鳴❶。

二、

昭和十九年（一九四四年）秋，戰火延燒到臺灣本島。麥克阿瑟反攻菲島後，改採跳島戰術，逼向日本本土。臺灣逃過美軍登陸作戰的慘酷對決，但全島重要都市、戰略要地、產經軍政設施，卻難逃美軍的轟炸攻擊。「走空襲」成為臺灣人難以抹滅的生命記憶，千鈞一髮之際，洪一峰僥倖地逃過了一劫。

空襲主要來自美軍B－29戰略轟炸部隊、航母特遣艦隊及駐菲第五航空軍的密集轟炸。其中，單一行動出動轟炸機架次最多、投彈最密集的一次，則屬一九四五年五月三十一日的「臺北大轟炸」。是日美軍出動重轟炸機一百七十餘架，投彈三千八百枚，集中炸射臺北城中軍政建築，大稻埕、艋舺市街也遭波及，傷亡市民三千餘人。

這天早上，洪一峰來到「旭國民學校」（今東門國民小學）附近訪友，歸途沿著文武町（今貴陽街、重慶南路一帶）走回艋舺。途經總督府附近，突聞空襲警報聲大作，只見遠方黑壓壓一片「烏雲」轟轟地過來，到城中上空開始投彈，地面瞬間爆出火光濃煙，塵土飛揚。洪一峰下意識地跟著慌張的人群，躲進總督府旁的防空壕。

說時遲那時快，他前腳踏入防空壕，後面「磅！」一聲，空地上已經炸出一個大洞，彈起的土塊霹靂啪啦地掉入防空壕裡來，只要猶豫半秒，後果如何，令他不敢想像。

在美軍機群數百架次以三機一組，從上午十時到下午一時，連續三小時的輪番炸射下，城區陷入火海。

等機群肆虐而去的空檔，洪一峰心有餘悸地爬出防空壕。放眼望去，遠近處處深坑大洞，銀行、法院、圖書館，無一倖免；總督府正面右側嚴重傾斜，雄偉建築已成斷垣殘壁。他越過鐵道，跑回家中，沿途殘破景象，令他不忍卒睹。他慶幸自己命大，也感嘆戰爭的恐怖無情。

兩個半月後，八月十五日，昭和天皇透過「玉音放送」，宣告無條件投降，太平洋戰爭結束。

與此同時，絕跡已久的傳染病瘧疾乘隙來襲，社會治安出現短暫脫序的現象。

洪一峰和甫自日本歸來的洪德成、後叔的兒子錦德三兄弟，這時各已就業住在外頭，卻同時罹患瘧疾，忽冷忽熱，每到黃昏就發作。洪鳳把洪一峰接回家裡，隔離在附近「麻竹腳」一間小屋，就近照顧。

一個晚上，凌晨三、四點鐘，洪一峰「唉！」的一聲，從睡夢中醒來。他的「腳鼻梁」（小腿脛）被人重重敲擊一下，痛不欲生。睜眼一看，床前赫然站著四名逃兵似的搶匪，威嚇他說：「一切都拿出來！」洪一峰只顧著痛，不敢吭聲，倒是洪鳳一派鎮定，告訴搶匪說：「我們要是有錢，就不會住在這裡，我們正盼有人救濟哩，哪有錢給你們？」搶匪看屋內空蕩蕩的，連桌椅都沒有，覺得再耗下去也是枉然，就倉皇逃走了。

看搶匪走遠了，洪鳳揹起年幼的女兒，在昏暗中，趕到臺北州廳（今監察院院舍）去報案。值日官問完筆錄，看洪鳳轉身就要離去，「且慢！」一聲，把她叫住。值日官看洪鳳大清早揹著女兒來報案，了解家裡狀況，心生惻隱，便拿食物給她們吃，再送幾盒餅乾、一罐奎寧和十塊錢，才請她們離去。

目睹戰爭的肆虐而大難不死的洪一峰，面對戰爭的結束，只淡淡地說：「日本敗都敗了，今後只要不再戰爭，大家平和就好了。」

戰後民生凋敝，人人忙著重建家園，找尋生計，日常娛樂等已無暇顧及，洪一峰醉心的音樂，只好束之高閣。

公會堂前擠滿歡慶「光復」的父老，臺灣末代總督安藤利吉正向盟軍代表陳儀遞交降書，日本退出臺灣。

日本一走，各級政府及公營機關上下職缺，全由中國人員遞補，臺灣人到頭一場空，熱烈歡迎的「祖國」，原來是一批新殖民者。基層派出所主管全由外省人擔任，低階警員才留用臺灣人；不足缺額，或新聘臨時雇員，或到中國去招募。

病後，洪一峰賦閒在家，等待時局的安定。有一天，鄰居說一位在北署（今臺北市大同分局）當警察的朋友，透露萬華分局有個警缺，說洪一峰高等科畢業，寫得一手好字，可以去當警察。

洪鳳認為當警察是個很好的「頭路」，便催他寫一份履歷書，託鄰居轉請他的朋友送去分局。幾天後來了消息，分局長要他過去報到。

「說來好笑，我一去，他們便發一把槍給我，上面插著刺刀，要我跟他們去抓人。要抓什麼人我不知道，只是跟在他們後面，一家家去撞門。一群人仗著警察的身分，好像說：『我是警察啦！不然你們要怎樣？』槍在身上，我相當害怕，也不敢去摸。取締攤販時，看他們地上擺的東西，實在賣不了幾個錢，卻要養活全家；而一遭到取締，東西被沒收不打緊，往往秤子當場就給折斷，令人不忍。有時候，我趕到前面，遠遠便對他們說：『警察來了，趕快收起來喔！』」

戰後受國共內戰拖累，臺灣米糧缺乏，物價飛漲，失業嚴重，活不下去鋌而走險從事私宰、買賣私菸，或委身暗巷淪為私娼者，大有人在。洪一峰看警察取締的情形，非常痛心。「我不是說誰壞話啦，這是事實。人家在賣菸，一群人過去把菸架打翻，香菸、現金沒收，人帶回派出所來。結果，好的菸留下來自己抽，剩下來的便用腳踩爛。抓私宰時，把沒收的豬肉拿回警局，大家就分一分帶回家吃！」洪一峰接著說：「最讓我不忍的是那些私娼。我不願意跟他們去破門抓人，他們便留我看管抓回來的私娼。心想這些婦女如果出身小康人家，誰願意出賣靈肉，還得擔心警察取締受罰？聽她們說起心酸遭遇，我很難過。她們吵著要回家去，我不忍制止，就把她們放了。」

分局長知道洪一峰不願意當警察，便好意藉口有個跟音樂有關的缺適合他，問他去不去？洪一峰聽了說好。哪知道去了是要他當內勤書記，還要派他去受訓。他不願意，便把臨時雇員一併辭了。

戰後臺灣改變的，不僅是主權和統治者，原來行人、車輛靠左走的，現在改靠右走；向來講得流利的日語，一夕之間，在學校和政府機關成了禁忌。而不會講北京話的洪一峰，在同組警察中，是唯一講臺灣話的人。想到在自己的土地上成為語言的邊緣人，洪一峰心情非常沉重。

憶起這段當警察的經歷，洪一峰若有所思地說：「人都知道做人應該如何如何，卻常做些『離離落落的代誌』；明明是自己看不過去的事情，卻還是去做了。」幽微的告白，透露他些許的悔意和無奈。事實上，洪一峰有一顆寬宏憐憫的心，對人世間單純的愛情，十分堅持。

此刻的他，猶如在蔗板工廠就職時那樣，不甘蟄伏的音符，老是在心裡跳躍。

三、

一九三〇年代興起的臺語流行歌曲創作，因為戰爭而重挫。唱片公司不再製作臺灣歌曲，而優秀的詞曲作家們為著生計各奔前程，繁華落盡，秋葉凋零。

終戰前兩個月，呂泉生想念他剛出生的孩子，寫了日治五十年最後一首臺語創作歌曲〈搖嬰仔歌〉，成為寶島父母的心曲，祈願臺灣這個新生兒平安長大。

戰爭結束，是臺語歌曲重新出發的契機，但此刻面臨的，卻是一段空白的斷層。三〇年代的風華不再；日本唱片遭取締時，其中有不少是臺語歌曲。

日本數十萬軍民於一年內「引揚」遣返，臺灣羈留海外的二、三十萬軍人、軍屬，卻遲遲不見歸來。望穿秋水的妻兒、母親，只能暗夜哭泣；許多人流連基隆、高雄碼頭，苦苦企盼。於是，楊三郎寫了〈望你早歸〉一曲，唱出一代女性的心聲；張邱東松的〈收酒矸〉也在大街小巷傳唱，歌聲唱出一位十三歲收破爛少年的心情。悲悽的曲調，觸動了作家吳濁流的心弦，讓他抑制不住內心的激動，深深共鳴。

黑暗中殷殷企盼的黎明，變成人們希望的黃昏！在悽悽切切的哀調中，洪一峰寫下生平「第一首」曲子〈蝶戀花〉。這一年，一九四六，他十九歲。

（女）紅紅花蕊當清香　春天百花欉
青翠花蕊定定紅　不驚野蜂弄
心愛哥哥你一人　花美永遠同
阮是忍耐風雨凍　歡迎你一人

（男）南風吹來心輕鬆　漸漸動真戀
春色可比自由夢　蝴蝶賞花欉
心愛妹妹你一人　歡喜正清香
快樂美滿是無限　我愛妹一人

（女）白花開透送香味　文雅自然美
春天阮著放心開　鳥隻亂亂飛
阮是愛哥有情義　痛疼結相隨
戀花多情多是非　不甘來分開

（合）愛情投合在心內　空中月也知
心心相印雙人愛　終身相感介
咱是甜蜜隨東西　遊賞咱世界
蝶戀花栽相等待　年久著原在

——〈蝶戀花〉／洪一峰 詞曲

〈蝶戀花〉的歌詞指物喻意，藉景抒情，以對唱形式，道出熱戀中男女在春花爛漫中互訴愛意的衷情，採圓舞曲式的華麗風格。後來早川正昭改編為巴洛克風的交響曲，由上揚唱片列為《臺灣四季》的「春之系列」出版。二〇〇九年十二月，在「向作曲大師洪一峰致敬音樂會」中，由大提琴家連亦先改編為大提琴變奏曲發表。期間相隔六十餘年，歷久彌新，是臺灣音樂的經典。

〈蝶戀花〉，是從戰後瓦礫堆中冒出來的蓓蕾，探頭窺伺希望的春天。從音樂社會學的角度來看，〈蝶戀花〉的出現，是時代的異數，不過，在洪一峰一生當中，卻有跡可循。在音樂心靈的追求中，他歷經許多波折，卻都能樂觀克服，邁步向前。在黑暗中，他看見星星；在風雨中，他聽見寧靜；在荊棘中，他發現盛開的花朵。

〈蝶戀花〉以「洪文昌」的藝名發表，這名字沿用到五〇年代「歌樂」、「女王」、「南國」、「臺聲」唱片時代；灌錄「亞洲唱片」後一段時間，才改為「洪一峰」。

四、

在時代的交響中，洪一峰與洪德成日夜苦思如何推展臺語歌曲，以迎接新時代的到來。洪德成留日三年，讀夜間學校、做粗工、送報紙、寫小說；在東京淺草映畫街的「笑之王國劇場」與三益愛子、古川綠波等明星合演歌劇。據說，他跟寶塚少女歌劇團團員熱戀告吹時，接到母親「病危」的電報，才促使他束裝返臺。

洪德成長洪一峰八歲，在臺灣的歌唱事業卻晚洪一峰幾年。回臺灣後，他看弟弟的那卡西做得有聲有色，便決心投入音樂，在小提琴、吉他、手風琴、鋼琴方面，下了很深的工夫。

他天生好嗓子，又渾身洋溢著文藝的熱情和放浪不羈的才華，不久，便跟洪一峰合組一個「小型音樂團」，在人群聚集的地方表演。

洪一峰說：「大哥人活潑，彈唱之外，還擅長作詞作曲和主持。結婚後，他跟大嫂到處表演，編劇、做節目，樣樣都來，真鬧熱。」不過，這些都是後話了。

「小型音樂團」成員平時各為生活，遇有「公演」才會聚集。其中，持續最久也最重要的活動，是在淡水河邊舉行的「露天音樂會」，為戰後臺語流行歌曲搭起第一座舞臺。

艋舺入船町水門[2]外，河岸寬闊，黃昏時，居民常來這裡乘涼。那時沒有什麼娛樂，居民閒暇無處可去，洪德成、洪一峰兄弟看上這一點，就在河岸空地搭臺開唱。

登臺的歌手是平常幾個愛唱歌的同好，其中一位，是後來在一九五八年參加歌唱比賽榮獲三冠王而被亞洲唱片公司網羅灌片的鄭日清。鄭日清說：「露天音樂會的舞臺很簡易，上面兩三支樂器，一支麥克風，一個燈泡，電則從茶行拉來。黃昏時，河面風很涼，人們聽見音樂聲響起，便從四面八方圍靠過來。因為是露天，所以不收費；樂師、歌手沒有酬

淡水河邊露天音樂會，是戰後最早的臺語歌曲舞臺。

勞，大家純粹為了興趣。」

「後來，板橋林平喜、李清風、江中清等愛樂者組成的『板橋音樂團』，看這裡人氣鼎盛，也來搭臺。兩團雖然沒有商業考慮，但為避免互相干擾，不久協議錯開時間。洪一峰這邊固定禮拜一、三、五，林平喜板橋團那邊固定禮拜二、四、六，晚上七點。這麼一來，聽眾可以欣賞到全部的節目，表演者也免活動太過密集，影響各人的生活，皆大歡喜。」

「那時歌手不多，我跟兩團都熟，就兩邊都唱。林平喜在板橋經營一間很大的電影館，他也喜歡作曲，對音樂很熱情，有人唱，有掌聲，就很歡喜了。」

鄭日清歌聲嘹亮，洪一峰磁性低沉，最受歡迎❸。洪德成唱中低音，習慣在作品中加入長編口白，頗富劇情張力，獨樹一幟。水門外露天音樂會，是戰後臺語歌曲最初的舞臺：創作的新曲在這裡發表，新進的歌手，在這裡鍛鍊歌喉。

不過，音樂會長期不收費，也有困難，雖然是露天克難的方式，總也有些基本開銷。團員除鄭日清有一份公務員薪水還算安定外，其他人生活都很辛苦。他們想到一個辦法：兼賣歌簿。平常，他們會提供幾十份歌單給聽眾看著練唱，往往一下就被搶光了，可見大家是有這個需要。

歌簿由鄭日清刻寫鋼板，一頁曲譜一頁歌詞，寫好交給洪一峰畫上插圖；插圖畫好交回鄭日清，由他油印裝訂。歌簿一冊收錄一、二十首歌，約三、四十頁，現場賣一塊錢，銷路出奇的好。有了經費，就可以付茶行水電；樂師、歌手也能夠發一點車馬費了。

露天音樂會和賣歌簿，都開風氣之先。日治時期臺灣流行歌曲唱片也附歌單，只是歌單並不單獨發售。戰後，陳達儒、周添旺出版歌簿，但是不附插圖。而洪一峰與鄭日清合作的歌簿，繪寫精美，內容完備，後來有些電臺、出版社發行歌簿，也見蒐集納入，只是原版已不易尋了。

露天音樂會做了一年，橫遭二二八事變，風聲鶴唳，人人自危，考慮戶外集會容易遭忌惹禍，於是宣告解散。

這一年八月，洪一峰的母親蘇治熬不過宿疾的折磨，不幸辭世，享年四十八歲。

想到母親終生勞碌和對子女的慈愛，洪一峰忍不住悲傷。

母親過世，洪一峰不再有牽掛，從此可以遊走各地，到處都有喜愛他的歌迷。他的行腳遠及臺南，臺南有他同父異母的大哥善源、三哥重振。

洪一峰自題「我最親愛的小鳳，於臺南初戀」的小鳳玉照。

就血緣來說，洪一峰是臺南人，臺南對他有一份特殊的感情。

在臺南，洪一峰結識了一位善良、聰慧的女孩，小鳳，此後他愛情與歌唱路上的伴侶。

五、

戰後初期，呂泉生在臺灣廣播公司播送臺語歌曲，鼓勵創作。但是，唱片工業還未興起，詞曲作家只能靠發行歌簿推銷自己的作品，擺攤賣歌簿成為收入的來源。

提到賣歌簿的情形，洪一峰這樣說：「來到廟口、圓環大樹腳，鋪一塊布，擺上歌簿，就拉起小提琴來。行人靠過來，聽好聽，會翻翻歌簿，買一本跟著唱，也會點唱其中一首，當場就學起來。聽歌免費，主要靠賣歌簿，一天賣個一、二十本，夠生活就好了。」寫〈收酒矸〉的張邱東松和作〈望你早歸〉的楊三郎，這時也在圓環設攤獻藝，他們的作品，就在庶民流連的市井之間傳唱開來。

這樣近距離地貼近聽眾，是洪一峰的一種磨練，督促他不斷地精進，也藉此了解聽眾的語言、生活、感情，知道他們喜歡什麼歌，對他的創作和演唱，有很大的幫助。

街頭賣唱、賣歌簿外，餐廳、酒家的那卡西，也是洪一峰的一大挑戰。他說：「普遍一個晚上，趕個十場，算很平常。一場半小時，客人不斷給你鼓掌、點唱，至少要唱十首以上。十場下來，唱個一百多首是跑不掉的。」一百多首歌是體力的沉重負擔，扣掉重複的，數量還是很可觀；歌詞要熟背，更是精神極大的壓力。

不過，洪一峰不以為苦，還樂此不疲，因為客人熟了之後，他們愛聽什麼歌都很清楚，彼此間已有默契。有時候客人體貼他，會對同伴說：「遮②毋通予伊唱傷久，緊予伊閣去趁③別位！」讓他非常窩心。

洪一峰說，唱那卡西有固定的餐廳和時段，互相尊重，不搶地盤，不過有時也有意外：「有一次，我踏進一家餐廳，看一位父親領著三個孩子在那裡唱，那父親彈得真好。我正要退出時，客人已經看到我了，一聲把我叫住，硬要我唱。我怎麼能這樣做？只好婉拒他們，對他們說：『我什麼時間會在什麼地方唱，恁無棄嫌，才請恁來！』」

唱那卡西有何魅力？很早之前，喜歡聽洪一峰唱歌的那卡西後輩金門王和李炳輝齊聲說：「那卡西迷人的地方在於『非常隨興』，無時無刻，隨時隨地，一把吉他，一臺手風琴，馬上可以大家『一起唱』……。」

做為歌手，還有什麼比知音在前，大家心領神會引吭高歌，更愜意、更滿足的呢？

六、

註② 遮（替用字）：tsia，這、這裡。
註③ 趁（替用字）：thàn，賺取。

戰後，國民政府來臺才十六個月，就發生「二二八事件」。「二二八事件」的原因很多，導火線起於取締外國香菸。

當時臺灣人期待出頭天，結果是陷入了新殖民統治的牢籠而極度失望；尤其是，親眼看著接收官員那種貪婪、猙獰的面目，實在難以忍受。

以陳儀的福建舊屬為主的官員，不僅貪污低能，冗員更是布滿各個階層，壟斷專賣事業。而價昂質劣的菸品，敵不過中國商人勾結軍人、海關官員走私進來的外國香菸；外國香菸價廉物美，小小本錢就能批售，生活困苦的都市貧民和家中無業的婦女小孩，都能在街頭巷尾擺攤零賣，以維持一家生活。

走私香菸很快威脅到專賣局的生意，於是政府公布外國香菸為禁售品並依法取締。但中國商人背後都有官員撐腰（官員甚至勾結在內），以致不敢從源取締元凶，反而以「專賣局查緝員」的名義派出一群武裝警察來到街上，欺壓那些零售香菸的婦女小孩。

查緝員把槍插在腰間，在大街小巷晃來晃去，發現私售外國香菸，便不分青紅皂白把香菸和貨款沒收掠奪而去。都市貧民視查緝員如蛇蠍，敢怒而不敢言❹。

一九四七年二月二十七日，查緝員傅學通一行來到大稻埕天馬茶房亭仔跤④取締私菸，毆辱菸販林江邁，引發眾怒。混亂中，查緝員開槍打死附近居民陳文溪，大家要求懲兇未

註④　亭仔跤：tîng-á-kha，騎樓、成排建築物一樓靠近街道側連接建成的走廊。

果，第二天民眾敲鑼打鼓上街抗議，闖入公賣局臺北分局搗毀菸物，並前進長官公署廣場示威，不料卻慘遭射殺，多人死亡。市民激憤，攻占電臺，發動罷課、罷工、罷市，呼籲政治改革，全臺響應。國府密調軍隊入臺，三月八日從高雄、基隆登岸，一路射殺鎮壓，傷亡慘重。其後展開清鄉，全臺精英遭搜捕殺害者推估在二、三萬人之譜。

「二二八，像我這年紀的人都看到，經歷到，也感受到了！」洪一峰歷歷在目地說：「那時街上槍聲『砰砰磅磅』，家人叫我躲在床下不許動，但是鄰居有人從床下被拖出來，在門口就被槍殺了。堀江町那邊三、四個青年，只在屋前說說笑笑，沒做什麼壞事，三更半夜就一個個被抓上卡車載走，沒有回來。隔壁一位青年，清早被叫起來，走到大廳，就『砰！』一聲，當著母親的面被打死，他是家裡的獨生子！祖師廟口幾棵樹，我親眼看見樹下伏著三、四具屍體，用草蓆蓋著。」

載滿「人犯」的軍車一輛一輛開進水門河邊，不久，槍聲大作，河面開始染紅，有些屍體緩緩漂向下游。原本歌聲悠揚的河岸，成了令人驚悚的修羅場。

目睹這慘絕人寰的殺戮，洪一峰悲憤至極，卻無可奈何！

「這，就是時局啦！」幽幽的語調，難掩他內心的激動。

風波暫息的某一天，洪一峰來到廣州街，尋訪久未謀面的好友翁志成。翁志成在龍山區役場任職，兩人志趣相投，見面除感傷時局，也憂心臺灣流行歌曲的前途。

這些年來，洪一峰憑著歌聲走入市井，喚起民眾的迴響；翁志成則在公務餘暇，委身小巷內幾坪空間，埋首研究、創作臺灣歌曲，默默耕耘。不過，外在環境如此，也不能隨心所欲。他們的共同心願是：臺灣歌曲的命脈不能斷，無論局面多亂、多難，還是應該堅忍前進，不能放棄；長遠之計，則要重視教育，培養人才。

於是，在理想與使命感的驅策下，兩人合辦了戰後第一所臺語歌唱教室「天聲音樂研究社」，社址在龍山寺附近、廣州街的巷子裡。而為推廣臺語歌曲的創作與發表，提供學生演出空間，他們另組「天聲音樂團」，在各界喜慶、盛典場合表演，有時也上電臺客串。負責主持的是最近以來，一直在洪一峰身邊安排餐廳那卡西時段、打點雜務的小

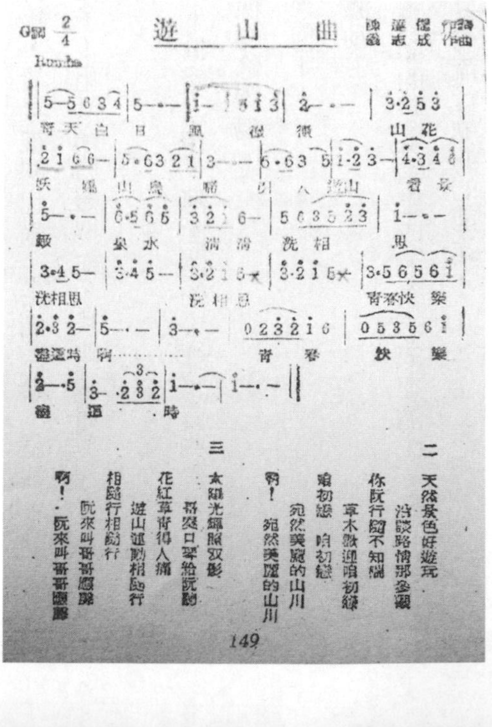

由陳達儒作詞，翁志成作曲的作品〈遊山曲〉。

洪一峰、小鳳（左 1）與《小情人逃亡》的童星黃慧書（前右 2）等合影。

鳳。

翁志成擅長作曲，和他搭檔的是三〇年代鼎鼎有名的大作詞家陳達儒。前後幾年間，他們合作了〈青春海〉、〈夜行車〉、〈遊山曲〉、〈落雨暝〉、〈舊年今夜〉、〈思念青春〉等十數曲。洪一峰則和洪德成、蔡啟東合寫〈青春嘆〉、〈秋風嘆〉、〈臺北春天〉、〈臺北是樂園〉、〈港邊悲歌〉等曲，奠定了他身為臺語歌作曲家的地位。

「天聲音樂研究社」有翁志成、洪一峰（洪文昌）號召，學員報名踴躍；「天聲音樂團」也有源源不絕的新手加入陣容，人氣居高不下。五、六〇年代活躍於臺語歌壇的知名歌手，聽說不少出自他們的門下。

洪一峰除了「天聲音樂研究社」的教學、「天聲音樂團」的演唱和各地那卡西的活動外，也在洪鳳家裡個別指導學生。兩、三年後，「天聲音樂團」因團員各有生涯規畫而告結束。「天聲音樂研究社」則到六〇年代，仍然是臺語音樂教學的重鎮，為臺灣歌壇培育許多優秀的人才。

樂團結束，團員四散，洪一峰與小鳳這對音樂伙伴，則在長期默契相隨後，戀情成熟，互許終身，而在一九五〇年春天步上紅毯。

註—❶ 戰前岡晴夫來臺時間及演唱時程，不見於陳堅銘碩士論文《熟悉的異國之聲——「日本流行歌」在臺灣的傳唱》一書中「日治時期日本主要流行歌手臺灣演出一覽表」。陳堅銘說：「不管是成名前還是成名後，幾乎一半以上戰前日本知名歌手，都來過臺灣表演。」但他表示，一覽表中沒有的，可能是新聞沒有報導。因此，洪一峰在訪談時提到了岡晴夫，有可能間接證實岡晴夫來過臺灣，而陳木受訪時，也說他去日本特地買了岡晴夫的唱片，說洪一峰跟他提起當年聽岡晴夫演唱的情景時，還不住「吼！吼！」地表示他的感動。

註—❷ 萬華入船町水門，即貴陽街底淡水河邊第二號水門。

註—❸ 洪一峰說他當時特別喜歡唱〈港邊惜別〉這首歌。在「天星像日屎，港風對面寒」的夜晚，琴聲幽怨，歌聲雄渾地唱出「戀愛夢予人來拆破」、「自由夢被人來所害」、「青春夢予人來拍醒」的心聲，時常喚起聽眾眼角的淚光。

註—❹ 詳見一九九二年三月李麗璧（省議員李丙心遺孀）手記：〈二二八事件真相與血淚的回憶〉。

參。嶄露頭角的創作型歌手

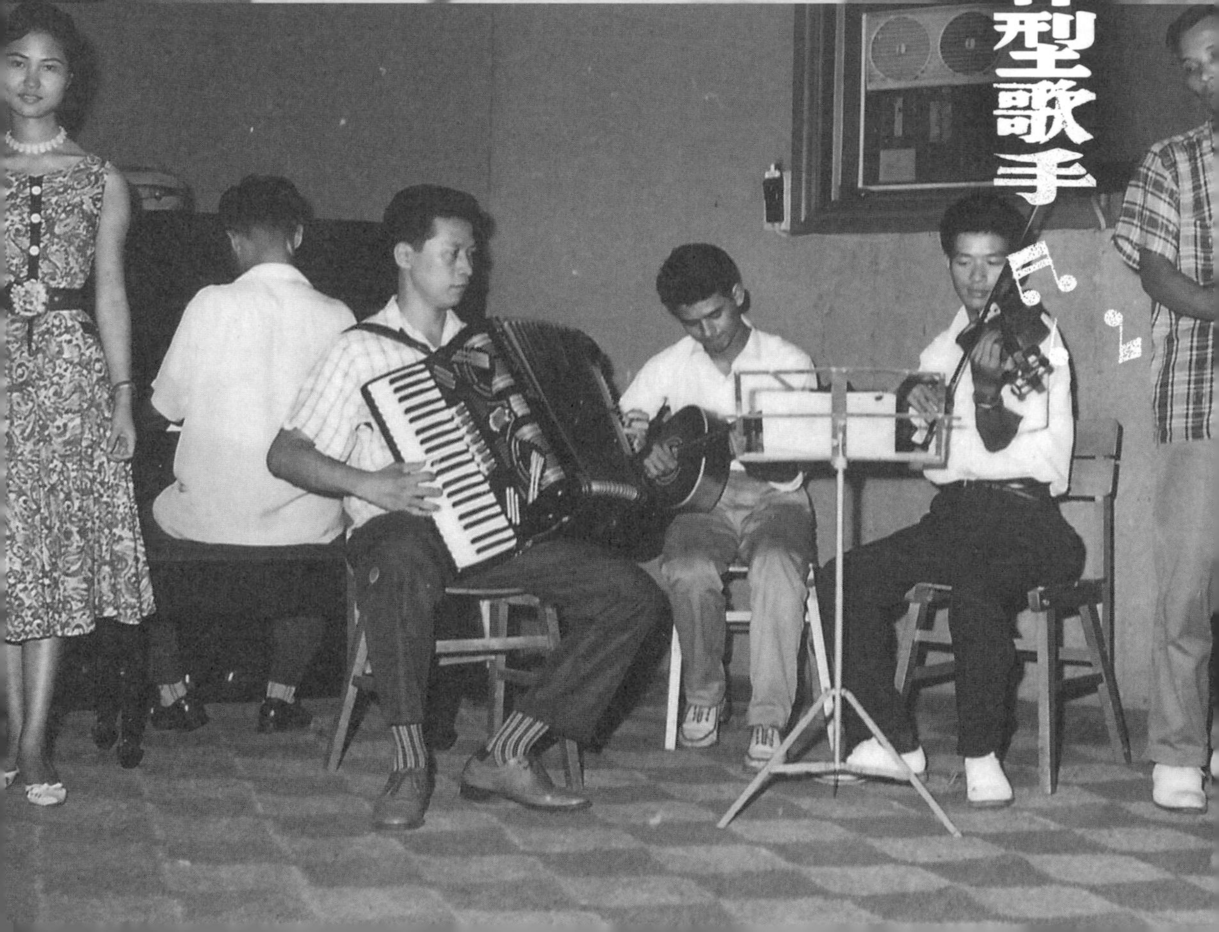

一、

十七歲起便過著浪跡街頭的藝人生活，婚後甜蜜的日子，彷彿越過波濤的船隻停靠平靜的港灣，有種說不出的踏實與幸福。

然而，船隻畢竟應該航行於海洋；走唱的宿命本來就是無止境的流浪。許多客人懷念他那磁性的歌聲，不停地召喚，於是，他掛起船帆，再度遠揚。

隨後的兩、三年，洪一峰南來北往，足跡遍及西部各大城鎮。客人賞金多寡，洪一峰並不在意，只要能搏得他們的掌聲，便心滿意足。他提醒自己說：「人客這樣愛護我，我要更加用心，不能使大家失望。」

他的歌聲普受歡迎，但偶爾也會受到挑剔。有人就揶揄他說：「男的啦，唱什麼！別唱了啦！」碰到這種情況，他總謙虛地對客人說：「如果你聽不慣我唱歌，不要緊，你再試試看，我也改進一下。」

他怕人家說他除了唱歌，其他什麼都不會。他常對自己說：「我一定要唱，要更努力。」也告訴客人說：「如果你嫌我唱太低，那我就唱幾首高的給你聽；如果你聽厭了唱歌，我就拉一段小提琴或手風琴，你看怎樣？」

他不想只做一般歌手，他要做個全方位的音樂家。

臺北以外，臺南是他最常駐足的地方。這裡有古都濃郁的人情和芬芳的歷史氛圍，讓他格外感到溫暖。

蓬萊仙島光景好
臺北續落臺南都
地方曠闊古事多
也有赤崁佮運河
欲算古事免驚無
啊！欲算古事免驚無

赤崁明月親像鏡
站在樓上聽琴聲
不知誰人哮無伴
返頭才知是無影
琴聲害人心驚驚
啊！琴聲害人心驚驚

臺南運河水清清
河邊也有風流亭
姑娘生美月仙女
滿身花粉清香味
臺南可比不夜殿
啊！臺南可比不夜殿

——〈臺南夜景〉／蔡啟東詞．洪志鳳曲

手風琴輕瀉的樂聲，把古都的夜渲染得浪漫迷人。座中一位中年男子，專注地聆賞他的表演，他已不止一次出現在這樣的場合。這一晚，男子走向洪一峰，自我介紹後，問洪一峰願不願意到電臺來唱歌。

洪一峰的回答仍是一貫的謙虛：「如果你不棄嫌，就讓我試試看。」之前，他已經在臺北的電臺客串過了；現在則是應中廣臺南電臺的邀請，要在節目裡彈鋼琴駐唱。對他來說，這是人生中很重要的轉折點。

他的歌聲化為電波，傳到所有喜愛臺語歌曲的聽眾耳中。原本只有少數人在特定場合才聽得到的歌聲，漸漸地廣為人知，只要打開收音機就可以收聽。

聽眾一傳十，十傳百，以興奮的口吻爭相傳告一位「新歌手」誕生的消息。

喜歡在收音機旁聽洪一峰彈鋼琴唱歌，而後在七、八〇年代成為名作詞家、作曲家和唱片製作人的黃敏，當時在臺灣電力公司服務，餘暇跟一群愛樂的朋友合組一個業餘的「阿羅瑪樂團」，在團長雲萍領軍下定期公演。他在團裡唱歌，伴奏的一位夏威夷吉他手，是後來與洪一峰一起被譽為「寶島歌王」的巨星文夏。

「那時大家愛唱臺灣歌，卻苦於無歌可唱，唱來唱去，總是日本時代那些老歌和戰後楊三郎、許石作的幾首曲子，根本滿足不了大眾的需要。這時我也寫詞，希望愛唱歌的人有更多的臺灣歌可唱。正好洪一峰在節目中需要發表新歌，知道我寫歌，就要求我讓他譜曲，在節目中發表。」黃敏說。

黃敏小洪一峰一歲，兩人於臺南結識，後來請調北部服務，二十幾年間失去聯絡，直到八〇年代，他在光美唱片為洪榮宏製作系列轟動專輯，讓洪榮宏走紅歌壇，兩人才又重逢。

二、

洪一峰崛起臺南成為電臺駐唱紅星，很快引起臺北廣播界的注意。一九五四年，洪一峰應民聲電臺的邀請，回到臺北。他的歌聲像一把火，從南部燒回北部，迅速征服廣大聽眾的耳朵。

民聲電臺每天中午開始，有一個由何海、愼芝主持的國語歌唱節目，做得有聲有色。洪德成看了，心想何不也來製作這樣的節目，可以照自己的理想推展臺語歌曲？於是，他向民聲電臺洽購兩個小時的時段，排在愼芝的國語時段後面，從下午兩點到四點，製作臺語歌唱節目。

這樣連續四個小時的帶狀音樂時間，一氣呵成，聽眾收聽非常踴躍。節目由歌手現場演唱，樂隊伴奏。歌手除洪一峰外，還聘請紀露霞、林英美、張淑美、張美雲等駐唱。洪一峰是歌手、樂師兼指揮；洪德成負責製作、編劇兼ＤＪ；小鳳擔任演員、廣告播報和主持。

節目現場播出，沒有排練，當主持人說「下面欲請某某唱那一首歌」後，樂聲響起，歌手就接著唱了。初入電臺時還是北市商夜間部四年級學生的紀露霞說：「我被介紹到電臺時，還是個學生，不是歌星，很多歌怎麼唱都還不會。一首歌唱第一段，看歌簿曲譜下面的歌詞跟著唱時還好，到第二段時，糟了，詞在曲譜左側的第二頁都不知道，好在洪老師適時給我指導，並且彈琴幫我套詞，幾次後才習慣了。」

「因為事先不排練，樂隊怎麼奏，我們就怎麼唱，這樣對低音的人就比較吃虧，好在樂隊是自己人，知道每一個人的 key 在那裡，一般都會配合。我的 key 比較高，奏得高時，反而能夠發揮，沒有困擾。」

紀露霞說她到電臺唱歌，純屬偶然。

「我家租在貴陽街一間三進店鋪的中落，前落是製冰工廠兼批發店面，牆上掛著一臺收音機。老闆人很好，我白天沒事就到店裡聽收音機，一邊跟著唱。有一位在『結晶味寶宣傳隊』當樂師的蔣先生跟老闆很熟，常來店裡聊天，看我唱得開心，就問我說：『小姐，你這麼愛唱歌，我帶你去電臺唱好不好？』聽說可以唱歌，我好高興，就跟蔣先生到成都路美都麗戲院（今國賓戲院）斜對面民聲電臺洪老師的節目裡。」

「我記得第一首唱的是〈高山青〉，那時候〈高山青〉正流行。我唱的時候，後面站著幾個人在聽。等我唱完走

「結晶味寶宣傳隊」在新竹旅社前合影，後排右 1 為洪一峰。

洪德成與紀露霞合影。

到門口，洪德成跟著出來，問我什麼名字，我說姓紀——也不敢報名字，生怕報了名字讓學校老師知道了會記過。洪德成就跟我說：『紀小姐，如果你要在這裡唱歌，前兩個月算實習，沒有錢；以後每個月薪水一百塊錢。』我心想自己還是學生嘛，家裡環境不好，能唱歌又能賺錢，太好了，立刻答應。結果不必等兩個月，第一個月唱完，他就給我兩百塊錢，比原先說的多了一倍。」

紀露霞歌聲清純，唱時感情融入，讓人聽了很感動，很快成為歌壇一顆閃亮的明星。關華石、慎芝夫婦下了節目，常留下來聽她唱歌，不久，便推薦她去灌「鮮大王醬油」的廣告歌唱片了。

紀露霞本姓邱，名秋英，從小被紀姓夫婦抱養，所以自稱姓紀，但藝名「露霞」，則是節目中被問及時，情急之下想出來的：「有一次過年特別節目，非常熱鬧，洪德成特別介紹我，再問：『紀小姐，妳叫什麼名字？』在麥克風前，可是千萬不能講出『正名』！怎麼辦？我想起較早在黨部工讀時，一位外省人大哥認我做小妹，對我說：『我叫露平，你就叫露霞好了。』『露霞！』我脫口而出。洪德成於是接口說：『好，咱來請紀露霞小姐唱這首……』冥冥之中，注定我要以這個名字唱歌似的。」

現場節目唱的，主要是戰後創作的新曲；戰前的〈河邊春夢〉、〈三線路〉、〈心酸酸〉這些也唱，只是不再居於主流了。戰後，日語成為禁忌，日語歌曲唱片被取締沒收，日本電影也禁止進口。《臺北和約》簽訂後，臺日恢復邦交，為促進兩國友好關係，才專案核准日本電影進口，日本電影主題曲、插曲一時風靡起來。幾位大師級的作家，將這些日本歌曲或翻譯或改編為臺語歌詞，在電臺演唱，如蔡啟東的〈新妻鏡〉、〈江島悲歌〉，張邱東松曲寄〈長崎物語〉的〈三國誌〉等，都大受歡迎。

不過，那時候的電臺需要大量歌曲，從日本電影歌曲改編的還是有限，為應付日常節目的需求，只好自己創作。洪德成每寫好一首便交給洪一峰譜曲，譜好就在節目發表，歌手一唱再唱，一首新曲就此流行開來。電臺節目成為創作新曲的發表會，過程充滿著實用與原創的精神。

作品演唱，是否考慮授權問題？洪一峰笑說：「誰愛唱就拿去唱，無人想到授權或要付費，大家面皮沒那麼難看啦！」不過，作品無授權費，卻可印成歌簿銷售，為節目開闢財源，也方便聽眾跟著學唱。很多聽眾會到電臺來買；遠地的，寫信來，就用郵便寄去。刻寫、插繪仍和老搭檔鄭日清合作。

三、

電臺節目除了唱歌，還有短劇，靈魂人物是洪德成和小鳳。洪德成在日本時已有劇場經驗，又寫小說；編寫劇本是他的本行，最著名的有〈女性的復仇〉和〈男性的復仇〉兩部，都轟動一時。兩部短劇概由歌詞和中間兩段口白構成。

〈女性的復仇〉描寫麗蘭被文成欺騙感情後淪落酒場，三年後，文成事業失敗回來，請求赦免，卻遭麗蘭拒絕。〈男性的復仇〉則角色顛倒，是明華在潦倒失意時，被酒女阿

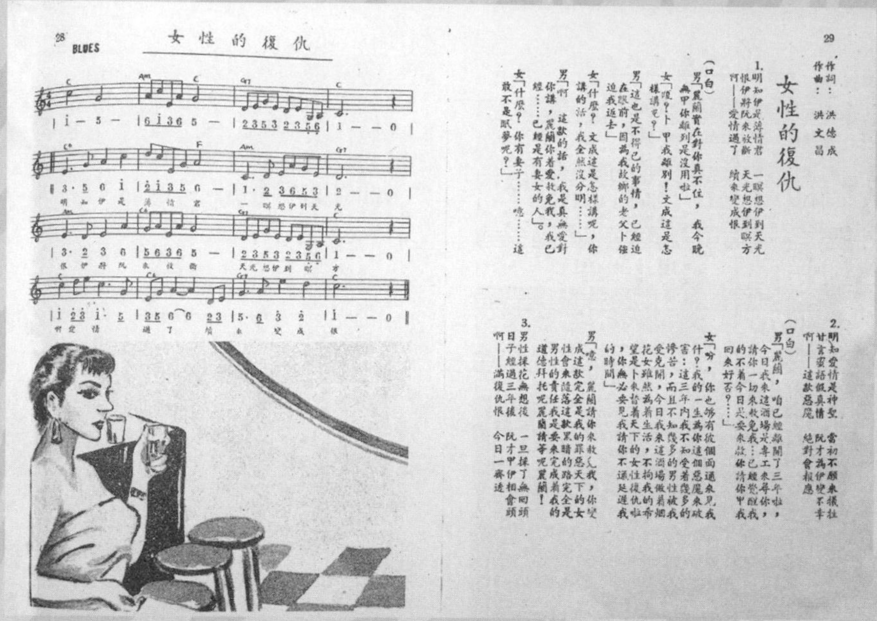

28　BLUES　女性的復仇

29

女性的復仇

作詞：洪德成
作曲：洪文昌

1.
明知伊是薄情君　一暝想伊到天光
恨伊將阮來放斷　天光想伊到暝方
啊——愛情過了　續來變成恨

(口白)
男「麗蘭實在對你真不住，我今晚無甲你離別是沒用啦」
女「嗄？卜甲我離別！文成這是怎樣講咒？」
男「這也是不得已的事情，已經迫在眼前，因為我故鄉的老父卜強迫我返去」
女「什麼？文成這是怎樣講咒，你講的話，我全然沒分明……」
男「啊　這款的話，你講，麗蘭你着愛赦免我，我是真無愛對你講……已經是有妻女的人」。
女「什麼？你有妻子……噫……這敢不是眠夢咒？」

2.
明知愛情是神聖　當初不願來振拄
甘言蜜語假真情　阮才為伊使不幸
啊——這款惡魔　絕對會報應

(口白)
男「麗蘭，咱已經離開了三年啦，今日我來這酒場是專工來尋你，請你一切來赦免我：已經覺醒我的不着今日是要來啟你請你甲我回來好否？……」
女「吩，你也夠有彼個面通來見我什？我的一生為你這個惡魔來破害：這三年內我不知受着幾多的慘苦，而且不知幾多的男性被我克服，今日我來這酒場做着烟花女雖然為着生活來不拘我的希望是卜來替着天下的女性復仇啦，你無必要見我請你不通延遲我的時間」
男「噫，麗蘭請你來赦免我，你變成這款完全是我的罪惡天下的女性會來隨落這款黑暗的路完全是男性的責任我是要來完成着我的道德拜托咒麗蘭請等咒麗蘭！」

3.
男性採花無想後　一旦採了無回頭
日子經過三年後　阮才甲伊相會
啊——滿復仇恨　今日一齊透

洪德成作詞、洪一峰作曲的〈女性的復仇〉。

2　BLUES　男性的復仇

27

男性的復仇

洪德成・作詞・作曲

唱 (一)　多情多恨　情慾的世界
男性復仇　怎樣你敢知

男「做着男性要緊頭一層，就是有志氣，阮失志的時候受人的恥辱，被所愛的人放棄，一時想要解決失戀的痛苦，消極的人有自殺，有的傷害對手，你看呢，每日的新聞報紙上都寫着愛甲恨，毒殺，凶殺，自殺的記事……實在彼款是無戀的人……啊，有影，我是來酒場飲酒，想來講着這款無趣味的話……」
女「你這位人客，請你不通按呢講，這是實在的話，阮聽着真有趣味哩，嗄……看起來你是一個真深忍的男子，你敢也會被女人放棄什？」
男「是，因為三年前，我呼一個女性來加我放棄，受着精神的打擊，應該是自殺去了，但是我再改着人生觀，當做失戀是一種好經驗奮發努力，者有通來這酒場飲酒甲你相識」
女「呼……三年前，呼人放棄去什？……啊有影，你一位人客，不知什麼大名呢？」
男「我小姓姓林，林清華就是我本身！」
女「嗄？林清華，林清華先生就是你？噫，阮眞歡喜，你是眞出名的人，阮今暗會得甲你伴酒，大家相識阮實在眞光榮啦！」

唱 (二)　倡情鮮愛　還欵不照錢
三年仇恨　永遠在心內

唱 (三)　男性負恨　縱斷在心內
等待時機　以德報她知

男「錦秀，你的名叫做錦秀，實在號得眞好名，錦秀，我今暗有帶着一張相片，就是三年前，失業呼人放棄的時候，攝的相片，彼時我是無嘴鬚，也無掛着目鏡，而且身體致病，面肉消瘦，全然甲這時的面形不相同，者這張相你看恰深足呢！」
女「嗄！這張相〱就是你，你……你就是明華……」
男「哈哈哈哈哈……錦秀，不是，阿桃；」
女「嗄？」
男「晃着驚，今日來酒場飲酒，不是我的目的，我是專工要來尋你，這三年內，賭着男子的志氣，建設著我的地位，宣傳着我的名發，利用着我的成功甲發展，今日專工要來報復你啦，錦秀，不是，阿桃，男性偉大的力量，你永遠不通抹記者好，你請！」
女「啊，請等呢，明華，明華……」
男「什麼？愛羅錢者，彼腳皮包，彼個皮包總提去！」
女「明華，啊，請等呢，明華，明華……」

唱 (四)　爲着人類　女性着警戒
不通陷害　英雄的將來

洪德成作詞作曲的〈男性的復仇〉。

桃抛棄，他「賭著男子的志氣」，在「有了地位、名聲」之後，回到酒場來找阿桃（錦秀）「復仇」的故事。

兩部情節都很簡單，卻因為口白高潮迭起，句句牽動聽眾的情緒，讓人聽了欲罷不能。曲中精彩全在口白；歌詞具醒世意味，反成為緩和情緒的詠歎了。

（男）「麗蘭，實在對妳真不住，我今夜無佮妳來離開是袂用啦！」

（女）「今日我來酒場做著煙花女，雖然是為著生活，不過我的全希望是欲來替天下的女性復仇呢！你無必要見我，請你毋通延遲我的時間。」

——〈女性的復仇〉／洪德成 詞・洪一峰 曲

「做著男性要緊頭一層，就是有志氣。阮失志的時候受人恥辱，被所愛的人放棄，一時想欲解決著失戀的痛苦，消極的人有的自殺，有的傷害對手，你看呢，每日的新聞報紙上攏寫著愛甲恨，毒殺、凶殺、自殺的記事——啊，有影，我是來酒場飲酒，煞來講著這款無趣味的話！」

「哈哈哈哈，錦秀，毋是，阿桃！男性偉大的力量，妳永遠是毋通袂記才好，妳請！」

——〈男性的復仇〉／洪德成 詞曲

現在上了年紀的聽眾，應該很難忘記這樣的口白吧！節目中，〈女性的復仇〉和〈男性的復仇〉都由紀露霞演唱；口白部分，前者由洪德成、小鳳演出，後者由洪一峰、小鳳搭檔。當時未灌唱片，也未錄音，聽眾一點再點，大家一演再演，可說是節目的招牌曲目。

幾年後，「亞洲」出唱片，〈女性的復仇〉由紀露霞主唱，洪德成、紀露霞口白；〈男性的復仇〉由文夏主唱，並與麗珠口白，成為文夏在亞洲唱片最早的金曲。洪德成的作品都有長篇口白，形同短劇。洪一峰唱紅的許多名曲，曲前、曲中也常見口白，如〈攤販夜嘆〉、〈再會夜都市〉、〈重回故鄉〉、〈夜間飛行〉等，口白的情緒醞釀，非常成功。

然而節目需要廣告支撐，於是，小鳳在半小時節目後播報廠商提供的廣告稿；沒有廣告稿，便自編自報，隨興而輕鬆。長期下來，這些廣告詞留給聽眾非常固定、深刻的印象，數十年後依舊不滅。提供廣告的有結晶味寶、口味兒、七海可利通、沙隆巴斯、狗標、順良霸王縫衣機等廠商。

順良霸王的老員工黃明乾說：「廣告打出去，員工送貨送不完，組裝師傅都得連夜趕工，廣告效果非常顯著。我常送老闆寫的廣告稿到電臺去；洪一峰也常到店裡跟老闆喝茶聊天。」

節目受歡迎，電臺的播音環境卻很克難。紀露霞說：「播音室是包得厚厚的密閉空間，夏天無冷氣，只好搬來大塊冰角①放在中間，吹電風來驅暑。不過裡頭還是太悶，大夥都

註① 冰角：ping-kak，冰塊。

亞洲唱片 AL-315《洪一峰歌唱集》。

聲寶唱片《聲寶青春的歌聲——寶島歌王洪一峰留日前紀念盤》唱片及封套。

一九五七年十月，洪一峰在三重中華電臺。

躲到外頭去，等叫到時才進去；唱完，又衝出去。節目現場播出，因此不容許瑕疵或不該有的雜音。有時跟同事在笑，笑聲馬上就播出去。雖然女孩子比較閉思②，但遇到『笑詼③的代誌』，你不笑也不行，卻又礙於不得笑，實在很難過。」

相較於現在電視、廣播節目，主持人與來賓有說有笑、插科打諢的情景，當時是嚴肅了些，但是長期下來，卻養成歌手鄭重、專注、一絲不苟的敬業態度。

值得一提的是，當年並沒有音效合成器之類的玩意，一旦節目或短劇劇情需要時，洪德成就把家裡的碗盆鍋蓋帶到節目來，敲敲打打，擲地作聲，臨場感十足，非常逼真。

樂器有鋼琴、吉他、手風琴、大提琴、小提琴和鼓。樂手都是一時之選，聘請交響樂團的團員兼任；有的還很年輕，和紀露霞同時加入節目的翁清溪（Tony），那時還是高中生。洪一峰說：「他來的時候才十幾歲，鋼琴就彈得很有魄力，Tenor吹得很生動，的確是個天才。晚上他去美軍俱樂部彈鋼琴，吹薩克斯風，白天回到電臺演奏臺灣歌，就給它變奏，非常活潑。」

節目在短劇、歌唱、廣告空檔，大家喝一杯茶休息的時候，洪一峰便指揮樂隊來一段輕鬆的音樂，轉換氣氛。「樂器五、六支，看來有點單薄，大夥自嘲是一堆破銅爛鐵，銅管仔聲，不過今日回想起來，卻是很真實很自然的表演方式，很令人懷念。」洪一峰說。

這種無剪輯，無NG，又接受聽眾點歌的現場播出，沒有扎實工夫，馬上就會露底，

註② 閉思：pì-sù，矜持、個性內向、害羞、靦腆的樣子。

註③ 笑詼：tshiò-khue，好笑、有趣的事物。

主持「小鳳歌唱團」節目的小鳳。一盞燈泡、一支麥克風，近距離面對觀眾的素樸舞臺。

在北投溫泉旅社庭園合影的亞洲唱片歌手，左起前排紀露霞、蔡文華、小鳳、林英美；中排吳非宋、洪德成、吳晉淮、葉俊麟；後排鄭日清、洪一峰、李先生。

群星與亞洲唱片老闆蔡文華合影，左起前排小鳳、林英美、未明、蔡文華、紀露霞；後立者鄭日清、洪一峰、葉俊麟、洪德成、吳晉淮、張淑美、李先生、吳非宋。

過程是非常嚴格的訓練與考驗，怪不得歌手後來個個成為唱片界的紅星，不是沒有道理。

十幾年那卡西和電臺的歷練，奠定洪一峰在歌壇無可撼動的地位。聽眾守著收音機，只為聽他最後唱壓軸。就像小鳳每次在節目尾聲說「好酒沉甕底」，洪一峰的歌聲出現，節目瞬間有一種華美豐實的感覺，證明他是整個節目的主秀、靈魂，值得聽眾期待。

紀露霞談電臺時代洪一峰的歌聲說：「聽洪老師現場唱歌，那聲音足大幅④，足好聽的，比他後來的聲音好一百倍，真的沒話講。他的音域很寬，低的高的，都唱得很棒。」

小鳳在節目中養成了沉穩、機智、動靜皆宜的主持風格，成為炙手可熱的廣播明星。衝著她的知名度，洪德成、洪一峰兄弟和鄭日清等，以她的名字組了「小鳳歌唱團」到處公演。後來，洪一峰、小鳳應邀到民本、正聲、天南等電臺主持、駐唱，處處風靡。

但是，在洪一峰聲望如日中天時，發生一件不太愉快的插曲。當時「小鳳歌唱團」在西門町大世界戲院對面的圓環表演，洪一峰拉小提琴，一位警察氣沖沖地走來拍他肩膀說：「政府要反攻大陸了，你還在這裡唱歌！」表演被迫中止。洪一峰愣在那裡，感慨藝術如此不被尊重，表演者得隨時被羞辱，這在文明國家根本不可能發生，這使他想起戰後短暫當警察的不愉快經驗。

註④　幅：pak，計算平面物品的量詞，在此引為聲音的「振幅」。

四、

電臺節目做了三年多後，洪一峰應「歌樂唱片」的邀請，開始灌錄唱片。

「歌樂唱片」是繼五〇年代初期許石的「中國唱片」（後改名「女王唱片」、「大王唱片」、「太王唱片」）、陳秋霖的「勝利唱片」、李山珍的「麗歌唱片」和汪思明的「思明唱片」之後，由僑居日本的林來回臺創設的唱片公司，請周添旺掌文藝部，製作臺語歌曲唱片。

「那塊唱片一面一首歌，拿起來厚厚重重的，做得很用心！」洪一峰原本記不起這件事了，是黑膠唱片的研究典藏家林太威提醒才憶起來的。他在「歌樂」前後灌了三張唱片❶；灌了哪些歌？他已經沒有記憶了。這是洪一峰出道十一年來首度灌錄唱片。

聽到洪一峰「曲盤」裡面的歌聲，洪鳳不說什麼，只是嘴角微微露出得意的笑容。艋舺街上的鄰居都知道，「油柑仔（洪鳳）的小弟」是電臺的紅歌星。

一九五七年，三十三又三分之一轉唱片取代七十八轉。這一年前後，洪一峰在女王唱片灌了〈青春巡邏員〉、〈寶島蓬萊謠〉；在南國唱片灌了〈深更的吉他〉；在「臺聲唱片」灌了〈山頂的黑狗兄〉、〈攤販夜嘆〉、〈男性的意志〉、〈生鏽的小刀片〉、〈英俊的鼓手〉、〈男性勃露斯〉、〈相逢有樂町〉、〈慕情搖子歌〉等十數曲，發表〈浪子回頭〉、〈綠衣天使〉、〈春在何處〉、〈阮可愛的一杯酒〉、〈半夜單相思〉等創作，聲勢一路看漲。

〈山頂的黑狗兄〉❷，旋律活潑，青春洋溢，唱片出來立即轟動。曲子由高金福填詞，描寫山上一位牧場的少爺，每天一邊工作一邊唱歌，爽朗的歌聲響徹山谷，遠近的姑娘都迷戀著他。優美的旋律配上詞中鮮明的意象：青翠的山嶺、遼闊的牧場、英俊的少年和嘹亮的歌聲，不轟動也難。

曲中「幽麗伊啼」的呼聲，是歐洲阿爾卑斯山區農民休息時歡樂的呼喊，此呼彼應，聯絡感情。因為是在遼闊的山區，呼聲非得高亢不可，有時出現假聲的情況。這對一向唱低音的洪一峰，一點也難不倒他。他那唱高音時仍然清晰飽滿、唱假音時一樣透澈明亮的唱腔，幾十年來，已經成為經典。

臺聲唱片把曲子交給高金福寫詞時，由誰灌錄還未決定。洪一峰得知後想挑戰這首曲子，便去拜訪高金福。

高金福是三〇年代寫〈觀月花鼓〉、〈摘茶花鼓〉、〈蓬萊花鼓〉這「三大花鼓」的名作曲家，戰後活躍於歌壇，改事作詞，發表〈淘氣姑娘〉、〈現代姑娘〉、〈不變的愛〉、〈異鄉愁〉、〈懷春曲〉等作品。洪一峰說：「高先生是咱臺灣歌壇的大前輩，待人親切，一直勉勵少年人對臺語歌曲要更努力，更用心，不要讓人家看輕。知道我喜歡這首曲子明朗、自由的氣氛，便說：『真好！喜愛，你就拿回去吧！』」

〈山頂的黑狗兄〉是洪一峰在臺聲唱片灌錄的經典之作。同一面唱片還有林英美的〈雨夜嘆〉，紀露霞、李清風的〈香煙店的小姐〉和顏華唱的〈雲雀的歌聲〉。臺聲唱片由於洪一峰、紀露霞、林英美、顏華、李清風等實力歌手的加入，一躍成為北部最有影響力的唱片公司，出片最多，歌手陣容最強。可惜受限於資金的短缺和技術尚難突破，以及唱片耗損率大，行銷僅及於北部等因素，而難與同時崛起於臺南的亞洲唱片做全面性的抗衡。不久，北部這些歌手，在亞洲唱片的招手下，也到南部灌片去了。

洪一峰在臺聲時期的許多唱片，奠定他在五〇年代後期臺語歌壇的巨星地位，但要臻於登峰造極，則要等到進入亞洲唱片之後。

五、

一九五七年，是臺灣歌謠史上劃時代的一年。

這一年，三十三又三分之一轉唱片取代七十八轉唱片；亞洲唱片公司開始製作臺語流行歌曲，從此躍登臺語歌曲唱片出版的盟主，主宰風雲；而葉俊麟和洪一峰這兩位詞曲家，透過一位那卡西朋友的介紹，做了歷史性的會面，自此開啟兩人合力創作臺語流行歌曲的新局。

葉俊麟，基隆人，幼習漢文、書法，十六歲就讀石阪商業學校（今「基隆高商」前身），開始演出舞臺劇、發表劇本。畢業後，在三井物產株式會社任職，拜曾任教東京歌謠學校的淺口一夫為師，學習歌曲創作；其後完成多齣舞臺劇劇本。一九五六年，寫完〈舊情綿綿〉詞曲後，隻身來到臺北，曾在中聯貨運、萬華書店工作；次年擔任《文化週刊》影劇版翻譯及撰稿。至此，從事舞臺劇演出及劇本、歌詞寫作，已有二十年之久。

作曲要有歌詞配合，洪一峰一直在尋覓搭檔寫詞的人。因此，兩人見面，一拍即合。自此，洪一峰在女王唱片、南國唱片、臺聲唱片灌的，大多由葉俊麟作詞；而葉俊麟寫的〈舊情綿綿〉、〈男兒哀歌〉等，也交由洪一峰譜曲。葉俊麟才華洋溢、活潑外顯；而洪一峰篤志誠懇、含蓄內斂。兩人性情南轅北轍，竟擦出戰後臺語歌曲創作最燦爛的火花。

一九五八年八月，葉俊麟舉家遷來三重，在大同南路五十六巷一個狹隘曲折的小弄賃屋居住。這時，洪一峰夫婦和洪德成一家，已經搬到這裡一年了。

三重位在淡水河西岸，聚居著南北各地前來尋夢的人們。而臺北都會，豈是初來乍到的外鄉人跨得過的。大家多半先在對岸的三重落腳，白天騎「孔明車」（腳踏車）過臺北橋去上班，晚上下班再回三重。

當時，三重只有臺北橋下的福德南北路、中央南北路、重新路一帶有些工廠，其餘廣大的淡水河岸，還是種植蔬菜、秀英和茉莉花的農田，民風純樸，與各地鄉下沒有兩樣。

不過，三重在發展過程中，有一項特色文化產業，就是唱片業特別發達。全國約有七成唱片公司和壓片工廠設在三重。而菜寮短短兩百多公尺的光明路，就集合了十家以上全國性的唱片大廠，可以說是五、六〇年代臺灣唱片業的大本營。

唱片業外，由於鄰接臺北，交通方便，房租便宜，三重更匯聚著北部眾多廣播、電影、歌仔戲與臺語歌曲的創作、演藝人才。以臺語歌曲為例，寫〈農村曲〉、〈青春悲喜曲〉的蘇桐，作〈安平追想曲〉的許石，大編曲家林禮涵，傑出歌手林英美、陳芬蘭、白櫻，再加上洪德成夫婦、洪一峰夫婦和葉俊麟等，真是人文薈萃，盛極一時。

洪一峰初時住在正義南路，後來搬到信義西街、文化北路一帶，和葉俊麟家相距不遠。洪一峰每次從外地回來，就會踱到葉俊麟家拜訪，或者兩人相偕到附近的「老大人茶店仔」泡茶聊天，或出外找尋靈感。洪一峰說兩人經常「聊著聊著，聊出靈感，一首歌就蹦出來了」。

葉俊麟雅好「老大人茶店仔」，在三重或臺北延平北路、淡水河邊，常常可以看見他的影子。在吳國禎整理的洪一峰口述文章〈懷念葉俊麟先生〉中，洪一峰談及自己和葉俊麟在「老大人茶店仔」互動的情形：

「葉俊麟先生佮我攏有一个興趣，阮若閒的時陣，就攏走去老大人茶店仔。因為這个興趣，予俊麟佮我，開始對臺語歌曲的創作有關聯。阮若去到老大人茶店仔，就佇遐講、講、講⑤，講這个臺語歌曲；就是因為有彼个興趣，才會產生遐濟豐富的音

註⑤　講：káng，談論、聊天。

樂出來。

會記得伊捌對我講：『洪先生啊！你敢也愛這個老大人茶？』我講：『我袂曉啉⑥，抑毋過親像你按呢，有時陣來遮，就感覺有另外一款感情，對咱的歌也好親像有幫助啊！』彼當陣，我就佇遐按呢佮伊啉，不知不覺，假若有去予伊傳染著，有一種酸甘甜仔酸甘甜的感覺，講著臺語歌曲，也愈來愈合味。

有一日啉啊啉，伊問我講：『洪老師，你有感覺無？』我講：『感覺啥？』『老人茶店仔是毋是會感覺較倯氣⑦？』我講：『袂喔，袂喔！哪會？若無這個茶來引起，你佮我毋知欲失落偌濟創作的力咧！』如果彼當陣，兩個若閣較有時間通配合，凡勢有閣較濟，閣較豐富的音樂產生出來。

我這馬想起來，想著較早有幾首歌曲，阮攏有試驗新的做法。像講歌唱到中央一句，才開始講口白：『下暗天氣有較寒，抑你也好先轉去！嘿！毋通走，會跋倒……哈哈，走轉去囉！啊！啊！下暗的星真響亮，真鬧熱，閣感覺真寂寞按呢！』（〈攤販夜嘆〉口白），像這款的歌曲，若會當產生閣較濟咧，毋知影欲偌好！這个時陣，想著葉俊麟先生伊的做人，抑佮伊所引起彼个潮流，就是因為靈感來引起的，靈感對佗位來？就是對阮兩人佇老大人茶店仔的興趣來的。到這陣想起來，仝款是真歡喜，真欣賞，閣真懷念。」

註⑥　啉：lim，喝。

註⑦　倯氣：sông-khuì，俗氣。

「老大人茶店仔」，簡直就是五、六〇年代臺灣流行歌曲的「左岸」。這裡是一個怎樣的地方？聽葉俊麟現身說法：

一泡好茶　輕輕潤濕嚨喉內
談天說地　大家笑嗨嗨
凍頂烏龍包種清茶　請你攏飲看覓
是咱寶島的特產　氣味一定是眛醜
老人茶　老人茶店　毋是干單歡迎老人來
就是貨真價實　童叟無欺
每個來　每個心情逍遙佮自在

一對老伴　每暗攏到茶店內
輕聲細說　懷念舊情愛
有的無掫⑧老太太來　招人行棋的比賽
瓜子土豆做茶料　証明喙齒猶無歹
老人茶　老人茶室　毋是干單消遣時間來
為著提神醒腦　延年益壽
每個來　每個心情逍遙佮自在

——〈老人茶店〉／葉俊麟 詞

註⑧　掫：tshuā，帶領、引導。

「沒有雅緻的裝潢，幾張亂著歲月痕跡的木頭桌，斑剝泛黃的牆面。」❸是老大人茶店仔給人的空間印象。這裡屬於底層的庶民，置身在這樣的氛圍中，便很自然地貼近土地和人民的喜怒哀樂、甘苦辛酸。怪不得黃敏說，他們兩人的作品「很有鄉土氣氛」；白先勇也說，洪一峰唱的臺灣老歌，有「濃摯的鄉土感情」。

六、

如果沒有去老大人茶店仔，洪一峰到葉俊麟低矮的平房拜訪，聊的也是音樂。葉俊麟夫人吳秀鑾女士說：「洪先生定定⑨來厝裡揣阮先生開講。伊人斯文，話無濟⑩，但是兩人講的無別項，攏是音樂的代誌。」

他們談論「音樂的代誌」，除了切磋作詞作曲，也關心臺語歌曲的發展。講到這裡，非得先談亞洲唱片不可。

亞洲唱片是臺南安平人蔡文華創立的唱片公司，初期以翻刻日本輕音樂和西洋古典唱片為主，一九五七年，開始製作臺灣流行歌曲唱片。第一張發行的，是在「阿羅瑪樂團」擔任夏威夷吉他手的文夏所主唱的〈飄浪之女〉／〈運河悲歌〉和〈港邊惜別〉／〈南國

註⑨　定定：tiānn-tiānn，經常。

註⑩　濟（替用字）：tsē，多。

的賣花姑娘〉兩張七十八轉唱片❹。

唱片出來，市場反應熱烈。亞洲唱片要求文夏繼續提供作品，於是，他把洪德成的〈男性的復仇〉和日本流行的〈落葉時雨〉、〈港邊乾杯〉、〈港邊送別〉、〈夏威夷之夜〉、〈魚岸的好男子〉、〈女系圖〉、〈倫敦的賣花姑娘〉等曲，或改編或直譯為臺語歌詞後，交給亞洲唱片並主唱。文夏想不到唱片出來非常轟動，相當驚訝。

由於這些唱片製作成本低，製程快速，馬上成為亞洲唱片出版的主流。其他唱片公司看見有利可圖，紛紛跟進翻唱日本歌曲，本土創作漸漸無人問津。

亞洲唱片挾著雄厚的資本、嶄新的技術和全國性行銷網的建立，逐漸取得市場優勢，加上紀露霞、林英美、顏華、洪一峰、鄭日清以及甫自日本歸國的吳晉淮的加入，聲勢一飛衝天，幾乎成為臺語流行歌曲的同義詞。

洪一峰的〈可憐戀花再會吧〉、〈再會夜都市〉等曲透過亞洲唱片全國發行網和電臺的強力播送，紅透半邊天。葉俊麟的作詞功力也備受肯定，而被「亞洲」聘為「特約創作」，進而延攬為文藝部主任，挑起唱片製作的大樑。

兩、三年間，葉俊麟填了許多日本曲的臺語詞，洪一峰唱了許多日本曲的臺語歌，臺語歌壇看似蓬勃發展，本土創作的生機卻幾乎窒息了。他們對臺語流行歌曲滿懷抱負寫出來的作品，只存在於歌簿和電臺節目，沒有唱片公司願意灌錄。臺灣人翻唱日本歌而不唱國人的創作，豈只可惜而已，簡直令他們很不甘心。

他們相偕去找亞洲唱片的老闆蔡文華，要求灌錄創作。

蔡文華和洪一峰、葉俊麟的會面，一說雙方各有堅持，以致捶桌動氣，過程並不愉快。但是了解他們的記者陳和平則認為不至如此。陳和平說：「蔡文華這個人，你任何人說作曲的，就是一句話跟你說：免講！他一個個性，不愛作曲的，一定要用日本曲改的。有時甚至不必請樂隊，直接套日本輕音樂就完成一張唱片，像〈再會夜都市〉就是最好的例子，唱片出來，還不是大賣，何必大費周章請人作曲。在商言商，你不能說蔡文華的作法不對，何況主觀上，

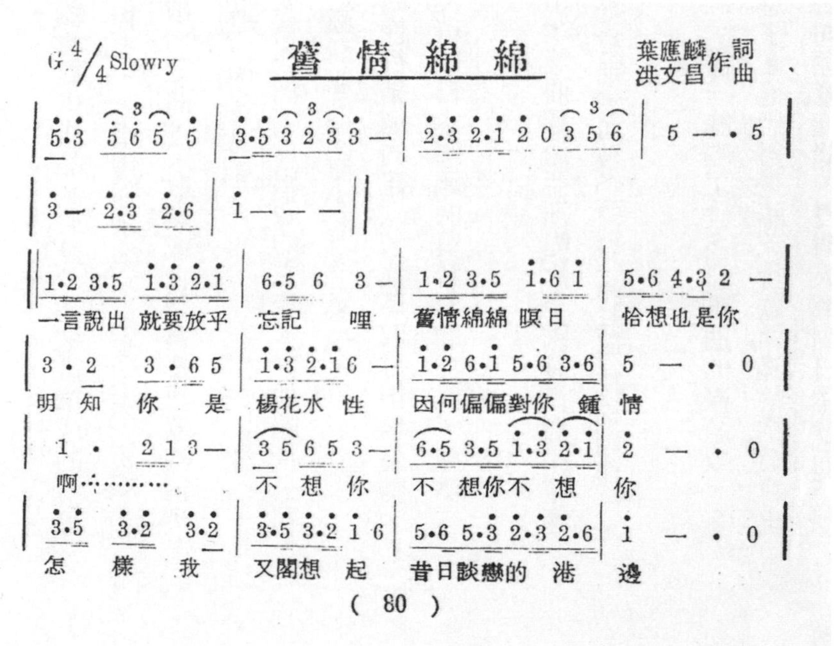
G 4/4 Slowry
舊情綿綿
葉應麟 詞
洪文昌 作曲
一言說出 就要放乎 忘記 哩 舊情綿綿 暝日 恰想也是你
明 知 你 是 楊花水 性 因何偏偏對你 鍾 情
啊……………
不 想 你 不 想你不 想 你
怎 樣 我 又閣想 起 昔日談戀的 港 邊
(80)
〈舊情綿綿〉發表時，詞、曲作者仍載為「葉應麟」和「洪文昌」。

他認為日本歌曲好聽，而對臺語創作，則沒有信心。」

陳和平又說：「蔡文華不喜歡交際，也不接受訪問，更不屑於寄唱片給電臺，節目主持人要播歌，還要自掏腰包買唱片，但是亞洲唱片仍然是市場主流。他認為不需要打廣告，也無須改變製作方向。之前，洪一峰、葉俊麟已經灌過很多唱片，本來就很紅了。一般是歌星想灌唱片，去找蔡文華；而洪一峰不是，是他太紅了，蔡文華去找他來的。他有不一樣的格調；他在『亞洲』灌的唱片又很轟動，他有講話的分量。當時，有能力跟蔡文華說『要用創作』的人，只有兩位，一位是吳晉淮，一位是洪一峰。洪一峰講話無人敢拒絕。他話不會講得很滿，總是斯斯文文，『軟軟仔是』（軟中帶硬），卻讓你感受到他的權威，不能反抗，要給他尊重。」

對於洪一峰和葉俊麟要求灌錄創作，蔡文華面有難色，但幾經折衝，最後還是答應他們，願意一試。

一九六〇年一月，亞洲唱片推出編號AL-315葉俊麟作詞，吳晉淮、洪一峰主唱的專輯。A面《吳晉淮歌唱集》有〈奔放的青春〉、〈茶葉滿山青〉、〈春情風景〉、〈暗淡的月〉四首；B面《洪一峰歌唱集》有〈男兒哀歌〉、〈寶島四季謠〉、〈舊情綿綿〉、〈淡水暮色〉四首。

出乎蔡文華意料之外，這張專輯一出，到處熱賣，唱片再版又再版。指名洪一峰、吳晉淮的點歌單如潮水般湧入電臺，大街小巷都在播送他們的歌。電臺開始出現「低音歌王」的稱號。聽眾提到洪一峰，便很自然地把他和這個稱號連在一起。

十七歲起，唱過街頭藝人、酒家那卡西、電臺駐唱歌手兼樂師的洪一峰，自此紅遍全國每一個角落。洪一峰時代終於來臨。

註❶ 歌樂唱片RA-14：〈妹妹請期待〉／周添旺詞，邱再福曲，林禮涵編曲，洪文昌唱；〈風中煙〉／周添旺詞，鄧雨賢曲，林禮涵編曲、洪文昌唱。歌樂唱片LN-507：〈懷鄉〉／詞曲作者待考，洪文昌唱；〈真情〉／作者待考，洪文昌、張美雲唱。歌樂唱片AR1015：〈流浪曲〉／吉田正曲，葉應麟詞，洪文昌唱；另一曲，資料不詳。

註❷ 〈山頂的黑狗兄〉，原曲〈The Alpine Milkman〉，一九三〇年Leslie Sarony作曲、原唱。一九三三年，本牧二郎填詞為〈山の人氣者〉，中野忠晴主唱，日本哥倫比亞唱片出版。

註❸ 莊永明〈沖泡不散的餘韻〉，收錄於孫德銘等編《臺灣歌謠大師葉俊麟經典詞作賞析》（臺北市：文化公益信託葉俊麟臺灣歌謠推展基金，二〇〇七年），頁三〇。

註❹ 除〈港邊惜別〉外，其餘三首作曲者均為文夏。

肆。舊情綿綿

二、

一九六〇年，立意把作品推展到廣大聽眾面前，以拓展臺語歌曲更大空間的洪一峰，組了「洪一峰歌舞團」在全臺各地公演。同年，楊三郎捲土重來，雖然他將「黑貓歌舞團」頂讓他人經營，但是他新成立的歌舞團仍名「黑貓」。而師法日本寶塚少女歌劇團的「芸霞歌舞團」，也以豪華的歌舞為號召，盛大展開。

相較之下，「洪一峰歌舞團」規模較小；但有歌有舞，且以臺語歌唱為主。在團裡客串的歌手鄭日清說：「歌舞團一成立，洪老師就『來噢！來噢！』地向我招手。那時洪老師正紅，我的〈落大雨彼日〉也頗受歡迎。記得在延平北路第一劇場和三重天臺戲院演出時，觀眾大排長龍，大家都想來看洪一峰。」

洪一峰、文夏、吳晉淮、鄭日清，是亞洲唱片當紅的男歌手，稱他們為「亞洲四臺柱」也不為過。在團駐唱的歌手，除林英美、張淑美、張美雲等一線的唱片歌星外，還有王秀如、方瑞娥、張景峰、林德芳等洪一峰的學生，一字排開，卡司非常堅強。

在節目中，有三分之二的時間唱歌，三分之一的時間表演舞蹈和新劇。一般情況是前半段唱歌，中段有歌有舞，最後以新劇壓軸，在載歌載舞的歡樂聲中結束。洪一峰是歌手也是樂師，對樂隊的演出特別考究。樂隊包含小提琴、吉他、小號、手風琴和鼓等，無論

「洪一峰歌舞團」的歌舞。

「洪一峰歌舞團」的短劇一景。

「洪一峰歌舞團」的
夫妻檔洪一峰和小鳳。

洪一峰歌舞團
歌手張淑美和
張美雲。

是伴奏、輕音樂演奏或即席來一段solo，都有精采的表現。

演出地點集中在臺北最熱鬧的萬華、大稻埕，以及淡水河對岸的三重和中南部大小城鎮。檔期或三天或五天，生意好時或十天。在臺北，團員演完各自回家；若到中南部，就和歌仔戲團、新劇團一樣，以戲園為家，表演、排練、製作道具、生活起居、休閒娛樂，都在一起。

演唱是節目的重頭戲，有洪一峰領軍號召，轟動不在話下。新劇演出也頗受歡迎，重要戲碼有《舊情綿綿》、《落大雨彼日》等，由廖一鳴編劇。〈舊情綿綿〉一曲最早在電臺唱開，接著編成新劇劇本，在歌舞團演出。團裡一個檔期至少準備兩、三個劇碼更換，以維持新鮮感；歌手曲目也要每日調整。

新劇一場演下來差不多半個鐘頭，頂多四十分鐘，在高潮時結束，然後謝幕。但是謝幕不是每天都有，大抵逢禮拜六或禮拜天，觀眾特別多時才有。鄭日清說：「謝幕前，洪老師會事先吩咐：『今天要謝幕，會貼一點點心錢，請留下來，不要走。』」鄭日清懷念地說：「點心錢不多啦，意思意思，但是足感心啦！謝幕時，大家排一排，向觀眾鞠躬致謝，順便預告明天精采內容，請早訂座。」

有一天，《聯合報》登出下面消息說：「本省籍男低音歌手洪基華、洪一峰昆仲，定於十月二日起分別在北市大光明、大觀兩戲院對臺演出歌舞大會。洪基華的節目分為兩部：

第一部為歌舞，第二部為歌舞笑劇《十三點小姐》，由洪基華、牛郎等演出。洪一峰的部分也分為兩部：第一部歌舞，第二部是歌舞笑劇《落大雨彼日》，採用寶塚少女歌劇的演出方式，由洪一峰、廖一鳴、文雯等演出，司儀是廣播明星小鳳。」

「廣播明星」小鳳和洪一峰是團裡的靈魂人物。小鳳擔任主持兼新劇演員，洪一峰專注於演唱和樂隊指揮。不過，歌舞團責任，還是由洪一峰一肩挑起。接洽檔期、調度演員、安排節目等，有小鳳從旁協助處理還好，演員薪水、出團食宿交通費用等，則非洪一峰親自張羅不可。

身為歌手，本來只管把歌唱好就好，不需要煩惱其他，不過洪一峰卻被瑣碎的團務壓得喘不過氣來。他常望著天色發愁：「天黑以後如果下雨，客人不來了怎麼辦？」出團最怕突然的一場雨，因為短短幾天的檔期可能就此泡湯了。

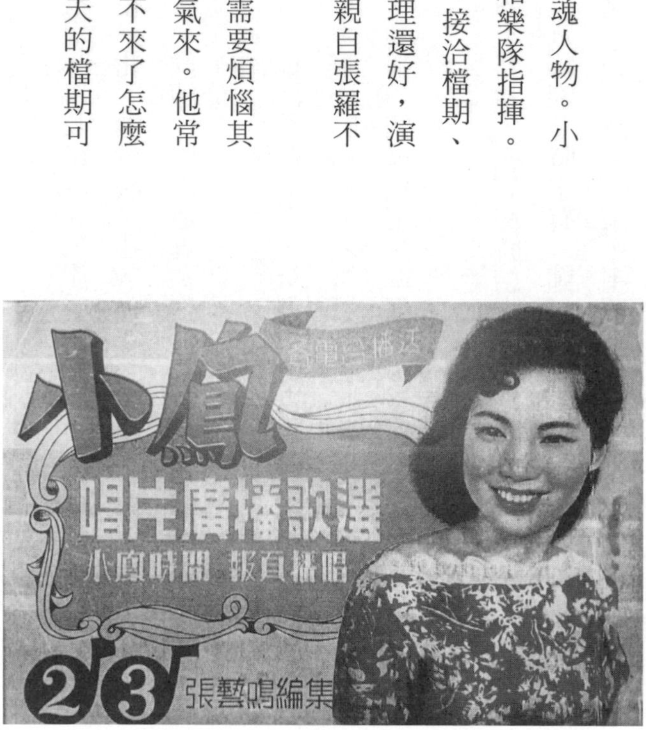

《小鳳唱片廣播歌選》的封面人物小鳳。

二、

一心想發揚臺語歌曲，展現臺語歌曲聲華的洪一峰，一段熱潮過後，漸漸發覺事與願違。舞臺掌聲的滿足，已經敵不過經濟壓力帶給他的苦惱。

長期紀錄臺語影歌星動態的陳和平說：「唱歌是藝術，而做歌舞團是生意。就這方面說，他輸楊三郎老師很多。楊三郎老師有經營頭腦，而洪老師沒有。洪老師不是做生意的跤數①，他純粹是一個藝術家。」

讓臺灣歌曲有出路、有舞臺，是洪一峰的夢想。舞臺在街頭、在酒家那卡西、在淡水河邊野臺、在電臺現場。洪一峰不停地尋覓舞臺，期望在臺灣，有臺語歌曲的璀燦空間，但環境已不如昔。

臺語電影興起，國外聲光絢爛的大銀幕電影也已引進臺灣。相對於各類戲劇和歌舞團一天只能演出下午一場、晚上一場來說，電影卻可連演七場。利之所在，各

註① 跤數：kha-siàu，角色。

《小鳳唱片廣播歌選》封底歌手群像。

地大小戲院紛紛捨戲劇而就電影，以致原來還可在「內臺」演出的歌仔戲、布袋戲、歌舞團和新劇，只好逐漸退出戲院，回到野臺去了。

為挽回日漸流失的觀眾，一些「做正式的」歌舞團轉而「做黑的」，以情色相號召。漸漸地，各階層觀眾購票擁入戲院的動機，在於滿足人性的偷窺欲，而與歌舞的純正藝術無關。

二度組「黑貓歌舞團」的楊三郎，雖然被譽為「有經營頭腦」，也難敵情色歌舞團的圍堵而陷入慘淡經營的困境，苦撐幾年後，也落得不堪賠累的下場，結束營業。之前接手「黑貓」，後來改名「金貓歌舞團」的負責人，面對新的環境，無奈地對團員說：「你們要脫就脫，會給你們一點補貼！」開始無人願意嘗試，後來一位掌管飲食的婦人跳出來，票房居然立刻翻紅。

「很多人要我也在節目裡『點綴一下』，不要太堅持，我說不可以。我想買票來聽我唱歌的人，應該不會抱著那種心態才對！」

洪一峰的堅持沒錯，只是日漸低落的票房，讓他心情沉重。

擁有廣大歌迷的愛戴，對於他的經濟卻沒多少助益。唱片公司請灌一首歌給一百塊錢，灌完給錢走人，後來唱片賣多賣少，便與歌手無關。紀露霞說，她曾在一天之內連灌二十一首歌，拿到兩千一百塊錢，後來唱片大賣，她一毛錢再也沒有拿到，有時候唱片也沒送她一張。這還是洪一峰、紀露霞這些歌王、歌后級的待遇。同樣優秀的歌手，鄭日清說他還是唱了整張專輯，才拿到一百塊錢的報酬。

作詞家和作曲家的待遇也好不到哪裡。洪一峰說他和葉俊麟去跟亞洲唱片爭取灌錄〈舊情綿綿〉的時候，雙方從頭到尾沒有提到報酬。洪一峰說：「亞洲唱片翻唱日本曲，只要找人填詞，叫人來唱就大賣了，那像我們自己作的曲子，好不好聽、流不流行還不知道。公司大概是抱著這種『請你來灌唱片，我還有風險』的心態；我們也只想著要把創作推展出去，從不計較報酬！」

資本的短缺，觀眾的流失，歌舞團的營運日漸困難。為歌舞團，也為生活，洪一峰可以周轉的地方，只有洪鳳那裡。洪鳳憑著靈敏的手腕和堅忍的毅力，已經從戰後的擺攤生意做到銀樓的規模，克勤克儉，累積了不少財富，只要洪一峰開口，她二話不說，總是適時給予接濟。

不過，歌舞團的困難，不比一般家計，只要大環境繼續惡化，每日的虧損就像個無底洞。而洪鳳那裡，好聽說是周轉，事實上常是有借無還，久了，洪一峰也不好意思開口。

在不得已的情況下，洪一峰把在三重文化北路巷子裡的那間房子賣了。房子賣掉，扣除貸款，還不夠解決歌舞團的積欠，最後，只得忍痛把歌舞團解散了。

說起三重的房子，洪一峰夫婦遷到三重搬了幾個地方後，見附近一間房子要賣，就向銀行貸款買了下來。這是洪一峰第一次購屋，洪鳳卻罵他說：「三重埔地勢那麼低，颱風一來就淹大水，只有傻瓜才在那裡買房子。」而今房子賣了，洪鳳稱讚他：「總算做對一件事了！」

洪鳳、洪一峰姐弟情深，幼時母親體弱多病，家務全賴洪鳳一肩挑起。她對洪德成、洪一峰兄弟長年「不務正業」頗有微詞，只是兄弟倆都是不可救藥的理想主義者，為文學、為音樂，哪管現實冷暖和家人的想法。看來洪家女人比較像是理性的現實主義者，而男人則只凝視天邊的彩虹。

四、

歌舞團解散了，洪一峰體認到理想與現實之間的巨大差距。回到單純歌手身分的洪一峰，不再擔心天黑以後會不會下雨，觀眾會不會來；也不用擔心演員借支時，自己一樣阮囊羞澀的尷尬。

唱片的灌錄讓他忘了疲憊。小鳳恢復在電臺的主持，他也應邀在電臺彈琴、唱歌，日子過得平淡而又忙碌。而隨著唱片越錄越多，他對唱片的要求也更高，每首曲子的風格、詞意都細心揣摩；咬字唱腔，力求精準，不肯含混帶過；每天固定練聲，讓聲帶維持在最佳狀態。

他常到陳木的理髮店理髮。每當他從臺南灌片回來，陳木就關心問他：「洪老師啊，這回錄得啥款？」洪一峰總是沉吟了一陣子，才慢吞吞地吐出：「馬馬虎虎啦！嘛無真滿意啦！」這樣的回答，算是「洪一峰式」的「滿意」的表示了。如果是在「嗯……」之後，接著是一陣讓你等得焦急的長長的沉默，那就暗示他不滿意了。

洪一峰是陳木理髮店的常客。陳木理髮時愛哼哼唱唱，歌聲不錯，店裡的氛圍很棒，顧客口碑相傳，慕名而來的，涵蓋許多知名的歌星。後來他和郭金發、林春福、賴謙琪合組「四奇士合唱團」，兩張轟動一時的唱片，就在他一邊理髮一邊討論中「製作」出來。七〇年代後期，陳木為洪榮宏製作十幾張臺、日語唱片，是引導洪榮宏走入唱片界的大恩人。

陳木知道洪一峰的堅持、謙虛，是出於對自己更高一層的期待。「不過，期待歸期待，卻不是他個人所能決定的。」

「那時候單軌錄音（mono），錄音室裡，樂師排在歌手後面，由一支麥克風收音，不可能因為你一個人不滿意，而讓一群人跟你在那裡磨。製作人是設定一個範圍在做東西，只要對大眾交代得過就ＯＫ了，他不是針對你一個人在做。要做洪老師個人專輯的話，我想他唱一百遍也不會滿意的。」

「不過，也因為有他這樣的堅持，他灌的那些唱片，不論是創作的或日本曲的，幾乎片片流行，就是到今天，還是讓你百聽不厭，這就是洪老師讓人佩服的地方。」

五、

歌舞團收起來後，洪一峰未把牌照註銷，不久借給廖一鳴。廖一鳴是團裡的演員兼編劇。歌舞團解散後，他想自己組團，苦於沒有牌照，於是徵得洪一峰同意，借用「洪一峰歌舞劇團」的牌照，再召集部分原班團員，才組團出去公演。洪一峰想不到，他的人生會因為這樣做而陷入無底的黑暗深淵，痛不欲生。

鄭日清唱紅的〈落大雨彼日〉，經廖一鳴編成舞臺劇，在「洪一峰歌舞團」演出，很受歡迎。後來廖一鳴沿用這個劇碼，自己擔任男主角，再商借原劇演員小鳳

「洪一峰歌舞劇團」登記證上的照片，這一年洪一峰 33 歲。

臺灣省劇團登記證

查洪文路依據本省電影戲劇事業管理規則第七條之規定申請劇團成立登記經核相符准予登記此證

摘錄登記事項如左

登記名稱：洪一峰歌舞劇團

種類：歌舞

負責人：洪文路

住址：台北市延平北路二段207號

臺灣省政府教育廳廳長 劉真

中華民國四十九年八月三十一日

教甲劇字第一七九號

「洪一峰歌舞劇團」登記證。

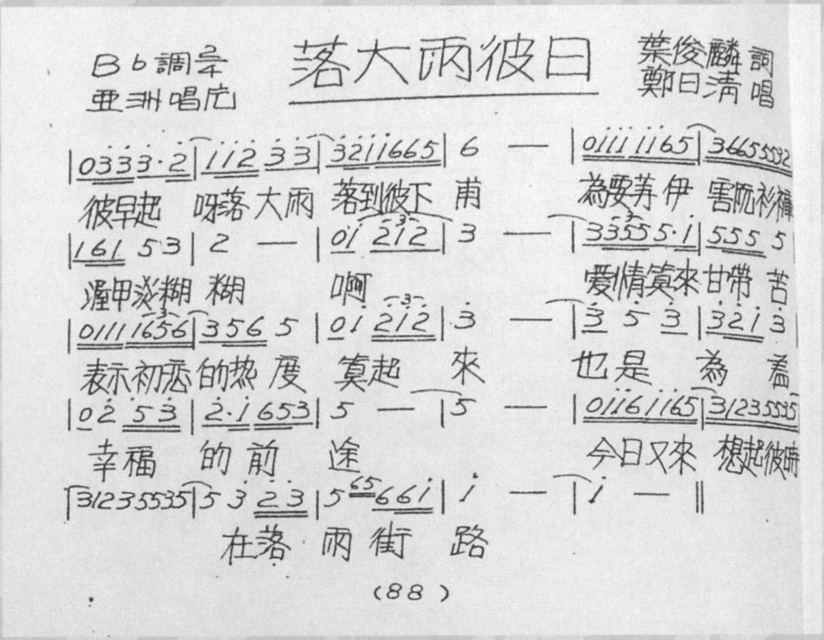

洪一峰插畫、鄭日清刻寫並主唱的〈落大雨彼日〉詞譜。

洪一峰於民聲電臺現場歌唱節目拉小提琴。

出任女主角。兩人日夜搭配，默契十足，但演到最後，竟假戲真做，出了問題。

長期主持民聲電臺《星光之聲》系列節目，每天播放洪一峰歌曲而廣受歡迎的廣播明星，也是洪一峰摯友的陳星光，對此不勝唏噓地說：「洪一峰、小鳳這對夫妻，感情恩愛，自不用說。但是，他們在那卡西、電臺或歌舞團表演時，一個唱歌，一個演戲、主持，沒人知道他們的關係。洪一峰人古意，話不多，全身活躍的只有音樂細胞，而女人最怕的是有人整天在那裡甜言蜜語，可惜甜言蜜語要從洪一峰口中說出來是絕不可能——可能的話，他就不是洪一峰了，而麻煩就在這裡。你知道，對方是一個『畫山畫水畫喙花』最拿手的男人。再來，公演如果只在臺北，演完各自回家，也不會有事，但那時候不是，是整個團在外巡迴，天天在一起，所謂近水樓臺，出事也就不足為奇了。」

好友鄭日清說：「廖一鳴和小鳳越走越近的消息漸漸傳到洪老師耳中，他起初不以為意，哪知一段時間後，小鳳竟一聲不響就不回家了。洪老師整個人簡直要抓狂，每天打聽小鳳的下落。有一天，知道她在三重，叫我跟他過去。我們走在三重的田間小路，彎來繞去，好不容易找到廖一鳴的家。小鳳出來，表示悔意，說好今天稍後回去。結果那天晚上，洪老師守到半夜，還是等不到小鳳的影子。次日天亮，我們趕去三重，小鳳已經不在那裡了。」

陪伴洪一峰走過這一段低潮的鄭日清，習慣稱洪一峰為「洪老師」，其實他長洪一峰三歲，成淵中學別科畢業後，在總督府內務局土木課任職，戰後服務於公路局，因為喜好

五〇、六〇年代活躍於廣播電臺的小鳳。

音樂而結識洪德成、洪一峰兄弟。他們都受完整的日本教育，彼此敬重，親如兄弟，在洪一峰最脆弱的時候，鄭日清一直陪伴著他。

「洪老師有夠純情的啦！他日夜思念小鳳，盼望她回來。但日子一天天過去，總盼不到她的消息。後來，他想到小鳳的大哥當鐵路局車站的站長，在臺中附近，我們趕去，小鳳果然在那邊。洪老師抱著滿腔的怒火和希望而去，見到小鳳，卻顧著男人的自尊，只是站在那裡，木然無言。我央求小鳳：『妳今天就跟他回去好了，別再拖了。』小鳳看在我面上說：『回去我是一定會回去，只是這裡有些事情，要等我處理完。』洪老師是真紳士的人，向來尊重小鳳，也相信她。於是，我們帶著小鳳的承諾，坐著黃昏的列車，回到了臺北。」鄭日清說。

無盡的等待，令他痛苦；等待的結果，是徹底的絕望。做為男人，還有什麼比被摯愛的妻子背叛更大的痛苦？

洪一峰在龍山區（後併入萬華區）的戶籍謄本記載：「民國伍拾年貳月貳拾捌日與洪唐邁離婚。」兩人十一年愛情與歌唱伴侶的婚姻就此結束。

洪一峰對小鳳的思念，並不因為一紙離婚登記而斷絕。生命中，小鳳是他蝶戀的花朵，綿綿的舊情。

一言說出就欲放乎袂記哩
舊情綿綿暝日恰想也是你
明知你是楊花水性

因何偏偏對你鍾情
啊！毋想你！毋想你！毋想你！
怎樣我又閣想起　昔日談戀的港邊

青春夢斷你我已經是無望
舊情綿綿心內只想你一人
明知你是有刺野花
因何怎樣我毋反悔
啊！毋想你！毋想你！毋想你！
怎樣我又每暗夢　昔日談情的樓窗

男子立誓甘願看破來避走
舊情綿綿猶原對你情意厚
明知你是輕薄無情
因何偏偏為你犧牲
啊！毋想你！毋想你！毋想你！
怎樣那看黃昏到　著來想你目屎流

——〈舊情綿綿〉／葉俊麟 詞

〈舊情綿綿〉寫的是葉俊麟未竟的愛戀，唱的是洪一峰揮之不去的舊情。他到任何地方都唱這首歌，那張注入全部感情的臉，那如泣如訴的歌聲，那詞中綿綿不盡的情意，已經化為時空的永恆；三年後，在「玲玲唱片」錄音室唱這首歌時，洪一峰還情緒激動，淚流滿面，不能自已❶。

生性多情浪漫的小鳳，本名唐邁，彰化人，幼時家境貧困，由沈姓生父送給唐姓人家做養女。與洪一峰結婚後未生育，抱養一女一男；離婚後，男歸小鳳，女歸洪一峰而與大姑洪鳳同住，長大後嫁赴日本。小鳳後來與廖一鳴分開，不久和一位退伍軍人結婚。丈夫死後，晚年住到安養院，昔日好友紀露霞、林英美、張淑美、鄭日清等偶爾去看她，後來據說她因年邁而認不得人了❷。

註—❶ 東吳大學石計生教授轉述賴碧霞女士的回憶。

註—❷ 二〇一〇年，小鳳病逝於安養院，洪一峰和養女也在同年逝世。

伍。成名曲的映像化

一、

小鳳離開，洪一峰的心情盪到了谷底。歌舞團解散了，房子賣了還負一身債；現在家也破了，孑然一身，什麼都沒有了。過去灌片、演唱的日子，忙碌而充實；「寶島歌王」的榮銜，代表出道以來的顛簸辛苦，沒有白費，而今，這些都已隨著小鳳的離開，成為過去。

愛情一旦從身上抽離，留下的便只是軀殼，易碎而又空虛。傷情如嗜血的吸蟲，緊緊揪附著他。有時怨怒難抑，恍如地底炙熱的岩流，急著尋覓噴口。

只是，洪一峰表現出來的，是更加的沉默。除了歌壇幾位好友，沒有人知道這位廣大歌迷心目中的偶像，心靈正承受著巨大的創痛。他仍身影堅毅的屹立舞臺，唱著那沉鬱恢弘的歌聲：

心稀微在路邊　路燈光青青
若親像照阮心情　暗淡無元氣
彼當時伊提議欲分離
因何我會無來加阻止
啊！被人放捨的小城市　寂寞月暗暝

心茫茫想彼人　仰頭看樓窗
為怎樣一時心酸　目眶漸漸紅
你在我面頭前表愛慕
已經變成過去的眠夢
啊！被人放捨的小城市　秋夜也沉重

心疼痛無心晟　看月移花影
雖然是舊情難忘　暗叫你的名
到現在只好是祈禱你
一生過著心願的運命
啊！被人放捨的小城市　秋夜落葉聲

——〈悲情的城市〉／葉俊麟 詞

「寂寞月暗暝」、「秋夜也沉重」、「秋夜落葉聲」，無聲無息。好友看在眼裡，萬般不捨，卻又莫可奈何。他有一股自我放逐的衝動，對臺北這座城市，已經感到厭倦。

在茫茫失落的幾個月間，只有接到亞洲唱片灌錄的通知，才彷如為他打開灰暗情緒的窗口。繁忙與專注，讓他暫時忘卻所有。

熬過了春寒料峭與陰濕，季夏某一天，他接到「南星歌謠音樂教室」與中廣臺南電臺的邀約，決定南下，離開臺北這個傷心地。

南下的列車「喀隆」、「喀隆」地疾駛著。窗外的街景、田園，遠處的山脈、溪谷，倏地映眼而來，瞬又飛逝而去。越近南方，陽光越發耀眼，視野也越寬闊起來。出了臺南車站，搖曳的椰影與鳳凰花的紅艷，伸展熱情的雙臂歡迎著他。他的心情彷如回鄉的男子唱的：

雖然是為著失戀心情真憂愁
寧可今日重新來　抱著好主張
春宵的溫柔風
啊！搖動路邊樹
——〈重回故鄉〉／葉俊麟　詞

生命的層巒堆疊起伏，一峰落，一峰起，臺南歲月將把洪一峰推向生涯的另一高峰。

二、

全程臺語播音的中廣臺南電臺第二廣播部分，新闢一個《臺灣歌曲演唱時間》，邀請寶島歌王洪一峰南下駐唱。節目自禮拜一到禮拜六，每天半小時，於傍晚六點到六點半播出。

在中廣臺南臺主辦的歌唱比賽中榮獲「金獅獎」，後來進入電臺當基本歌星的蘇南竹，回憶節目製作的情形說：「洪老師到節目來的時候，我就在裡面當他的助理。節目以錄音播出，我負責樂隊的編組、樂師的聯絡、歌曲的編配與樂譜的準備，這些安排就緒，才進行錄音。錄好，再於錄音盤上貼好集次、播出日期和曲目，才送主持人播出。」

「錄音時間集中在禮拜一、二兩天下午一點到三點。一次錄三集，禮拜一錄的，在禮拜一、二、三播出；禮拜二錄的，在禮拜四、五、六播出。禮拜天休息。帶子在臺南臺播完後，寄到高雄；高雄播完後，再寄嘉義、臺東、花蓮等地。各地播出時段不一，像高雄臺在中午十二點，嘉義臺在下午四點。帶子在中廣十個地方臺跑帶播出，臺南臺則不停的錄製新帶出去。洪老師的歌聲，就透過這方式向全國播送。」

「節目三十分鐘一集含八首歌，前半段由洪一峰唱三首，我唱一首；後半段洪一峰唱三首，再和我合唱一首。樂隊現場伴奏，也和許多歌手合作，包括後來加入南星歌謠音樂教室的李德昌等多名學生。」

「伴奏樂隊找臺南各舞廳的樂師過來。他們跟洪老師早已熟識，很有默契，配合順暢，兩小時便可錄完三集。這個時段本來是林菁❶的《點心擔時間》，調為《臺灣歌曲演唱時間》後，不播廣告，改請府城知名廣播明星蔡素柳小姐主持。蔡小姐音質甜美，很有聽眾緣，加上名滿全國的寶島歌王洪老師駐唱，每到黃昏，家家戶戶都在收聽。」

洪一峰白天錄音，晚上就在郭一男新成立的「南星歌謠音樂教室」授課。「南星歌謠音樂教室」開有「歌唱班」兩班，「吉他班」一班。歌唱班，洪一峰教禮拜一、三、五的一班，林合教二、四、六的一班；吉他班由郭一男親授。時間在夜間七到九點。

郭一男本名郭炳林，筆名古意人，少年時代跟文夏學夏威夷吉他。他在「日本歌謠學院」通訊課程結業後❷，加入亞洲唱片擔任夏威夷吉他手，並組「臺灣歌謠研究所」，精編出版臺灣流行歌集。一九五九年脫離亞洲唱片，自組「南星合唱團」，次年改組為「南星歌謠音樂教室」（簡稱「南星音樂教室」），招收對歌唱有興趣的年輕人，先後禮聘洪一峰、林合、林世芳、黃銀樹等為講師。

「南星音樂教室」開辦，蘇南竹就來幫忙，順便旁聽。他跟洪一峰的師生緣，就從這裡開始。

三、

年底，文夏帶著文鶯、文雀、文鳳、文香四姐妹，在臺南市「南都戲院」舉辦公演，興起古城一陣熱烈的歌舞旋風。蘇南竹看在眼裡，好生羨慕，問洪一峰說：「文夏仙都可以公演了，為什麼我們不能呢？」

洪一峰沉吟半晌，回答說：「我是有佇計畫啦！不過無經費就無法度！」

聽洪一峰「有佇計畫」，蘇南竹立刻跑去找他的「契母仔」（乾媽）——莊明珠的阿媽商量。契母仔答應幫忙，當場拿出五萬元給蘇南竹到臺北採購音響和燈光。

團名取為「洪一峰明星大公演」（一般仍稱「洪一峰歌舞團」），團員除了王秀如、莊明珠、蘇南竹以外，還有「南星」的優秀學員蘇麗霞、李仲勇、李德昌、楊錦秀，和聞訊趕來的學生張景峰等，非常熱鬧。

李仲勇是臺灣第一鼓手那卡諾的胞兄，東京俳優學校出

林合先生：四十二歲，台北市人，已故本省名作曲家鄧雨賢先生高足，後來東渡就讀日本東洋音樂學院聲樂科，又擅長各種樂器、編曲、作曲等。發表之傑作有「可愛的吉他」等，早就風靡全省，不過他爲人謙虛，一向獨自埋沒研究，此次受本省編緝歌選第一人，郭一男先生指說：一爲本省養成音樂人才是先輩之責任」，而被聘來南，在南星音樂教室執教，其爲人最親切，教法準確認眞，極受學生們的歡迎，他說此去要繼續發表作品，請諸位期待！

連絡處：台南市新生街七號之一

南星歌謠音樂教室

林合。

身，擔任歌舞團導演；李德昌和洪一峰在中廣臺南臺駐唱一時，在歌舞團擔任合唱歌手；楊錦秀當時才八歲，有「最可愛的萬能小童星」之稱。莊明珠還在念小學，學過芭蕾，長得活潑可愛，在「亞洲」灌過唱片，與王秀如都是很受歡迎的童星。

臺南的樂師，在蘇南竹號召下來了一批。大家在莊明珠阿媽永華路家的三樓排演，請日本回臺的戲劇演員櫻木先生（王老師）教導舞臺動作。

年方十九的蘇南竹，這時已經展現高度的組織擘畫和幹練的執行力，能唱能演，活力四射。在他日夜奔走、緊鑼密鼓的排練下，新曆過年前，一行便浩浩蕩蕩，興高采烈的公演去了。

初時，公演限於臺南、高雄縣市戲臺，後來延伸到屏東，因為團員都住臺南，方便當日往返。戲院檔期由蘇南竹洽定，如這禮拜去關廟，下禮拜去旗山，這樣各鄉鎮地巡迴。莊明珠的阿公熟識地方鄰里，每次出團，負責向臺南客運租車，

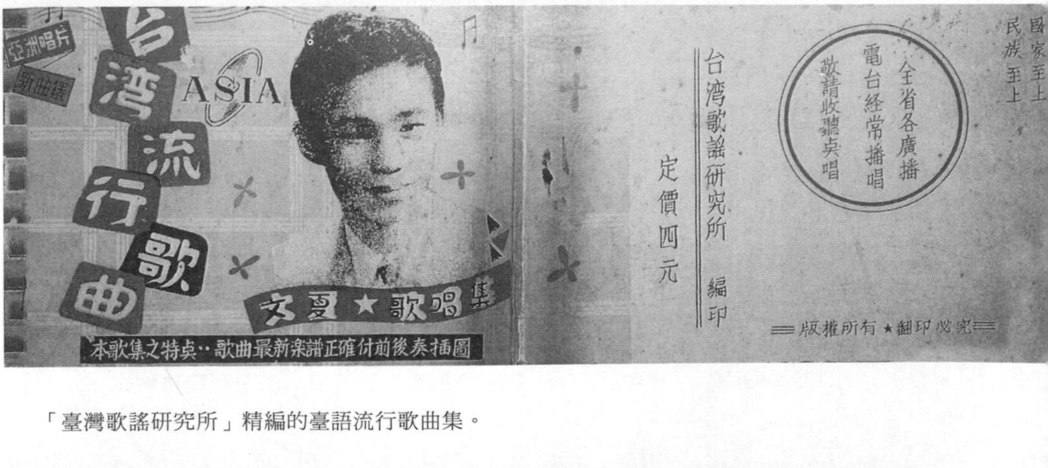

「臺灣歌謠研究所」精編的臺語流行歌曲集。

合唱〈大家來聽故事〉的歌手，也是「洪一峰歌舞明星大公演」的明星。

許連召
十八歲。玉井人，和洪一峰老師共演電影「舊情綿綿」，目前隨片登台出演中，近灌唱「春風眞有情」。住址：

蘇朝雄
二二歲。路竹人，隨洪一峰老師在中廣台南電台駐唱一年後轉入洪一峰歌舞團擔任歌笑劇「卜掛調」男主角而成名，現在當兵，即將參加軍中康樂隊。住址：

李德昌
二四歲。隨洪一峰老師在中廣台南電台駐唱一時，然後轉入洪一峰歌舞團當合唱歌星，近灌唱片曲名「寶島曼波」住址：台南縣永康鄉永康村243號

蘇麗霞
十六歲。曾加入洪一峰歌舞團，現已轉入松柏歌舞團活躍中，近灌過唱片曲名「春風眞有情」。通訊處：台南市

李仲勇
四六歲。本省歌王那卡諾先生的胞兄，畢業於東京俳優學校，對於歌謠曲詞有濃厚興趣，為志願作詞，目前專研究音樂理論，現擔任洪一峰歌舞團導演，亦參加灌唱「寶島曼波」。住址：台南市仁愛街九號

李翠蓮
十六歲。印尼華僑，擁有豐富的音樂才能，曾研究過聲樂及吉他均有驚人的進境，由於看譜較快被選任歌譜編集部校正組長，灌過唱片「寶島曼波」。通訊處：台南市新生街七一一號

右2蘇朝雄（蘇南竹）、右3李德昌、左2李仲勇。

合唱〈春風真有情〉的歌手，也在「洪一峰歌舞明星大公演」的明星列中。

大家相約在臺南車站前集合出發。

假如是去旗山、鳳山這樣遠的地方，抵達時已近中午，大家吃完中飯，略事休息，便準備下午兩點半開始的表演。十一點午場演完，則就地休息，等晚上七點開始再演兩場。十一點散場，收拾完畢，原車趕回臺南；各自回家時，已經凌晨。

節目有歌、有舞、有舞臺劇。歌唱由洪一峰領銜；王秀如、莊明珠與其他團員或獨唱，或合唱，或舞蹈。觀眾慕名蜂擁爭睹，盛況空前。

舞臺劇也頗為可觀。蘇南竹編的笑科劇《八卦調》，十分逗趣、叫座。他演相命師烏金仙的扮相討喜，屢惹觀眾爆笑，使他聲名大噪。此外，受黃梅調電影影響，《江山美人》、《戲鳳》之類戲碼偶爾演出，就由王秀如扮皇帝、莊明珠飾鳳姐，蘇南竹演大牛。

由於雅俗共賞，公演越演越遠，欲罷不能。演到高雄林園「大舞臺戲院」時，蘇南竹應召入伍。之後，還演出好長一段時間。

「南星歌謠音樂教室」的招生廣告。

「洪一峰歌舞明星大公演」算是「洪一峰歌舞團」解散後的餘波盪漾。沒有張淑美、張美雲、鄭日清等大卡司助陣，一樣激起觀眾熱烈的迴響。

料不到，原來抱定駐唱、教學、撫平傷痛而南來的單純想法，會在學生慫恿下，重新燃起回到舞臺的熱情。

屹立舞臺，是洪一峰永不放棄的夢想。他的一生，就是不停地追逐夢想的旅程。受他感召的，除了聽他歌唱的觀眾，還有他的學生。蘇南竹說：

「說來感心！莊明珠的阿公阿媽，出錢出力，全家動員；學生義務演出，服裝自己準備，手上的工作放著，為興趣也為老師！」

遺憾的是，公演下來，聽說洪一峰其實沒賺到錢。蘇南竹說：「我知道，洪老師這個人只專心在舞臺，門票、雜務、收支開銷等，都不是他親自處理，洪老師可能也不是那麼清楚啦！」

雖然公演無法累積財富，但是對洪一峰來說，內心的成就感是金錢無法取代的。

四、

洪一峰在臺南的這段期間，唱片的灌錄持續地進行，與葉俊麟合作的作品，仍由亞洲唱片公司發行，包括了〈快樂的牧場〉、〈思慕的人〉、〈古怪的少年家〉、〈搖子調〉、〈南國小調〉、〈真情難忘〉、〈悲戀情歌〉、〈黃昏日頭落〉、〈無情的街市〉，延續著〈舊情綿綿〉的創作基調，豐富了臺灣歌曲的內涵。

而〈母親請安〉、〈省都一封信〉、〈孤單男兒〉、〈惜別的夜港邊〉、〈心心相愛〉、〈爭取勝利〉、〈夜間飛行〉、〈風速四十米〉等翻唱日本曲的，由洪一峰唱來，曲曲風行，成為他歷久彌新的經典，在歌迷心中的地位，無人可以取代。

這些曲子，或迎合臺灣人的懷舊情緒，或表現臺灣社會的轉型，或做為對抗國民黨語言箝制下不滿情緒的宣洩，鎮日透過收音機在傳唱。臺語歌壇幾乎成為臺詞日曲的天下，似乎已經難以「節省製作成本」的單純角度看待這個現象。

亞洲唱片因文夏而崛起。文夏家住臺南，晚上閒來無事，就到公司試聽原版唱片，資訊取得，多得地利之便；遇有合乎歌路的新曲，馬上填詞，爭取灌錄，搶在別人之先，怪不得他的唱片質精量多，風靡不衰。

而今洪一峰也在臺南，一個高音，一個低音，對亞洲唱片來說，真是風雲際會，勢不可擋。

此時，在地電臺、舞廳、音樂社、樂團，也非常活躍，臺南樂壇呈現空前熱鬧的局面。每到夜深，國華路、中正路口的高鵬擔仔麵攤，就聚集著各舞廳下班的樂師、音樂社的學生和臺語歌曲的愛好者，在此談樂論藝，分享資訊。遇有活動，就在這裡調兵遣將；有事，也在這裡聯絡協調。

高鵬喜愛音樂，較早成立一個「高鵬音樂團」，在各種場合表演，外地來的歌手、樂師多受他的照顧。洪一峰下課，也常踱到這裡，成為眾人的座上賓。高鵬麵攤，形同臺南樂壇的星夜沙龍；臺南，不啻為臺語音樂文化的首都。

忙碌，是療癒的良方。洪一峰的心情，已經平復了許多。

只是，偶爾為著「味全康樂隊」或北部的某某劇團南下在踩街，風聞小鳳也在其中，他就不免想要一探究竟，如鏡的心湖漾起絲絲漣漪。然而，終究已是過眼雲煙，心湖迅又恢復平靜。

五、

洪一峰歌舞明星大公演「沒有賺到什麼錢」，卻奇妙地促成洪一峰的二度姻緣。公演來到屏東，有人介紹東港一位大戶人家的女孩。洪家兄弟和一夥朋友，浩浩蕩蕩地陪洪一峰到東港去相親。

服役中休假回臺南的蘇南竹，聽莊明珠的阿媽說當天的場面是這樣的——

男方在大廳坐定，女孩出來奉茶畢，轉身入內。主客雙方一陣寒暄後，漸漸找不到話題。這時有人提議他們找個地方單獨談談，也可互相了解。

兩人移步到後院樹下，卻見那女孩只顧握著手絹，摀著嘴唇，低頭不語，不勝嬌羞模樣。這也難怪，畢竟是鄉下女孩比較含蓄，何況眼前站著的，是大名鼎鼎的寶島歌王，心情難免緊張。然而看在洪一峰眼裡，卻不免疑慮：女孩的嘴唇是否……？

回程車上，大夥問他「看得啥款？」他說出自己的想法，眾人也就不勉強他。

這時，一位住屏東的朋友說：「對啦！我們屏東自由路萬春戲院旁邊有個女孩，很乖，人又長得漂亮，做裁縫的，不妨順道過去看看。」

當時，女孩做裁縫、電髮、店員、車掌的，已是很時髦的工作，總有很多人爭著來作媒。洪一峰和眾人來到屏東，和羅玉見了面，兩人一見鍾情，交往不久後，就結婚了。

羅玉自己則這樣說：

「那一年，他三十五，我二十四。透過他大姐的介紹，我們認識，不久結婚，第二年就生了榮宏。他大姐夫婦都在屏東糖廠上班，可能是探聽鄰居而知道我吧！我在臺南學過洋裁，會做衣服，洋裁老師就是文夏的母親。那時，已經有很多媒人來提過親了，有公務員，也有糖廠的。我知道洪一峰比我大很多歲，心想：這種年紀的男人一定都結過婚了！我把這想法告訴母親，說我不要。」

「母親罵我說：『妳這個查某囡仔，還沒見到人就嫌人東嫌人西的……。總說一句，上帝安排好的啦！』相親那一天，我妹妹她們都來了，竟搶著跟他照起相來。你知道嗎？從前我有一張照片，就是那一天跟他合照的啦。」

「說三十幾歲的人了，看起來也不怎麼老，古意款古意款。後來確定他已結過婚了，交往中，他也大略提過。不過，既然不嫌人家這個，也就不要追蹤他的過去，只要他以後……我這樣想。」

「那時女孩子比較『閉思』。兩人在一起沒多久，還談不上戀愛什麼的，看對方順眼，就決定結婚了。」

沒有高潮起伏的浪漫傳奇。一個紅透半邊天的寶島歌王，與一般平凡男女一樣相親，一樣納聘迎娶。洪一峰找他三哥重振當媒人，迎娶宴客由兄長主持，一切還算隆重。

婚後，洪一峰夫婦愛散步，涼風徐徐的夜晚，就沿著鳳凰花開的街道，踱向沙卡里巴（盛の場，熱鬧市集）、運河一帶，享受南國夜色的清涼。擅長以歌聲表達男女情愛的洪一峰，因為拙於言詞，總是靜默的時候居多，不過，也會情不自禁地側過頭來望著身旁的妻子，羅玉也心有靈犀地報以深情的明眸，幸福一如歌曲〈相逢南都之夜〉所描述的：

臺南　臺南　臺南的暗暝

洪鳳（左 2）和家人在西園路家門口與羅玉（右 1）合影。

熱情春風吹來吹去　引咱相逢佔路邊
一見鍾情做伴侶　談笑糖蜜甜
相招坐船來去遊賞　安平的景緻
海面漁船燈影真稀奇　有心歡迎你我快樂時

臺南　臺南　臺南的暗暝
幽情深更月色清清　動咱心內真歡喜
誠心誠意結情意　談笑糖蜜甜
約束明日來去遊賞　開元的古寺
古樓赤崁更加有趣味　當然歡迎你我快樂時

——〈相逢南都之夜〉／葉俊麟 詞

譜過〈臺南夜景〉、〈臺南春宵〉、〈赤崁樓之戀〉等動聽歌曲的洪一峰，時常和妻子沉浸在這樣愉悅的夜色裡，流連忘返。

某日午後，洪一峰正畫幾筆插圖，只見羅玉從房間出來，坐在對面椅子望著他畫。洪一峰靈思一閃說：「不要動！」隨即對著妻子畫將起來。不一會兒，畫筆緩緩停下，忘情地端詳著妻子。「佇看啥啦！緊畫啦！」羅玉難為情地催促著。洪一峰從恍惚中回神過來，幾筆功夫，就把妻子的眼神、鼻樑、嘴角勾勒得栩栩動人。

幾年後，兒子洪榮良問牆上那一位漂亮的女生是誰？「恁媽媽啦！爸爸畫的啦！」洪一峰靦腆地回答。

六、

一九六二年春，洪一峰星運高照，心情如南方的陽光，溫暖又燦爛。

甫成立的永達電影公司派人南下洽請洪一峰拍電影，片名《舊情綿綿》。

發軔於一九五五年的臺語電影，經歷五年的榮景後，趨於沉寂。經過兩年的盤整，才又逐漸復甦。

永新電影公司先前邀請邵羅輝拍幾部戲賺了錢後，擴大投資，另外成立永達電影公司，首部推出的電影，就是《舊情綿綿》。《舊情綿綿》由邵羅輝擔任導演，林福地為副導，洪一峰、白蓉分任男女主角，公司老闆的女兒戴佩珊飾演片中女兒。其餘角色有田清、郭夜人、吳老生、柯佑民、陳小皮、文珠、王麗卿等臺語新劇與電影演員，南星音樂教室學員林淑霞、許蓮召等客串演出。電影本事是這樣的——

音樂老師洪一峰來到鄉間小學教書，他的音樂才華擄獲了月霞（白蓉飾）的芳心。月霞的養父施壓校長，禁止他們交往，因為他已把月霞許配給公司董事長為繼室了。洪一峰為不給校長麻煩，辭去教職，轉往阿里山擔任林場監督。月霞連夜出走趕到山上，兩人在此共結連理，生了女兒。養父氣急追蹤上山，強把月霞押走，洪一峰只能悵望火車開去。

幾年後，女兒隨保母北上尋母走失，洪一峰焦急北上，在臺北車站巧遇經營唱片公司的好友（林福地飾），好友請他到公司幫忙，暫時安頓下來。

月霞嫁後，養父與丈夫掏空公司，並列為票據犯而被收押。月霞有苦難伸，忽聞收音機傳來洪一峰歌聲，知道唱片公司將為他舉辦歌唱發表會；女兒也在街頭看到父親照片，循線走入戲院，一家歡喜重逢。洪一峰籌錢保出月霞的養父、丈夫。丈夫感念洪一峰相救之恩，感悟留下月霞也是勉強，於是讓月霞「清白」回到洪一峰身邊。

電影原作陳小皮，腳本張淵福，改編劇本的是副導林福地。林福地說：「邵羅輝把淵福仙的稿交到我手上時，我嚇了一跳。那厚達兩三呎高的『腳本』，分明是電臺廣播劇的原稿嘛！而且不知道已經講多久了，才有那麼大的量。裡頭有太多感人的故事，題目就叫『舊情綿綿』，也是搭流行歌的順風車吧！」

「我一邊讀那一大疊『小說』，一邊摘記要點，最後整理一個大綱出來，前後費半個月工夫。淵福仙的字寫得龍飛鳳舞，裡頭全是日文，好在我還看得懂。」

人稱「淵福仙」的張淵福，是大橋頭迪化街人，日本時代新劇劇本的老手，戰後歷盡語言文字的轉折後，改寫廣播劇；臺語電影興起後跨足電影劇本，穩坐五、六〇年代臺語電影編劇的第一把交椅。《舊情綿綿》取材自淵福仙大量的廣播劇稿本，廣播劇天天有高潮，要他自己取捨，實在有困難。邵羅輝請林福地把他的稿子「再看一遍」，這一看，卻苦了這位年輕的「新手」。

林福地，嘉義朴子人，臺南師範美術科畢業，教過三年小學美術後辭職，進入反對派報紙《公論報》當編輯股長，並跨足電影，頗受曾為政治犯的永達電影公司老闆戴傳李的器重，請他來當副導；電影開拍前，還賦予他勘查外景的重任。

為了尋找合適的拍攝場景，林福地帶著戴傳李到處勘景，跑遍了臺北、基隆、北投、淡水、南投埔里、嘉義中埔、阿里山，以及高雄、屏東等地。林福地說：「拍臺語片而這樣到處找外景的，只有戴傳李。考慮成本的話，臺

《舊情綿綿》劇照。左起童星戴佩珊、洪一峰、白蓉。

舊情綿綿
本省第一部音樂片
歡樂相逢情難捨、舊情綿綿言難盡
啊……不想妳、不想妳……
歌唱愛情悲劇巨片
製片 戴傳李
音樂 林禮涵
導演 邵羅輝
攝影 陳忠義
編劇 張淵福
洪一峰
白麗蓉
田清
王連卿
許招
吳老吉
紋珠
柯佑民
蘇金龍
小皮
三才童星 戴佩珊
贊助演唱 洪一峰合唱團
主題歌 舊情綿綿 快樂的牧場 青春愛恋 採檳榔 等插曲十多支

《舊情綿綿》電影海報。

《舊情綿綿》劇照。左洪一峰、中白蓉。

《舊情綿綿》劇照。

北近郊拍一拍就好了，何必跑到那麼遠的地方。但是戴老闆只問戲在哪裡拍，景勘好了他看ＯＫ，就決定了。」

劇本有了，外景也確定了，邵羅輝手一揮，說：「我們就來拍吧！」

洪一峰看燈光架好，鏡頭對好，即將入鏡時，額頭開始冒汗。這也是為什麼洪一峰接到拍片邀請時，坦言自己不會演戲；是幾經戴傳李遊說，才勉強答應的。

「不要緊，我教你怎麼演，你就怎麼演。」看洪一峰窘迫的樣子，邵羅輝鼓勵他。話是這麼說，在眾目睽睽下，洪一峰還是無法放開，舉止、表情仍是自己的。

所幸在邵導演與田清、白蓉等資深演員的掩護下，洪一峰的演技越來越順，拍到中段，已經有很多表情出來了。

林福地說，洪一峰是個無文無句的人，配合他的個性，腳本邊改邊拍，並沒給他太多臺詞，等於讓他演他自己就是了。

「事實上，他沒有演過戲嘛！但是拍了之後，慢慢的他也懂了。例如這裡心情愉快，可以微微笑一下；那裡情緒不

《舊情綿綿》劇照。

佳，可以蹙一下眉頭等。不過，就這部戲來說，洪一峰這個特質也有好處，他不是演戲，他是演他自己的感覺。演技最要緊的就在這裡。片中，『他』，是木訥的老師，由他演來，真是恰如其分，你若刻意要他『演』，反而不自然了。」

和洪一峰演對手戲的白蓉，年齡大洪一峰一些，圓圓的臉，靜靜的，不屬於豔麗型，反倒像個普通鄉下女孩，與洪一峰正好適配。兩人後來演到阿里山夫婦一段，已經很生活化了，而從北部拍下來，到此，進度也差不多快一半了。

電影於春末開拍，天氣漸熱，大家只穿短袖。拍完中埔柑仔林和埔里檳榔林的戲後，全員開拔上山，卻都感冒了。

阿里山上早晚冷得要命，大家都沒想到。笨重的攝影器材一路跟著人走，不比一般貨物可以托運。而顛簸的公路只到觸口；上阿里山，全靠森林火車，上下車，每個人都得背負器材，非常辛苦。

阿里山夜間九點就關電了，外頭一片漆黑，室內只靠燭光照明，拍片得趕在天黑前收工。晚上不拍戲，演員、工作

石計生教授與林福地導演合影。

人員只好喝茶聊天；累了，就退回各人房間休息，不像今天有電視、卡拉ＯＫ可以消遣。

而下了鏡頭的洪一峰，一樣安靜。林福地笑笑地說：「洪一峰性地溫純，很有教養。碰巧我也不擅言詞，兩人坐在一起，還真不知從何說起。他是臺灣首屈一指的歌手，聲望高，卻不耍大牌，相當客氣，非常謙虛。他跟我們一路南下，全程拍戲，沒請過假。事實上，他也不能請假，整齣戲就繞著他一個人在拍，他一請假，全部的人就只好停工了。」

七、

一九六二年六月二十日，《舊情綿綿》在萬華「大觀」、大稻埕「大光明」兩家戲院隆重首映。挾著洪一峰的超高人氣，戲院場場爆滿。永達電影公司安排演員隨片登臺，歌迷蜂擁擠進戲院，只為爭睹片中男女演員丰采。

洪一峰住在西園路的外甥女陳姿安說：「大觀戲院買票的隊伍排到和平西路上，影片上映時，戲院門口萬頭攢動，舅舅從戲院出來時，人群一擁而上，把他團團圍住。他離開時，影迷就追在後面，跟著他趕場。」

「跟著趕場」的影迷魏少朋，這時剛從軍中退伍，來到臺北。魏少朋說：「洪一峰登臺坐三輪車，我從後面一路追。影片在『大光明』上演時，我跑去看他唱歌。臺上除了他，還有幾位女角，包括白蓉、童星，還有樂隊。十五分鐘的表演，差不多在影片結束之後上臺；下一場，就在影片放映之前登臺，表演完畢下臺，再趕到別家戲院。兩家聯映時如此，多家聯映時，就隨到隨登，影片停下來。」

既可以看電影，又可以飽聽十幾支動聽插曲，感受洪一峰歌聲的魅力，怪不得歌迷要追著洪一峰來回趕場。

《舊情綿綿》票房的成功，帶動了新一波臺語電影的熱潮。永達公司乘勝追擊，次年推出新片《何時再相逢》，仍請邵羅輝執導，洪一峰、白蓉飾演男女主角，並請葉俊麟編劇，寫作同名主題曲，由洪一峰作曲、主唱。影片仍以洪一峰的歌唱為主軸，展開一連串愛情悲喜劇，走文藝歌唱片路線。

後續幾年間，洪一峰每年接演電影：一九六四年，主演《祝你幸福》（天華公司出品，李泉溪導演）；一九六五年，主演《無情之夢》（集元公司出品，林自翔導演）；一九六六年，在金馬影業公司的《流浪到臺北》和一九七〇年三井公司的《金龍一號》偵探片中，客串演出。一九六七年，接演《歌星淚》（金馬影業公司出品，羅文中導演），這是洪一峰主演電影的最後一部。

這些影片，除《舊情綿綿》拷貝由國家電影資料館典藏、修復、面世外，其餘都已蕩然無存。

《何時再相逢》劇照。

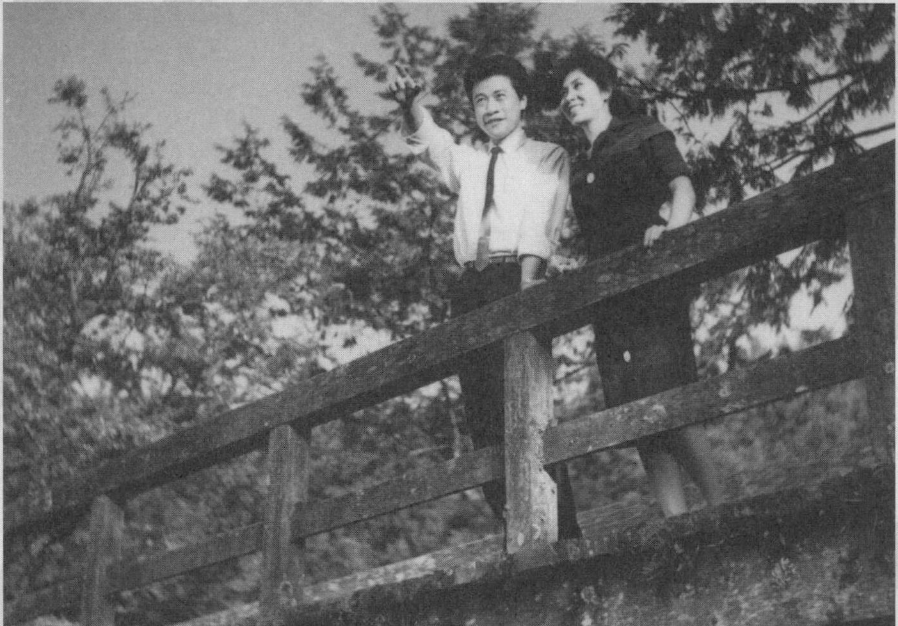

《何時再相逢》劇照。

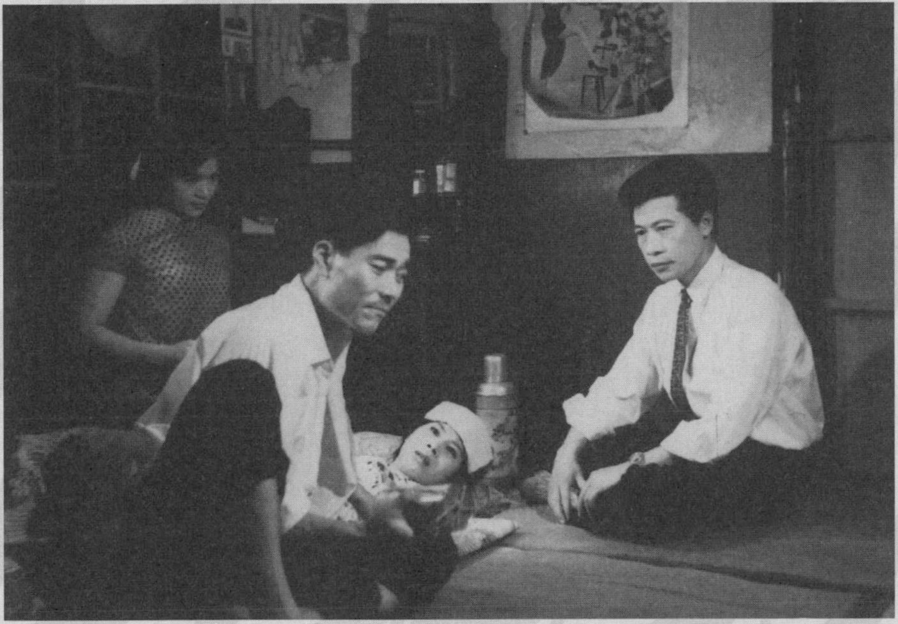

《何時再相逢》劇照。

《何時再相逢》劇照。

洪一峰與花蓮塗信雄（右2）及《何時再相逢》眾童星合影。

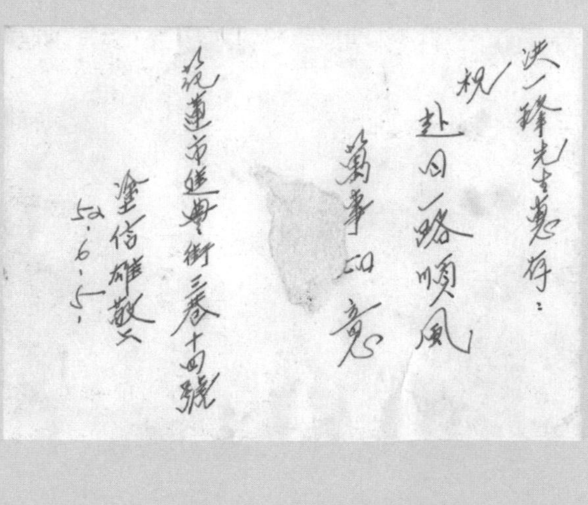

洪一峰先生惠存：
祝
赴日一路順風
萬事如意
花蓮市進興街三巷十四號
塗信雄敬上
52.6.5.

塗信雄連同合影照片寄給洪一峰的道別卡，可知洪一峰赴日約為一九六三年六、七月間。

臺語電影自一九五五年至一九八一年為止，拍攝了一千兩百多部，經國家電影資料館蒐藏、保存的，不過兩百部。文化資產灰飛煙滅，臺語影人次第凋零，令人不勝唏噓。

八、

一九六四年，蘇南竹退伍回到臺南沒幾天，就由廣播名人阿丁南下把他接來臺北，擔任電塔唱片公司文藝部主任，負責製作唱片兼辦全國各縣市歌唱比賽，選拔人才。余天就是後來他在新竹舉辦歌唱比賽時，發掘出來的歌手。

這時，洪一峰在北投拍《祝你幸福》電影，蘇南竹發動「南星音樂教室」一批學生，北上客串臨時演員，為老師助陣。次年，蘇南竹離開「電塔」，創立金馬唱片公司，夜間兼辦「寶島音樂教室」，請洪一峰北上任教。

隨後蘇南竹成立金馬影業公司，拍《流浪到臺北》。一九六七年拍《歌星淚》時，他請洪一峰飾演音樂老師一角。《歌星淚》的角色三生三旦，演一對母女歌星的心酸遭遇。

歌手麗娜與知友何玉華各為感情所苦，同病相憐。麗娜在一次爭吵中錯手殺死花花公子丁山，服刑臺南監獄期間產下一女莎莉，託孤於何玉華，囑咐將來勿讓女兒步上歌星一途。何玉華婚後也生一女，不幸丈夫（洪弟七飾）車禍早逝，獨力撫育二孤，不勝艱辛。

麗娜出獄後，避走海外；何玉華兩女已將高中畢業。有一天，兩女出門聽歌遭小混混騷擾，幸獲歌手周逢霖出手解圍。周見兩女愛唱歌，便介紹她們到「寶島音樂教室」跟洪一峰學歌。期間莎莉參加唱片公司新人歌唱比賽，表現最優，但以歸國紅星身分應邀擔任主審的麗娜，得悉莎莉為親生女兒後，竟評為零分，而後不知去向。不過包括洪一峰在內的其他評審，則維持原議，給她冠軍。

公司老闆帶著獎盃、獎金陪莎莉回家，病重的何玉華才道出十八年來心酸內幕。公司登報尋找麗娜，音訊杳然。直到鳳鳴電臺播出洪一峰指揮、莎莉思念母親的歌聲，麗娜才趕到電臺與女兒見面，相擁而泣。這時，躺在醫院的何玉華則已黯然斷魂。

拍《歌星淚》時，蘇南竹二十五歲，但已看盡歌壇百態，心有感觸，所以自任編劇、製片，拍了這部電影。影片上映期間，還請學員觀賞，期許他們在歌星夢中知所惕勵。片中洪一峰教學的場景，在新生北路二段九號二樓「寶島音樂教室」，學員就是臨時演員。隨隊採訪的陳和平說，洪一峰上課的場景如實入鏡，影片若能保存，可是洪一峰非常經典的教學鏡頭。

家住臺南的陳和平，這時剛由高鵬介紹來到臺北。晚上下課後，就與蘇南竹和遠道而來的學員擠在教室地板上打地鋪，天亮，再隨隊出門採訪。他說，《歌星淚》內景在寶島音樂教室和北投，外景拉到東勢、谷關、臺南夜總會和高雄鳳鳴電臺。

主題曲〈歌星淚〉，由蘇南竹作詞，洪一峰作曲、主唱，道盡歌星不為人知的無奈、心酸。歌詞是這樣寫的：

太陽　太陽　你自從東平來
每日認真打拼走東西
有時光輝有時也悲哀
未得人意　即有可憐代
那親像　那親像　阮心內
啊！誰人會了解

月娘　月娘　你惦在啥所在
為何歸暝無睏照世界
遇到雲霧　雲霧來阻礙
被人吞吃　你也會忍耐
那親像　那親像　阮心內
啊！怨嘆沒人知

天星　天星　你到底叨位來

《歌星淚》電影海報。

電塔唱片《祝你幸福》電影插曲唱片封套。

《歌星淚》在臺南天公廟開鏡典禮紀念照。

可憐恬在天邊毋敢哀
那通甲阮流浪走天涯
歌星難做　無講你毋知
那親像　那親像　阮心內
啊！欲哭無目屎

——〈歌星淚〉／蘇南竹 詞

這部電影於一九六七年八月十六日在臺南首映，接著巡迴全國，隨片登臺。限於經費，《歌星淚》只做三支拷貝，一支十本，一本一千呎，裝在布袋，登臺時帶出去，有戲院的地方就去演，臺灣繞一圈，大約半年。

隨片登臺，反映這時臺語電影面臨的困境。蘇南竹說：「臺語片已從高峰期往下走，不隨片登臺，觀眾就不來看電影，戲院也就不演。隨片登臺，戲院可以加價，一般是全票加兩元，半票加一元。以臺北市來說，臺語片全票八元，加價就是十元；在中南部，嘉義、臺南，全票五元，半票三元，隨片登臺就是六元、四元。

《歌星淚》片中的「寶島音樂教室」實景。

加價是加給登臺團費，票價再由片商與戲院分帳。」

「臺語片多由中南部演上來，《流浪到臺北》與《歌星淚》也如此。臺北就是萬華『大觀』、大稻埕『大光明』和三重『建國』三家戲院在跑片，這三間戲院就是臺北地區臺語片的院線。但是，也要『大光明』那邊看了影片說可以，才給你排入『院線』，不然臺語片那麼多，加上美國八大院線，香港邵氏院線，還有日片配額一年五十部，競爭那麼激烈，根本沒有臺語片上線的空間。」

臺語片走下坡，時不我予，《歌星淚》的票房也就好不到哪裡了。

九、

從《舊情綿綿》到《歌星淚》，五、六年間，洪一峰見證了臺語片二度由盛轉衰的過程。電影論者把洪一峰歸為這段期間臺語電影的重要男性演員。洪一峰本人則不看待自己是電影演員，頂多是跨界演電影的歌手罷

《歌星淚》在野柳拍攝時，羅玉（後左2）帶洪榮宏來探班。後排右2為蘇南竹。

《歌星淚》劇照，場景在高雄鳳鳴電臺，左為女主角莎莉。

了。

不過，洪一峰還是珍惜這樣的機會。他說：「如果因為參加電影演出，而使臺語歌曲獲得更大的空間，也是一件好事。既然人家美意器重，便該勉力去做，這是我的態度。至於後來臺語片發展趨於沉寂，有大環境因素，我就順其自然的離開了。」離開後，洪一峰不再踏入片場。

臺語片的沒落，是業界趕工搶拍，粗製濫造，壞了臺語片的形象所致；而上映空間的萎縮，也是致命原因之一。臺北地區八十間戲院，臺語片院線只有三間，其餘則是外語片與「國片」的天下。

隨片登臺，歌星公演，本來還

《歌星淚》劇照。

有票房，後來經濟起飛，歌廳秀、餐廳秀起來，電視又取戲院而代之，演員、觀眾流向電視，臺語片更加難以為繼。而七〇年代建築業興起，地價飆漲，地方戲院一一改建大樓，臺語片的上映空間就真的一去不復返了。

林福地說臺語片的興起，是臺灣意識的覺醒使然：「四、五〇年代，學生去學校講臺語，就給你罰錢、掛牌、罰站，逼著你講『國語』。有了臺語發聲的電影，大家感覺很親切，紛紛說：我們也有電影了，趕快去看喔！其實，在白色恐怖年代，『國語片』的水準有夠差的啦，而且也沒有幾部；中影拍的片子，根本沒人要看。比較之下，臺語片是一支獨秀的。」

臺灣有電影，或者說，臺灣人看電影的歷史，已經一百多年了。像日治時代，臺灣人看過日語片、英語片、德語片、法語片、丹麥語片；而戰後，臺灣人看美國片、日本片以及北京語發音的「國片」，就獨獨沒看過臺語發聲的臺語片，而且直到二十世紀的一九五五年，猶然如此。而今有了臺灣人執導、臺灣人演、臺語發聲的電影，臺灣人內心真有一股莫名的興奮與感動，這就是林福地所說的「臺灣意識」吧。

「不過那年代，臺語電影可是沒有人要理你的。輔導、補助談不上；貸款什麼的，想都別想。國語政策下所謂的『國片輔導』，臺語電影全沾不上邊。結果導致六〇年代後期『國片』的質量大幅提升，而臺語片則相形低落。一九六八年，『國片』與『臺語片』交叉逆轉，臺語片被擠出戲院，幾年後竟全部消失了。」林福地說。

相同的情形也在臺語歌曲發生。一九六八年，臺語唱片市場由「國語唱片」全面取代，臺語歌曲只能在「國語唱片」的夾縫中苟延殘喘，靠黃俊雄電視布袋戲主題曲，延續一線生機。

話說回來，《舊情綿綿》這部電影的拍攝，締造了臺語電影的幾項紀錄。過去臺語片拍了《雨夜花》、《補破網》、《雨中鳥》、《思相枝》這些與臺語歌曲同名的電影，但像《舊情綿綿》這樣一口氣放入十幾首歌，以歌唱帶動劇情，由主唱歌手主演的電影，則是首見，稱得上是名符其實的「文藝歌唱片」。流行歌曲與電影結合，歌手與演員合一的現象，自此蔚為風潮。文夏的電影《臺北之夜》也在這個時期推出，成為「文夏流浪記十部曲」的首部。洪一峰、文夏兩人捲起的臺語歌唱片風潮與票房，讓電影公司群起效尤，紛紛搶拍。

其次，永達公司安排《舊情綿綿》演員登臺，藉由洪一峰的影響力號召歌迷走入戲院，擴大了臺語電影的人口。隨片登臺迅速成為臺語電影的「傳統」，維繫臺語片的票房，也陪臺語電影走入沒落的黃昏。

另外，製片戴傳李重視實景拍攝，帶著團隊南北取材，保存許多已經消失的地景、地貌，具有重要的文化意義。片中蒸汽火車冒著濃煙聲勢澎湃地奔馳在阿里山森林的雄姿、參天矗立的神木，還有舊臺北火車站、北門平交道、中華商場、北投木造旅館與各地戲院舞臺的素樸容顏，令人不由得對這部電影致以無上的敬意。

令人訝異的是，《舊情綿綿》的鏡頭調性居然這麼沉穩，留給觀眾充分的思考空間，顯示導演群不同凡響的人文修養。而做為文藝歌唱片，葉俊麟的歌詞，林禮涵的配樂和「洪一峰合唱團」（應該是「南星合唱團」）的歌聲，推衍著劇情的發展，發揮牽動人心的效果。

最後談到導演邵羅輝，林福地說：「拍《舊情綿綿》時，邵導演不懂中文，不會說北京話，聽了劇情說明，便在腳本上畫圈圈，打上一、二、三，做分鏡圖，內容也沒寫，卻都清清楚楚，頭腦一級棒。他是我正港的先生（Sensei），我跟他學了很多。日治時代，邵羅輝從東京帝國影劇學校畢業後，進入松竹映畫，在格鬥片中擔任『殺陣師』，有劍道三段的實力。戰後歸來，他認為臺灣應該要有電影，很想拍片，到處找人投資，可惜沒人理他，認為他在說『憨話』。後來他租到一部十六釐米攝影機，拍了一些小劇情，放給人家看，說拍電影可以賺大錢，還是沒人相信。直到一九五五年，他拍了《六才子西廂記》這部十六釐米歌仔戲劇情片，臺語電影於焉誕生。次年，拍《雨夜花》，第一部臺語時裝片，為臺語電影揭開序幕。他是我們臺灣電影的第一人。」

註—❶ 即趙森海，後來當選臺灣省議員。

註—❷ 這時出身於「日本歌謠學院」的臺語音樂家有許石、吳晉淮、永田、翁志成、郭一男五位。翁、郭為「通信課程」結業。

陸。東瀛歲月

一、

早年，洪一峰讀了洪德成在日本的日記，不知不覺被大哥那熱情的筆觸所吸引，而對「夢的東京」悠然嚮往。上野的櫻花、銀座的垂柳、隅田川的屋形船，還有淺草觀音寺的繁華……夢的東京，非但不曾隨著歲月的推移而淡化，反而激發他更多美麗的想像。

五、六〇年代臺灣唱片市場灌錄的唱片，都是日本時下最流行的歌曲。戰後日本社會苦悶，民生艱困，處境與臺灣相似，這些歌曲的旋律，釋放了日本年輕一代的虛無、哀愁與對未來的憧憬，而獲得臺灣年輕人的共鳴。

洪一峰知道，眼前日本已從戰後的灰暗中走出來，社會進步，經濟繁榮，不若臺灣猶困在暗鬱的囚室，只能想像外面的陽光。

「若準①予我有機會去日本，毋知欲偌②好咧？」

有「寶島低音歌王」美譽的洪一峰，自信與日本一流歌手相比，絕不遜色。他盼望有朝一日能在日本一展身手。

只是在鐵桶般密閉的戒嚴體制下，一般人想出國去談何容易，除非商務考察或應聘，否則出國這件事是相當困難的。

意想不到的機會來了。一九六三年六、七月間，日本僑界衝著洪一峰在臺語歌曲和電

註① 若準：nā-tsún，如果、倘若。

註② 偌（替用字）：guā / juā / luā，多麼。

影的高人氣，邀請他去日本演唱，還在神戶神仙閣大飯店舉行隆重的「歡迎洪一峰先生晚餐會」歡迎他，展開他在日本的演唱生涯。

十月，日本華僑總會理事兼文教部長蔡東華，為促進臺、日交流，經人推薦，邀請洪一峰代表臺灣參加東京日本劇場《世界秀》的表演。於是，洪一峰帶著歌聲、琴藝與創作，飛到日本。

從戰前到戰後初期，活躍在日本樂壇的臺灣人，有江文也、呂泉生、黃清石、吳晉淮等人。江文也學聲樂，後來專職作曲，成績斐然；呂泉生，在東洋音樂學校學鋼琴，後轉聲樂，在松竹常盤座的「笑の王國」劇團擔任歌手，參加「日本劇場」聲樂隊演唱歌劇；吳晉淮，十六歲渡日，日本歌謠學院畢業後四處演唱；黃清石，音樂學校畢業後由哥倫比亞唱片公司網羅為專屬歌手，唱古典歌劇和抒情爵士，很有成就。

他們是戰前就到日本的臺灣人；戰後從臺灣去的，洪一

洪一峰赴日演唱，羅玉（右2）到機場送行。

左起葉俊麟、黃西田、王秀如等在機場歡送洪一峰出國。

《世界秀》的節目手冊介紹洪一峰是「中國歌謠歌手」戰後來日的第一人。

神戶僑界「歡迎洪一峰先生晚餐會」之二。

一九六三年七月二十七日神戶僑界「歡迎洪一峰先生晚餐會」之一。

洪一峰在「芝右衞門」旅宿前留影。

洪一峰赴日演唱，親友來送行。立者前排右 7 為洪一峰，右 5 為陳星光。

峰是第一人。

飛機降落羽田機場，洪一峰走進入境大廳，看迎面來接他的是蔡東華本人，讓他感到非常意外。

想像中，這位未曾謀面的僑界大老，是一位望之儼然，威儀十足的大前輩，豈知站在眼前的，是僅長他三、四歲，溫雅持重的年輕紳士。他感謝蔡東華前來迎接；蔡東華則熱情地握住他的雙手，對來自故鄉的這位紅歌星，表達歡迎之意。

車窗外是熙來攘往的人群；乾淨的街道兩旁，盡是連雲簇新的鋼筋水泥建物。戰爭遺留的廢墟已經一掃而空，繁忙的東京街景，顯示日本社會邁向新生的活力。

繞過幾條街後，車子在四谷一棟日式旅館門前停下來。

蔡東華幫他提著行李，踏入旅館的房間；待行李安頓就緒，再請「女中」妥為照顧後，就向洪一峰告辭，回公司去了。

這是一間擁有八個榻榻米的和室，幽靜而舒適。庭園裡幾株櫻花，映著深秋夕陽的餘暉，透入紙窗。旅途的疲憊夾雜著初到日本的興奮，這時已經沉澱下來。

環視四周，洪一峰意識到眼前的一切已不是夢，他已踏踏實實地置身日本東京，展開期待已久的日本逐夢之旅。

休息一晚，翌日清晨起來，洪一峰寫了一張向家裡報平安的明信片，投入鄰近的郵筒，然後步到隔街的辦公室拜訪蔡東華。

蔡東華把日本歌謠界的現況和這次邀請他來參加「日劇」演出的細節說明之後，帶他到「日劇」所在的有樂町一帶熟悉環境，晚上，再請公司幹部作陪，設宴為他洗塵。

有樂町是東京最熱鬧最繁華的街道。在臺灣唱過〈相逢有樂町〉走紅的洪一峰，初到日本，就在這樣「似曾相識」的地方開唱，讓他覺得不可思議。

「日劇」是「日本劇場」的通稱，一九三三年落成不久，就歸東寶營運，做為電影、舞蹈和大型演唱會的場所，擁有廣大的舞臺空間和總數可容四千人的觀眾席，壁面裝飾絢爛的彩繪玻璃、大理石浮雕。能夠站上這裡的舞臺，公

認是日本一流藝人的象徵，自此擁有崇高的身價地位，是一般藝人夢寐以求的地方。

這次「日本劇場」舉辦規模龐大，備受矚目的《世界秀》，邀請美國、西班牙、西德、南美洲當紅藝人表演各國歌舞；洪一峰應邀代表臺灣前來參加。

經過兩天的嚴格排練，洪一峰已經熟稔日本舞臺的運作，也和各國藝人、樂團培養良好的默契。演出的序幕就在他興奮的期待中拉開。

司儀以「臺灣的永井」介紹洪一峰出場，強調他是最受臺灣歌迷愛戴的紅歌星。在觀眾熱烈的掌聲中，洪一峰一邊唱著一邊緩緩地步入舞臺，舞臺光束聚焦在他一身潔白的衣服上。

洪一峰在「日本劇場」與各國歌舞演員同臺演出。

他唱了〈寶島曼波〉、〈淡水暮色〉、〈山地姑娘〉、〈夜來香〉這幾首臺灣歌曲，配上其他歌手優美的合音。製作單位貼心地把歌詞譯成日語發給觀眾，觀眾循著他渾厚優美的低音，感受來自臺灣那明朗、溫熱的氛圍。

《世界秀》每場演出不同國家的歌舞，由「日劇舞蹈團」六、七十位美麗的女團員伴舞，六十人編制的「日劇交響樂團」在下方樂池伴奏。觀眾對這位身材英挺、氣質謙冲的臺灣歌手充滿好感，尤其聽他幾度以「生硬」的日語致意，更激起數波如雷的掌聲。

「日劇」是東京第一流的劇場，演出常常滿座，特別是在外國團體或個人的演唱會場合。戰後一段時期，日本人對外國藝人特別崇拜，因此，「日劇」的導演北川叮嚀蔡東華，要洪一峰避免在觀眾面前說日語；要說，也要「生

洪一峰在「東寶劇場」入口留影。

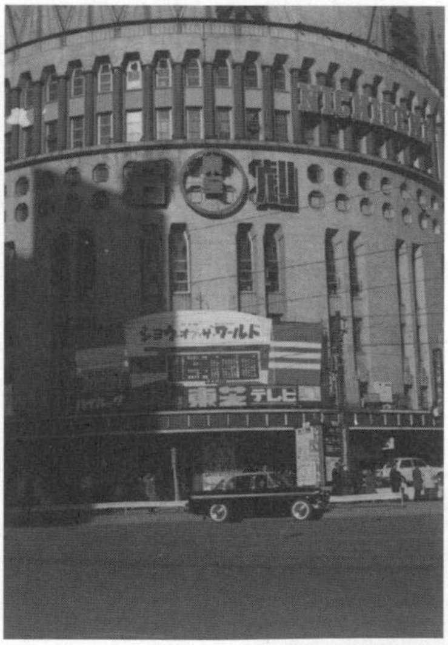

「日本劇場」宏偉的外觀。

洪一峰演唱時，由美國ザワンタラーズ的四位歌手合音。

一九六四年元旦在明華料理店與蔡事務所同仁及演員聚餐合影。

硬一點」，以免觀眾誤以為你是「日本人裝的外國人」就不好了。

蔡東華和北川先生、東寶映畫演劇部部長雨宮先生和「日劇」的負責人，都是好友。能把洪一峰一舉推上「日劇」，顯示他對洪一峰歌唱實力的信心，也看出他在日本演藝界的廣泛人脈，以及和東寶映畫上上下下幹部的深厚交情。

其實蔡東華原先是做電影的，當他知道「日劇」有《世界秀》的構想，就決心推薦臺灣歌手前來共襄盛舉，讓臺灣歌手有機會學習日本的舞臺經驗，提升臺灣的演唱水準。

蔡東華說，當時在東京，對認識臺灣的日本人不多。日本時代來臺的日本人，除少數高級官僚外，多半來自九州、四國或日本東北鄉下，這些人戰後返日，很少滯留在東京的。因此，「日劇」為洪一峰做宣傳，很難拿臺灣與日本的歷史關係做連結，只能從活躍在臺灣、香港與東南亞的外國人歌手的角度出發。

為型塑洪一峰大牌歌手的形象，蔡東華以經紀人的身分跟在他後面，幫他提行李，做通譯。看蔡東華對洪一峰這樣一前一後，畢恭畢敬的態度，日本新聞界和演藝圈，也不得不對洪一峰刮目相看。

「日本劇場」的《世界秀》廣告看板。

「不過，那段時間，洪一峰應該也很彆扭吧！明明自己可以回答的話，卻要裝成聽不懂而要我來翻譯。」蔡東華說。

身為洪一峰的「經紀人」，蔡東華不收洪一峰的報酬。他純粹出於對故鄉臺灣的關心，和希望有人能在東京突顯臺灣的榮耀。

蔡東華，臺南人，小時候父親在日本經商，他在臺灣念完「臺南一中」（舊制五年中學，戰後改為臺南二中；原「臺南二中」，戰後則改為臺南一中）後赴日。高等學校畢業後，升入京都帝國大學工學院機械工程科。戰後，在麥克阿瑟盟軍總部擔任中華民國代表團義務翻譯。盟軍總部解散後，回母校京都大學大學院攻讀博士，同時在「東寶映畫」學習電影製作，步入演藝界，而與東寶建立深厚關係。一九五〇年代初，蔡東華協助促成日片進口臺灣，取得東寶映畫臺灣代理發行權。幾年後，代理日本東寶、松竹、大映、東映、日活和新東寶等六大公司的臺灣代理商，都派聯絡人駐在東京，聯合辦公室就設在他位於四谷的「蔡事務所」內，大家選片、看片，都在這裡。

蔡東華在東京人脈廣，關係好，而且熱愛電影，熱愛臺灣，凡是來自臺灣的影藝團體，他都費心打點接待，自任導遊，出錢出力。他是促進臺灣電影進入彩色片和臺灣在亞太影展成就的幕後功臣。他為人熱誠，當選華僑總會會長卻被他辭掉，只願擔任理事兼文教部長，以推動華僑青年的教育和服務為己任，是個慷慨有義氣的人物❶。

二、

「日劇」雄偉的升降舞臺，華麗的布景，璀璨的水晶主燈，大型交響樂團和背後整齊劃一的舞群，數十年後，還讓洪一峰懷念不已。「回想起來彷彿置身天國一般，那伴奏、那跳舞女郎，那燈光和觀眾，一幕幕還在我的夢裡。」洪一峰說。

「日劇」給洪一峰最震撼的印象，是對排演的嚴格要求，每個層面非得配合到盡善盡美，絕不馬虎。他說：「這裡的歌手要上劇場，非要有萬全的準備不可。腳本、樂隊、燈光、音響，都要一再演練，務必做到完美無缺。演出時，全場聚焦在歌手一人身上，各方配合得好，就是對歌手最大的尊重。劇場如此，這裡唱片的製作一樣嚴謹，因此，日本歌曲都能保持一定以上水準，令人百聽不厭，這一點，也值得我們反省和學習。」

「日劇」一個檔期演出兩個禮拜，因為受歡迎，再延一檔。檔期結束，蔡東華安排他到新宿、赤坂兩地的夜總會表演。他的低魅音色，風靡了東京。

《スポーツニッポソ》的報導和《京都新聞》的廣告。

洪一峰在日本逗留三、四個月，農曆年後，才回臺灣。

他在日本的演唱，獲得《內外時報》和其他報紙的重視報導。《內外時報》是《讀賣新聞》旗下以華僑為對象發行的夕刊，後來從《讀賣新聞》獨立，成為專門報導體育、音樂、影藝新聞的大眾娛樂休閒媒體。洪一峰的消息，經常披露報端。

兩度日本之旅，滿足了洪一峰少年以來的夢想。日本觀眾的熱情反應，使他對往後在日本的發展更有信心。蔡東華見洪一峰已經適應日本的演藝環境，於是放手回到自己的電影事業。

洪一峰憑藉自己的語言優勢和實力，逐步拓展人脈。回臺不久，便接獲日本各地夜總會寄來的邀約。不過，他在臺灣的音樂活動仍然持續，使他無法長期待在日本，日本檔期一完，便飛回臺灣。

幾年之間，洪一峰在日本、臺灣之間演唱。在日本，從東京的劇場到地方的夜總會，一步一步擴大他的音樂版圖。他的足跡遍及東京、橫濱、靜岡、神戶、名古屋、大阪、京都、長崎、福岡、千葉、仙臺等大城市，有時是個人演唱，有時隨歌舞團巡迴各地。有一次，他參加東京國立體育場一場大型戶外演唱會，臺上匯聚著日本的一流歌手，臺下簇擁著數萬名黑壓壓的熱情聽眾，令他永生難忘。

歌で親善外交です
歌手・洪一峰来日
中国の人気歌手洪一峰（ホン・イ・フェン）＝写真＝がこのほど蔡事務所を通じて来日、日本の舞台、テレビで歌うことになった。洪は一九三一年生まれの三十二才、現在台湾亜州レコード専属歌手として吹き込み曲は百曲を越え、最近では映画でも活躍している人。突然来日したのは「最近、日、中間の友情がうまくいっていないようなので、芸能の分野で親善外交をしたいと思ったから」だそうだ。
今年いっぱいの滞日だが「今後何べんもきて中国歌謡のよさを日本の皆さんにPRしたい」と意欲満々。
代表的吹き込み曲は「旧情綿々」「何時再相逢」などである。

一九六三年十月的剪報：洪一峰係透過蔡事務所的安排來日，希望以藝能增進「中日」之間的國民外交，且把美好的「中國歌謠」帶給日本觀眾。（這一年洪一峰 36 歲，不是報導說的 32 歲。）

一九六五年四月十七日，《徵信新聞報》（《中國時報》前身）駐日特派記者嘉言，在一篇以〈洪一峰迷人歌聲，陶醉了東京歌迷〉為題的《東京航訊》中，報導洪一峰在日本的情形——

「要不是夜總會的節目主持人，預先用英語和日語，將這支曲子的歌詞大略的講過一遍，否則，除了極少數的幾個中國人之外，我想，沒有一個人會知道，從麥克風裡傳出來的那種迷人的低音，究竟含些什麼意思的。可是在場的人，都聚精會神地從這些音響和演唱人的表情中，各自思索他們自己的意念；就連那些專為客人服務的女服務生，也都佇立著為這個動人的低音而發呆。」

「很多從臺北來的中國影星，喜歡在東京唱這支〈綠島小夜曲〉，可是就記者過去所聽過的，沒有一個人會比洪一峰來得動人。難怪最近常出入東京最豪華的幾家夜總會的客人，一看到洪一峰上臺，大家都會指手劃腳地說：他就是自由中國的法蘭克．永井。」

「當洪一峰被如雷的掌聲送下臺後，記者逃到後臺的休息室去找他。他正和後臺的幾位準備出場的日本男女歌星談得很開心。大家很好奇的圍著他問長問短。一位日本女舞星很頑皮的問：『洪先生結婚了沒有？』洪先生用日語這樣說：『我的女兒，差不多和你一樣大！』大家哄然的笑了起來。這時外面又響起快步的音樂，這些舞女也就很有秩序的上臺表演去了。」

當然，「我的女兒，差不多和你們一樣大」是洪一峰的一句玩笑話。這一年，他的長子洪榮宏剛滿兩歲，長女洪鶯娥也才出生不久。不過由此可以看出，他和同臺演員的相處是多麼的融洽。

記者說洪一峰這次來日，已經一個多月，每天都過得很忙碌，下午、晚上有三場演出；上午則固定練琴，發聲，抽空也閱讀、寫曲、學習電影和舞臺演出的設計和技術，時間排得非常緊湊，沒讓自己空閒下來。

「你知道，這裡的音樂水準相當高，要想在日本登臺演唱，就非有一套不成，否則，立刻被淘汰。這裡的『人情』是行不通的，尤其是身為外國人，就非拿出一點『東西』來不可。」洪一峰說。

記者觀察這位受日本歌迷愛戴的寶島低音歌王洪一峰，「不論從哪一個角度看，都不像一位名歌星，倒像在這裡的某一個音樂學校求學的留學生一樣，純樸、認真和謙虛。他一直強調，他並不是來東京觀光的，既然來了，總該有點收穫，這也就是他戰戰兢兢地一天過一天的原因。」

記者觀察：洪一峰已有足夠的資格站在東京任何一家第一流的夜總會，和任何一個國

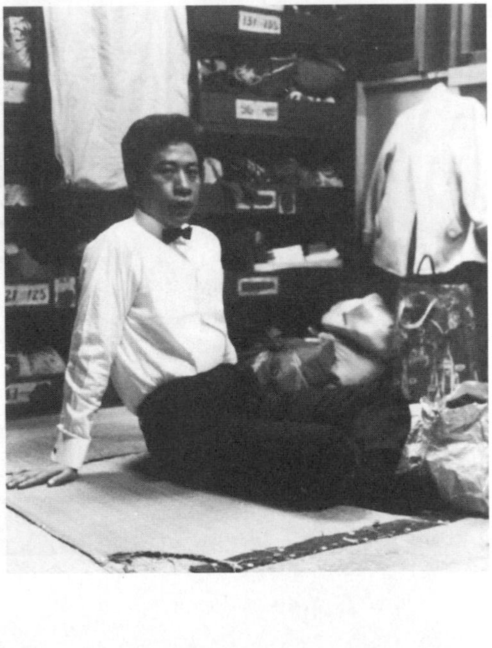

巡迴演唱時在後臺留影。

家的歌星相抗衡，但是他還不敢自滿。在藝術界待這麼久，擁有歌王美譽的洪一峰，談起藝術來，還是像一個初進藝術界的新人一樣，這是很少見的。

「擴音機裡喚著要洪一峰準備出場，他立起身來和記者握別，就像一個正要上考場的學生一樣，面部表情嚴肅且充滿信心。」記者拍拍他的肩膀說：「祝你幸運！」他點點頭，轉身走向了舞臺。

洪一峰與法蘭克．永井（右）、蔡東華（中）在後臺留影。

日本低音歌手法蘭克．永井演唱神情。

洪一峰與橋幸夫（左）。

洪一峰父子與北島三郎（右）。

三、

洪一峰的純樸、認真和謙虛的專業形象，給人一種值得信賴和權威的感覺，為他贏得許多同臺歌手，如法蘭克・永井、橋幸夫、北島三郎、水原弘、森進一等人的敬重，也和歌謠界、文化界赫赫知名的川內康範，建立長期的合作關係和友誼。

這一天，《內外時報》的記者告訴他，川內康範先生想要見他。他們約在銀座橫町一間咖啡館見面。

兩人坐定，川內開門見山便說：「洪先生，看新聞報導，知道你在東京和地方的公演都很成功，真是可喜可賀。聽記者說，你在臺灣灌錄了兩百多首歌曲，十幾張唱片，很受歡迎，難得的是許多還是自己作曲的，真是佩服之至。如果您不嫌棄，我

洪一峰與川內康範合影。

們就來合作如何？」沒有客套的寒暄，不愧是一個直爽豪邁的人。

「川內先生過獎了，愧不敢當。這些年來，承蒙日本觀眾不棄，讓我有機會把臺灣歌曲呈現在大家面前，透過歌聲增進兩國人民之間的相互理解和友誼，實在感激之至。未來如有機會與川內先生合作，真是求之不得。」洪一峰回答說。

這位川內康範不是別人，是紅透半邊天的〈我比誰都愛你〉、〈恍惚的勃露斯〉、〈愛你入骨〉和〈你是我的生命〉這些當紅歌曲的作詞者，洪一峰對他一點也不陌生。而川內小說改編的《夜霧中消失的鷓鴣》、《再見南國》等轟動電影的主題曲，前一部由他翻唱為〈鷓鴣，望你回來〉這首亞洲唱片金曲；後一部由陳芬蘭翻唱為〈阮的故鄉南都〉。兩首同為葉俊麟填詞。

川內康範是日本知名的小說家，也是五〇年代著名的電影導演和編劇。他的小說大部分被改編為電影，最有名的是一九五六年由他改編劇本兼導演的日本第一部電視連續劇《月光假面》。他曾致力於戰後滯留海外日本人的歸國運動與戰死者遺骨的遣返運動，而與政界關係匪淺，也先後擔任過福田赳夫首相的秘書和鈴木善幸、竹下登兩任首相的智囊。他崇尚甘地的非暴力抵抗運動，主張護持日本非戰憲法，在左派與無政府主義者陣營間，都有廣泛的人脈；在許多週刊、雜誌連載作品，是一位非常活躍的文化、政治評論家。

川內觀察洪一峰一段時日了，是聽過他〈舊情綿綿〉、〈男兒哀歌〉這些作品，欣賞

在東京街道漫步的洪一峰。

之餘自動找上門來的。洪一峰把握這難得的契機，答應他的提議，一起合作。往後幾年，川內交給洪一峰許多詞作，請他譜曲。兩人相知相惜，友情彌篤。

可惜〈男の涙〉一曲出版時，「作詞者」與「作曲者」同遭唱片公司改為「銀座十郎」、「麻布十郎」，顯示日本著作權保護也不完備。這首歌後經細川貴志唱紅；他請葉俊麟填臺語詞，題名〈純情的夢〉，由洪榮宏演唱，光美唱片發行。

〈男の涙〉曲譜。

四、

短短五、六年間，在臺、日之間迭創高峰的洪一峰表面風光，個人心境則起起落落，歷盡波折。

挾著〈舊情綿綿〉唱片大賣的旋風接拍電影造成風潮，眼看就要步入人生坦途的洪一峰，發現臺語歌曲的大環境，已經急速惡化。

戰後，國民黨政府把臺灣人使用的臺語（以及客、原語）打成「方言」，設下天羅地網。臺語歌曲也被黨國媒體、文化人與「知識分子們」鄙夷為低俗、不登大雅之堂的噪音。

一九六二年，以「臺灣」為名成立的電視臺「臺視」，透過外部制約與內部語言控管，成為臺語與臺語歌曲難以接近的媒體，臺語的使用率在百分之六至十二之間（客語、原住民語為零）；「國語歌曲」則因政策優勢，牢牢盤踞著這新興的強勢媒體，一舉擴張為流行音樂的主流，臺語歌曲逐漸邊緣化。

一九六八年，僅有的《寶島之歌》、《綠島之夜》兩個包容臺語歌曲的節目被取消，臺視成為清一色「國語歌曲」的天下。而戰後出生，接受「國語教育」長大的年輕人，此時已被「國語歌曲」吸納而去，不少人視臺語歌曲為不入流、沒水準；而播放臺語歌曲的廣播電臺節目，也在政府法令限制、廣告業務型態改變及商業利益考量下，大量播放「國語歌曲」。各大飯店、歌廳及夜總會歌星，視臺語歌曲為禁物；唱片公司全力製作「國語歌曲」，連最具規模的臺語歌曲重鎮——亞洲唱片，也停止臺語歌曲的發行。臺語歌曲已如路旁棄嬰，奄奄一息。

一九六九年，中國國民黨黨營的「中國電視公司」開播，洪一峰應邀上節目，走進公司一看，告示牌上「今日禁歌」曲目，赫然有他要唱的〈快樂的牧場〉和〈可憐戀花再會吧〉兩首。裡頭教官說：「要反攻大陸了，還唱什麼〈快樂的牧場〉！什麼〈可憐戀花再會吧〉？我們不可憐！」他聽了，只得黯然離開❷。

戰後無歌可唱的年代，大家猶可自己作詞作曲、賣歌簿、搭露天歌臺，努力拓展臺語歌曲的空間，此時此地，反而面臨無地可唱的窘境；眾多歌星、歌后，消失於報章、舞臺，寧不可嘆！原來抱持發展音樂才華初志而赴日的洪一峰，也不得不將全部心力放在日本的巡迴了。

他對日本歌壇熱情依舊，此刻心境，卻隱然有一股沉重的壓抑，揮之不去。

夜間散場，偶而踱步走到橫街酒館，點一小杯清酒，自斟自酌起來。想到最近唱的幾首歌，獲得客人持久熱烈的掌聲，或許歌裡唱出自己的心境，也觸動他們的心絃吧！

船螺聲音交響著　酒場小吹聲

港都又是船入港　恢復歡樂影
酒是毋？倒來嘛　無醉我毋行
你我乾杯驚什麼　何必著來驚
你佮我不過是　同款的運命

吉他哀調提醒我　滿腹的恨火
舊情何必再想起　已經不重回
曲是毋？奏來嘛　隨便無問題
你我合唱唱什麼　你唱我就綴
你合我趁今宵　盡量開心花

酒女面容那親像　可愛冤仇人
酒場歸暝鬧無停　迷醉人幻夢
你是毋？偎來嘛　要送我出航
你我乾杯笑什麼　何必帶苦痛
你與我愛輕鬆　互相知輕重

——〈男兒哀歌〉／葉俊麟 詞

旅宿的夜晚，偶而撩撥琴絃，那孤寂的況味便不由自主的流瀉出來：

稀微的夜都市　小雨落歸暝
吉他聲訴哀悲　毋知為什麼
親像表示我當時　在心內酸苦味
難訴的悲意　啊！雨又落不離

——〈深更的吉他〉／葉俊麟 詞

某一次颱風天，走在街上，洪一峰被迎面掉落的招牌砸傷頭部，躺在醫院，孤伶伶一個人，不禁懷念起故鄉溫熱的陽光、綠油油的稻田和迎風搖曳的椰影；孩子的喧鬧，妻子的嘮叨，成為最甜蜜美好的愛語，縈迴耳際，向他呼喚。舞臺夢幻的燈光，客人熱情的掌聲，填補不了此刻內在的空虛。

他想起有一次在嘉義，臺下一群高中生對他高喊：「唱國語啦！唱國語啦！」而更令他難過的，是一位退伍軍人跑到後臺，盛氣凌人地打他耳光，質問：「你為什麼不唱國語！」

想到這裡，故鄉的影子，忽然變得模糊起來。

病房外，雨聲滴滴答答，又冷又溼——

「喔！我不能任情緒這樣消沉下去，今晚的雨會停，明日的天會晴，我要打起精神，不要忘記來此的初衷才好！」

心情起伏難免，他總是讓每日的忙碌忘記一切。偶爾也寄幾枚印刷精美的「繪葉書」給故鄉互相提攜的葉俊麟仙、好友鄭日清和大哥洪德成，只有他們最了解他此刻的心境吧！

洪一峰在日本的演唱，持續到一九七六年與兒子洪榮宏返國而告結束。日本一別十三年，一九八九年春，才又陪著妻女旅日，漫步在落英繽紛的櫻花小徑、公園、街道，細數昔日旅路的足跡。

註—❶ 蔡東華於二〇一六年一月二十六日逝世，享壽九十三歲。

註—❷ 東吳大學石計生教授轉述。

柒。成就桃李春風

一、

暮春三月，喜訊降臨。

羅玉在劇烈的陣痛過後，平安產下一位男嬰，洪亮有力的哇哇聲傳告世人，臺灣歌壇一顆璀璨的巨星，已經誕生。

三十六歲始得一男，洪一峰喜不自勝。想到自己欠缺父愛的童年，乃下定決心，無論自己多麼忙碌辛苦，也要陪伴兒子成長。

他從兒子純真活潑的笑靨，看到生命的全新意義。

搖啊搖　惜啊惜　你乖乖　乎阮搖
我來念歌搖你睏
嬰嬰睏　望子真溫順
好睏一暝大一寸
嬰嬰惜嬰嬰睏　大漢趁錢年年賰

——〈搖子調〉／蔡啟東 原詞・葉俊麟 增補・洪一峰 曲

洪一峰譜作〈搖子調〉一曲，已是很久以前的事了。詞是蔡啟東原作，後來葉俊麟增補新詞，再由他把曲調延伸得更為盡致而成為現今通行的版本。輕柔的旋律，與呂泉生的〈搖嬰仔歌〉，並稱臺灣創作搖籃曲的雙璧。

談起兒子，洪一峰的眼睛為之一亮：「榮宏小時候，渾身充滿好奇，對什麼都有興趣，尤其愛玩樂器，一玩就停不下來。我彈吉他，他就在旁邊看得津津有味；彈完，就爬到吉他旁邊，有模有樣的撥弄琴弦，叮叮噹噹，高興得滿臉通紅。有一次，我正奇怪他怎麼玩得這麼起勁時，他已爬到吉他上面小便起來。」

「你看你這個囡仔！」羅玉看見兒子「闖禍」了，趕緊把他抱走。

洪一峰看在眼裡，暗自在想：「既然他這麼喜愛音樂，我就跟他來玩遊戲吧！從此，玩彈鋼琴、玩唱歌，榮宏都興致勃勃。背他出外散步，或到草地玩耍，他就跟著腳步節奏叫著、動著，非常準確。有一次，我哼〈古老的大時鐘〉❶，哼到『chiku-taku』時，他就在我背上跟著『chiku-taku』

洪一峰羅玉全家福（洪榮良尚未出生），左起洪敬堯、羅玉、洪榮宏、洪一峰、洪鶯娥。

接受嚴格音樂教育時期的洪家兄弟，左起洪敬堯、洪鶯娥、洪榮良、洪榮宏。

地搖著晃著，唱了起來。」

發現兒子對節奏的敏感，洪一峰打定主意要栽培他。

「也不是怎麼正式要教他什麼啦，只是讓他感受日常生活中的一些節奏、旋律，他覺得有趣的，三、四歲時，就已經看到一些成果了。」

洪一峰在兒子身上，彷彿看到自己幼時聽著門前火車「喀隆、喀隆」地通過的情景，以及跟著外祖母趕聽廟會野臺戲弦管時的那份興奮與感動。

腦海中，洪一峰閃過一個夢想：「我要把臺語歌曲『普遍到全世界』去——說『全世界』是『超過』啦，『全臺灣』好啦！——讓臺灣人都愛聽咱臺語歌，愛唱咱臺語歌。」

他從教育自己的兒子著手。「起初，我教他一些基礎的東西。教他唱他就唱，教他寫譜他就寫譜，都很配合，一學就會，跟音樂有關的，很快就吸收。才三、四歲的孩子，唱〈雨夜花〉竟能唱出抖音，這讓我很訝異。一般人上臺唱歌，不免怯場，他卻表情、手勢都很自然。」

洪榮宏六歲時，洪一峰帶他到「藍寶石歌廳」去客串。同臺的寶島歌后紀露霞聽了，非常驚訝。紀露霞說：「榮宏的歌聲，閣亮、閣清、閣大聲，喉嚨一開，大家都嚇一跳。唱完，掌聲特別多。現在我腦海中，還有他那時候的聲音在迴繞，真的是好亮好亮！」

在臺語歌曲極度低潮的此刻，洪榮宏的表現，讓洪一峰感到後繼有人，不勝欣慰。他說：「我盼望臺語歌有人聽，有人喜愛。現在看榮宏掌聲那麼熱烈，我一方面感謝歌迷的鼓勵，一方面自我期許要更努力栽培他。臺語歌曲應該『綑合』①起來，不要讓它消失了。」

關於和父親上「藍寶石」唱歌的情景，洪榮宏說：「那次到『藍寶石』，是我正式登臺的頭一遭。之前幾次在人前唱歌，都不算正式。那次上臺，我事前不知道，只是和往常一樣跟著爸爸出門。那時跟爸爸出門都好快樂，他總是一路教我唱歌，一路講故事給我聽，告訴我，努力唱歌，將來會有很好的希望等等。」

「到了歌廳，一群叔叔、伯伯、阿姨圍過來，對爸爸說：『文路啊！你佮囡仔來喔？今仔一定愛予起哩（上臺去）！』我在眾人起鬨下上臺；樂隊奏起，我就唱了。唱完，臺下掌聲劈哩啪啦響了好久。回到後臺，長輩們七嘴八舌地褒獎，小小心靈有點興奮。這就是我首次登臺的印象。」

二、

洪一峰教導洪榮宏，著重潛能的誘導和興趣的培養；藉著散步、遊戲，感受音樂的律動，再循序漸進教他樂理、歌唱。有機會，就在好友面前讓他小試歌藝，驗收成果。父子感情甜蜜，是洪榮宏一段彌足珍貴的童年時光。

註① 綑合：訪談時發音khún-hap，從上下文意解讀，有團結統合、致力打拚的意思。

不過，在藍寶石登臺後，洪榮宏的感受不一樣了。他說：

「爸爸看觀眾反應這麼熱烈，確認我有這個天分，可以走音樂這條路，就決定嚴格教我了。起初，一天發聲一個小時，包括練歌；接著練琴一小時，樂理半小時，時間一天天增加。到念小學，開始禁止我跟朋友出去，總是叮嚀我說：你好好練，不要玩，等將來成功了，你要怎麼玩都不要緊。爸爸始終用同一句話鼓勵我，我也很聽他的話，從不懷疑。只是聽話的結果，是要我跟他穿一樣的西裝，站一樣的姿勢上臺去唱歌。這時壓力來了，我意識到自己現在是『在唱歌』，跟之前唱著玩的感覺完全不一樣了。」

「之前，都唱爸爸的歌或早期一些臺語歌。現在，爸爸會針對我的音色作歌給我唱；要我把一首歌的尾音刻意拉得很長。我的丹田在爸爸的訓練下變得非常有力，尾音可以拉到一分鐘，甚至更久，直到觀眾掌聲鼓爆為止。在這壓力下，我每次上臺，都很緊張，有時緊張到想吐，甚至腸胃絞痛，要上廁所。」

過去臺灣師匠有「父不教子」的傳統，不過洪一峰望子成龍，對洪榮宏只能親自調教：樂理、視唱、發聲，同步進行；鋼琴、吉他、打鼓、小提琴也綿密安排。過程中，如何維繫兒子的興趣，進而樂在其中？在在考驗洪一峰的教學專業和親情。

在洪榮宏三到五歲間，洪一峰應蘇南竹邀請，到臺北「寶島音樂教室」任教，家從臺南搬到艋舺。洪鳳為洪榮宏學琴和洪一峰指導學生的需要，花兩萬多塊錢在功學社買到一

「金馬歌唱訓練班」（前身為寶島音樂教室）學員擠滿教室的情景。

臺一九二三年份的英國製鋼琴。這臺琴和洪鳳的歲數相當，幾年前還擺在洪鳳西園路家的四樓。

陳姿安記得舅舅教洪榮宏彈琴的情景：「舅舅習慣在鋼琴上放一支細細的竹子，只要榮宏彈錯音，『咻』一聲，竹子就打下來，好可怕喔！」

洪榮宏說：「那時爸爸教我彈琴，每天固定時間，固定進度，沒有妥協；發聲要準確，唱歌要背詞。在別家小孩都入幼稚園玩得不亦樂乎的年紀，我卻得在家裡練聲，學習各種樂器。」

不過，嚴格當中，也有輕鬆的一面。洪榮宏說：「那時家住萬華，常有叔叔、伯伯來找爸爸聊天，他們看我在練琴，就會嚷說：『榮宏，唱歌！』爸爸見機不可失，琴一彈，我就得跟著唱了。」

叔叔伯伯專業的耳朵與讚嘆的愛語，聽在洪一峰父子耳裡，是最大的鼓勵。洪榮宏說：「記憶最特別的是鄭日清阿伯，每次來，像一陣風，跟爸爸聊完輕鬆的話題，就會帶我們到龍山寺對面市場吃紅豆湯、圓仔湯。紅豆湯裡加兩塊麻糬，好好吃喔！爸爸吃完，會再叫一碗蚵仔麵線，好懷念！」

例行功課做完，父子也常相偕去看電影。有一次，他們去看荷蘭童星海恩奇的電影。洪榮宏對海恩奇的歌聲非常羨慕，自此發願要當歌星，一如當年洪一峰見到岡晴夫時由衷的嚮往。

他們也常出外散步，有一回，走到板橋某個村落，見遠處一棟「板仔厝」很漂亮，洪一峰忍不住讚嘆說：「如果我們能夠把它買下來住進去，不知道有多好！」

相對於艋舺的窄巷曲弄，板橋郊區的「板仔厝」已經夠讓洪一峰父子羨慕了。兩人邊走邊看，一個不留神，洪榮宏竟掉到路旁水池去了。

「水池很深，我正著急怎麼辦才好的時候，榮宏已經自己浮上來了。」洪一峰說。

「不是浮上來，是你把我拉起來的啦！」洪榮宏說。

「我有拉你起來嗎？」

「有啦！不然我就沉下去了！」

「是喔？」

四十年後父子接受訪談，憶起往事，洪一峰的神情已經有點模糊、困惑。

三、

一九六〇年代末，報紙寫道：「洪一峰久矣不在歌壇露面，他認為應該多讓年輕人唱。」隱然示意，洪一峰已經退居幕後，不再拋頭露面唱歌了。實際情形是，洪一峰已把重心移到教學和日本的演唱。而更重要的是，國內環境已有變化，臺語歌曲演唱的機會相對減少。

這幾年，報紙上零星的消息是——

一九六五年，「在臺南遠東餐廳駐唱，很受歌迷歡迎。」

日本元老歌唱家二葉秋子（左1）造訪「金馬歌唱訓練班」高雄分社，與洪一峰合影。

二葉秋子（右2）對「金馬歌唱訓練班」高雄分社學員講解歌唱要訣，右1為洪一峰，右3為蘇南竹。

一九六八年八月，「回臺南，在臺南大飯店育樂廳客串五天」，「這裡是他幾個愛徒所經營」。

九月，「在高雄真善美歌廳演出」。

十月，「在金都樂府邀請下，為日本老牌歌后二葉秋子❷助陣」。「當年洪一峰到日本習藝時，就是這位走紅日本三十餘年的王牌歌后二葉秋子一手安排帶路的。」

「習藝」、「帶路」之說

純屬臆測。不過，二葉秋子的確是他在日本同臺的舊識，這次來臺，洪一峰只是略盡地主之誼。二葉在高雄演唱期間，洪一峰曾邀請她到音樂教室與學員見面，讓學員見識這位日本元老歌唱家的手采。

「金都樂府」之外，「藍寶石」、「喜相逢」、「今日」這些歌廳也都去唱。舞臺上洪一峰穿盛白西裝，拉小提琴或彈他那臺酒紅色英國製手風琴的臺風，令慕名而來的歌迷深深著迷。記者報導時，稱他為「旅日歌王」。

而洪榮宏在「藍寶石歌廳」一鳴驚人後，洪一峰開始帶他在南部的歌廳登臺。兩、三年間，洪榮宏在觀眾的驚嘆聲中，躍為臺灣歌壇一顆閃亮的童星。他以披頭髮型搭小西裝，在舞臺飆高音，成為全場熱烈情緒的焦點。

歌廳主持人魏少朋回憶洪一峰父子在「今日歌廳」同臺的一幕：

「一九七一年，我主持一檔連續十天的臺語歌王歌后大會串，紀露霞、張淑美、尤美、美黛、素蘭、文夏、洪一峰、吳晉淮、鄭日清、黃三元、余天、倪賓、洪弟七都來了。我為控制時間，規定一個人一律唱兩首，絕對不得『再來一個』，你這再來一個，我這時間拖下去就難控制了。剛好這中間夾一個洪榮宏，才八歲。結果整場中間，就他掌聲最多，觀眾非得要他『再來一個』不可，讓我很難處理。怎麼辦？只好再給他唱一首。」

「唱完，文夏說話了：『少朋啊！你這無公平喔！』我說：『你也拜託呀！他的掌聲最多，而且我們中間，就他小孩子，大家愛聽啊！』沒想到，洪一峰聽了，把我拉到一旁說：『魏先生，我知道你難做人，無按呢，等一下我減唱一首好啦，榮宏唱三首，我唱一首。』我聽了很難過，你堂堂寶島歌王，人家觀眾是要聽你唱歌，你少唱，我怎麼對觀眾交代？你放心，這事我來處理。」

「洪榮宏當時個子小，出場時總是別上一個蝴蝶領結，好可愛，我很喜歡作弄他。我常對他說：『榮宏過來，給阿叔親一下，我才要介紹你出來。』榮宏很乖，過來，真的讓我親了一下，然後上臺。他記性好，第二天，第三天，又走過來，說：『阿叔，我要出場了，給你親一下。』」

洪一峰調教兒子，隨時隨地。歌廳散場後，有人回旅館休息聊天，有人去逛夜市吃消夜，只有洪一峰陪兒子檢討舞臺的得失。

「我爸爸比較『健康』，我們離開歌廳回旅館，就一邊散步一邊討論剛才舞臺的情形，他注意我每一場的表現，不讓我在掌聲中迷失。」

隔天天未亮，眾人還在夢鄉，洪一峰父子已經開始一天的功課了。發聲，發最難的ba、be、bi、bo、bu，反覆地練，吵得鄰房的人受不了。

有一天，余天跑來敲門，說：「你們在吃什麼肉②啦？怎麼肉、肉、肉，肉個不停？」知道他們是在練聲，余天要求也要加入。

註② 肉：bah，音近ba，故引起余天以「吃肉」相問。

四、

幾年間，羅玉添了洪鶯娥、洪敬堯、洪榮良等一女二男。洪一峰寄望孩子們長大後，都能成為傑出的歌唱家、音樂家，發揚臺語歌曲，傳承他的衣缽。

洪敬堯說他四、五歲時，父親會把排行前面的三個孩子叫來站成一排，一起練聲，只有弟弟洪榮良還小，可以豁免。他說：「爸爸的發聲很考究，立正、縮小腹、面帶微笑，聲音從哪裡出來等等，都不含糊。我們感覺很拘束，很辛苦，人家小孩都有一個遊戲的童年，就我們家沒有。有時爸爸不在家、或跟哥哥出去唱歌，我們也不得輕鬆。通常爸爸會用大盤帶把鋼琴預錄起來，命姐姐和我照時間按鍵練習，還請媽媽負責盯管。」

羅玉對洪一峰的教育方式，沒有特別意見，只是看到孩子這麼小就得承受這麼嚴格的訓練，感到很不捨；尤其看到榮宏有時累到想吐了還不能休息，也會「起番」，而跟丈夫對衝起來。羅玉說：「有一回，他爸爸看榮宏出去玩，過了時間還不回家，就說：『他給我超過時間了。』天一黑，洪榮宏進門，上氣接不著下氣，滿身重汗，一臉驚恐。我想他這下子慘了。果然爸爸喝他跪下，罰他頂『面桶水』，還用藤條打他，不准他動。我忍了很久，出聲了：敢講無遮呢嚴未使得？他斥責我：『我佇教囡仔，你閃邊仔去！』」

洪榮宏飆高音唱〈孤兒淚〉。

洪榮宏說這件事情的經過是這樣的：「那時爸爸一個禮拜才准我一個小時的自由時間，同學邀我去玩，常常被我婉拒，久了，他們就不再邀我，我的朋友也就越來越少了。所以那一次，他們邀我去秋茂園，我一口就答應了。秋茂園離市區很遠，公車很久才一班，明知一個小時趕不回來，我還是『殘殘』跟他們去了。回程時，不記得是末班車已過或是怎樣，心裡一急，就一路跑步回家。進門後，被爸爸修理得很慘，媽媽毋甘，出來嗆爸爸，也是沒用。」

回想這件事，洪一峰說：「那時代跟戰前差不多，日本精神還在。不過，想起來，還是榮宏現在教育他們孩子的方式，比較正確。」

洪一峰這一代受日本教育的「臺灣多桑」，教育孩子的方式往往得不到子女的認同，身影總是那麼孤單。不過相較之下，洪一峰算很幸運，至少洪榮宏了解父親，感謝父親。洪榮宏說：

「爸爸要我準時、守信，養成好習慣，堅持理想，不可放棄，這，我都得感謝他。幸好有爸爸的嚴格，為我打下這麼好的基礎，才有我今天。其實，在爸爸的嚴格中，我還是喜歡跟他在一起。我們在一起時，他總會編織一個夢，讓我跟著他往前走。」

「與夢同行」，世上還有比這更吸引人，更幸福，更快樂的嗎？洪一峰，是一位標舉「臺語歌曲之夢」的音樂家，一位盈懷父愛，與孩子築夢同行的父親及老師。

五、

十歲那年，洪榮宏與父親在「中外唱片」合灌了《孤兒淚》和《送你一首輕鬆歌》兩張唱片。《孤兒淚》唱片收十二首歌，洪一峰一面，洪榮宏一面，各六首。當中，兩人合唱〈為你唱一首歌〉，傳達歌手與歌迷互動的心情。父子在舞臺飆唱這首歌時，總是獲得持久如雷的掌聲。〈孤兒淚〉這首歌，洪榮宏自言是達到了聲樂層次的唱法，歌聲拔尖猶很清亮的那種感覺；第二張《送你一首輕鬆歌》，也是十二首歌，父子各唱六首。

兩張唱片特殊之處，在於洪一峰除了作曲，更以「羅平」的筆名創作全部歌詞，展露洪一峰素為世人忽略的作詞才華。

《孤兒淚》的唱片封套印著「虎父無犬子——歌壇神童洪榮宏之歌」的標題，並以「中國海恩奇　洪一峰之子洪榮宏」為題，介紹洪榮宏——

洪榮宏小弟弟，年方十歲，是寶島首席低音歌王洪一峰之子。孩提時，即對音樂、歌唱深具天才。從四歲起，在其父親嘔盡心血教育下，無論歌唱、樂理、鋼琴均有深厚的造詣。今年春節，隨其父到高雄今日歌劇院客串、演唱，藝鳴四座，如雷掌聲，歷久不竭，因而一鳴驚人，各方競相聘請。其雄渾扣人心弦之歌聲，震盪全省各地，各方咸認是歌壇神童也。

此次，應中外唱片公司之禮聘，與其父（洪一峰）聯合灌錄本專輯紀念金唱片，但願各界紳士及歌友，盡多指教與愛戴。

「歌壇神童」的佳譽，代表洪一峰調教洪榮宏一個階段性的成就。不過，洪一峰培育洪榮宏，出於對音樂的熱愛與臺灣歌曲往下傳承的使命，歌壇的聲華，並無助於他生活的改善。

陳和平看洪一峰帶著兒子四處登臺的身影，心有感觸，在一篇報導中寫道：「由於堅持，年屆不惑之年的洪一峰，仍與其子洪榮宏同臺演唱，全家賃屋而居，使人感到一種淒楚的滋味在心頭。他一生為臺語歌曲奉獻心血，卻是個最不懂得為自己著想的人。」「為臺語歌曲奉獻心血」的寶島低音歌王，處境如此，其他歌手，自更好不到哪裡去了。

說到歌手的待遇，洪一峰提起他在日本看到的情形說：「來到這裡，看歌手唱紅一首歌抽取的版稅，就夠他過無憂無慮的生活，安穩地創作他的藝術。反觀我們，譜一首曲，填一首詞，唱一首歌，所得微乎其微，實在可憐。試看我們臺灣，正有多少藝人在生活戰線上掙扎著過日子呢！」

提到這一路走來的心路歷程，洪一峰說：「較早這些人，好比路邊或橋下的乞丐，讓人瞧不起，有能力的人家，都不愛自己的孩子去唱歌。我是較『鐵齒』的啦，認為藝術要緊；堅持喜愛的藝術，雖然辛苦，但當眾人聽到你唱歌起共鳴，心靠過來跟你緊緊結合的時候，就覺得所有的辛苦沒有白費了。」又說：「現今臺語歌很多是日本曲改的，我的則是自己創作的。頇顢是頇顢③，認真做，也有幾首值得人家肯定的吧！臺語歌也很好聽哪！誰說臺語歌不好聽？認真說起來，我是不知足啦，總覺得還不滿意就是啦！日本歌好聽，外國歌好聽，是人家努力再努力的結果。咱臺語歌曲可能還打拚得不夠。純粹、有氣質、自然又能風行的作品才合我意。這也是我對榮宏的期望。」

看來，陳和平感到淒楚的滋味，在洪一峰心裡則是無怨無悔。

六、

拍完《歌星淚》，蘇南竹的電影夢，終為資金所苦負債累累而告破滅。隨後轉往音樂教學與歌唱公演發展，成績斐然。

一九六八年夏天，蘇南竹將「寶島音樂教室」遷往臺南，改名「金馬歌唱訓練班」，

註③　頇顢：hân-bān，笨拙、沒有才能。

對外招生。開學前夕，蘇南竹邀請老師南下協助。洪一峰頗感為難地說：「你這樣臨時臨料才說，而且搬家也不是說搬就搬。」話是如此，基於師徒情誼，洪一峰還是辭退一些邀約，把家遷回臺南。此後七、八年間，洪一峰的生涯，便以南部為主。

「金馬歌唱訓練班」採連鎖經營，高雄、嘉義、臺中都有分班。師資除了洪一峰之外，還禮聘當地師範學校音樂教師任教，各地報名非常踴躍。

臺南首期來了一百七十幾名，編成兩班，於禮拜一、三、五和二、四、六晚上上課。高雄、臺中、嘉義也有一百多人；課程、編班、師資配課相同，一班三位老師，各教一個晚上。

洪一峰在臺南上完禮拜一、二兩個班後，禮拜三、四傍晚便搭五點的火車南下高雄，趕上七點的課；九點下課，回到臺南。禮拜五、六輪到臺中，夜宿當地。禮拜日下午從臺中南下嘉義，晚上下課，再搭火車回臺南。這樣週而復始，一個禮拜連趕四個地方。

學員爆滿，歸功於洪一峰的號召，也得力於《中華日報》娛樂版主編余國基的配合。蘇南竹說：「南部版《中華日報》看的人多，娛樂版很有特色，只要臺北大牌歌星南下，就請他們到班上來示範，隔天《中華日報》發出消息，便成了免費廣告。那時大半歌星我都很熟，臺南音樂廳那邊也都是朋友。七點多，我把歌星接來教室，示範完畢，送回歌廳去唱九點的『壓後』（即『壓軸』、也稱『壓臺』）還來得及。高雄那邊也一樣。為博取新聞效益，各地開班，都請明星剪綵。臺南就請趙曉君，高雄請柯俊雄，臺中請陳芬蘭。次日報紙大登特登，非常轟動。」

洪一峰課堂教學的情景如何？對此體會頗深的蘇南竹說：「洪老師的教學首重『基礎』，教唱還在其次。所謂『基礎』，就是發聲和樂理。洪老師教發聲，就是發好A、E、I、O、U五個母音。口型、咬字正確，就能做到字正腔圓，氣韻生動。尤其臺語八聲分明，字字變調，入聲、鼻音又多，咬字發音不容錯誤。這些做不到的話，就會變成臺灣人唱臺語歌，臺灣人也聽不懂，那就不用歌手，只聽音樂就好了。」

蘇南竹說洪一峰教唱歌，很有自己的風格。

「洪老師說唱歌要有氣，無氣則無聲；無聲，歌就沒有了。唱歌與講話不同，唱歌用丹田，丹田氣長，發出來的聲音就是歌聲。講話不一定用到丹田，所以氣短，發出來的就叫做『口氣』。『歌聲』、『口氣』，分別全在氣長、氣短，也就是用不用到丹田。唱歌時，氣要吸到腹部，用丹田吐納，欲長欲短，欲高欲低，欲大欲小，欲強欲弱，都可以隨心所欲，撙節控制，恰到好處，樂句也才可以事先規畫。好比出外旅遊，住宿坐車，要有預算；唱歌吐納，也要預算，以免太早耗盡，臨時搶接就來不及了。其次、善用共鳴腔。洪老師說，發聲會了，中氣足了，底氣強了，臨到要唱高音，還要靠頭部的共鳴；欲唱低音，要靠胸腔的共鳴。包青天升堂時，『威——武——』聲沉，就是胸腔共鳴的效果。發聲時，學員起立，眼睛注視前方，隨琴聲由低漸高，由高漸低，遞次變化，層層反覆；口型、咬字、呼吸、共鳴，過程中都可以獲得驗證與矯正。」

「最後，樂理。洪老師強調歌手最好能看五線譜。他把講義寫在黑板，學生抄完，再做講解、舉例，配合琴聲引導、示範，讓學生不致於枯燥。洪老師上課，前一小時練發聲，講樂裡；後一小時教唱，歌詞與五線譜抄在黑板，教唱時，或分組唱，或個人唱，互相觀摩指正，課堂氣氛頓時熱絡起來。不過強調基礎，看五線譜，對只想『學唱歌』的學員來說，或許覺得無聊，但洪老師認為，基礎還是最要緊，說有基礎的人，無論唱什麼歌都可以唱得好。」

洪一峰舉〈寶島曼波〉為例：「嘿喔！大家緊來念歌喔！嘿喔！大家相招來𨑨迌，無分男女老幼緊出來喔！」這段人聲領唱的前奏為例，印證發聲練習的重要。他說：「有發聲訓練的歌手一開口，聲音就很結實、熱情、明亮，讓人感受到鼓舞，這就是『氣質』，來自於發聲練習。」

洪一峰的音樂教學，始於二十歲與翁志成在「天聲音樂研究社」時期。五〇年代在電臺駐唱、擔任樂師時，也在西園路洪鳳家裡、圓環邊和延平北路指導學生，或在楊惠光的教室授課。六〇年代任教南星音樂教室、寶島音樂教室和金馬歌唱訓練班期間，更常受聘在各影業公司的演員訓練班擔任歌唱講師，主授樂理、發聲、視唱與歌唱分析。往返日本

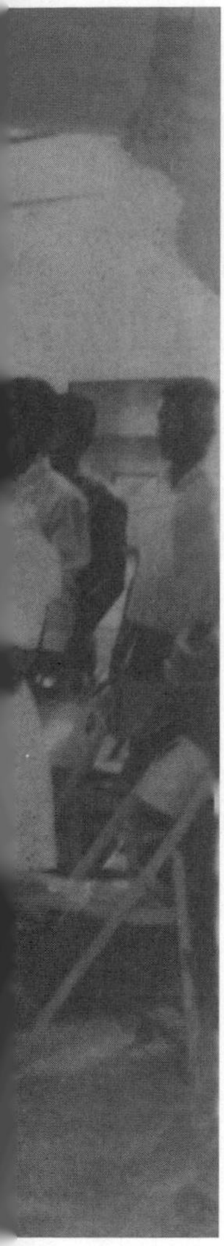

十數年間，教學活動也不曾中斷。

經過多年的經驗累積，到八〇年代中期教幼女薇婷時，洪一峰的教學技巧已達爐火純青階段。洪薇婷在受訪中示範她花腔女高音的發聲技巧，腹式呼吸非常考究，令人大開眼界。而在《阿爸》影片中，洪榮宏也示範「洪一峰式」的發聲，強調臺語氣韻中非常困難的ma、me、mi、mo、mu的鼻韻特色，過程高低起伏，千迴百折，是一首曼妙隨興的聲音舞蹈，讓人感官一震，嘆為觀止。

「其實，爸爸的教學，滿歐化的，以前他教學生，或我們小時候練習，都要看五線譜。他自己練聲時，也都是用實聲，不用假聲。」洪薇婷說。

發聲是很實際的藝能，不是憑看書自學就能懂的，而只讀小學又沒上過音樂學校的他，是怎麼學會這麼艱深的發聲技巧和教學方法的？洪薇婷笑笑地說：「是他自己摸索得來的。我爸爸頭腦很好，對資訊的吸收很快，平常看很多書，覺得新的、有用的、好的東西就吸收過來，然後發展出新的東西。除了書，也看電視，比如看ＮＨＫ播映歐洲音樂學校是怎麼訓練小孩子的，就從裡面萃取精華。他是不斷在吸收新知的人。」

洪一峰不受成規束縛、喜歡另闢蹊徑，探索前人不曾走過的路，這就是一種創造力，

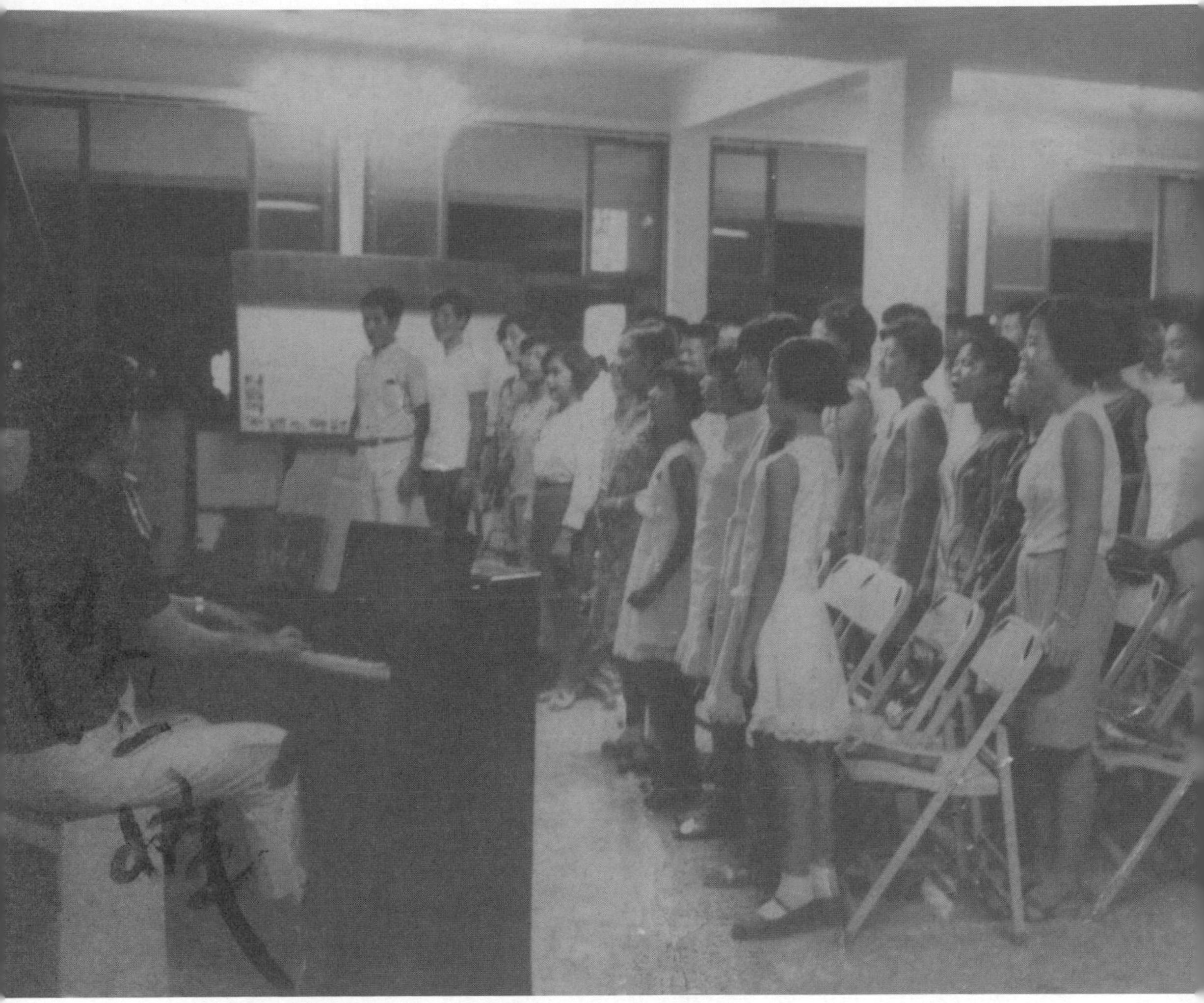

「金馬歌唱訓練班」的教學現場。

屬於天生的特質。對於教學，也是如此。

二〇〇一年後移居中國廈門從事音樂教學的蘇南竹，把洪一峰的教學整理成「洪氏教學講義」指導學生。他說，學生只要習得其中一項，就受用不盡了。

洪一峰很少提到學生，或許是個性使然，遇有記者求證誰是他學生時，他絕少正面回答掠人之美，只是讚嘆對方。而有時候，他的確是不知道。

「洪老師，還記得嗎？我是在臺中金馬歌唱班跟你學的。」有一回，廖峻跟洪一峰說。「洪老師，我是你的學生！」陳淑樺也是，八歲在寶島音樂教室跟他學過，但是他已經記不起來了。

二〇一〇年在小巨蛋舞臺❸，蘇南竹、曾藝、鍾鳴、黃振豊這幾位老學生都來了。愛玲說：「曾藝在桃園開班，學生很多，常邀我們去他那裡。鍾鳴在教鋼琴、歌唱等，範圍很廣，是不可多得的人才。阿豊專做餐廳、PianoBar的樂師，很優秀。他們三位都是『寶島音樂教室』時代的學生。當初他們來學，當然想當歌星，後來歌星沒當，改教人唱歌，教過的學生有夠多，可以說非常成功；烏金開『寶島音樂教室』和『金馬歌唱訓練班』，不知教出多少歌星，影響就更大了。」

洪一峰教過的學生有多少？已難查考，不過，親炙於洪老師，或學生再傳再教，一代傳一代的，就不可勝數了。蘇南竹說：「洪老師的學生，含我現在教的，應該是第四代或第五代了。臺北時代指導過的陳芬蘭、李佩菁，臺南初期的我、方瑞娥、王秀如等是第二代。我開歌唱訓練班教的莎莉、趙佩君、廖竣、鍾鳴、曾藝、愛玲等算第三代。他們再傳再教，像羅時豐等是第四代。至於戰後初期教的，已不可考了。洪老師為臺語歌曲命脈，一路拚鬥，從不氣餒。他的精神、教法，我們代代相傳，絕不使他中斷。」

說洪一峰是傑出的音樂家、教育家，誰曰不宜？

註❶ 〈古老的大時鐘〉原作曲作詞者：Henry Clay Work。

註❷ 二葉秋子（Futaba-akiko），日名「二葉あき子」（「あき子」，Akiko，取自故鄉廣島舊名「安藝」，「安藝」與「秋」同音，記者遂譯為「秋子」）一九一五年生於廣島。一九三六年畢業於「日本音樂學校」師範部，後擔任教職，並加入哥倫美亞唱片為專屬歌手。一九三九年九月曾來臺灣，於十四到二十四日間在臺北公會堂演唱。戰前迄戰後五〇年代，灌錄〈古老的花園〉、〈白蘭之歌〉、〈新妻鏡〉、〈戀之曼殊沙華〉、〈再會倫巴〉等臺灣歌迷耳熟能詳的眾多名曲。一九五一年（第一回）起連續十回出場ＮＨＫ紅白歌合戰，是活躍於日本戰前戰後的元老歌唱家，二〇一一年以九十六歲的高齡去世。

註❸ 指二〇一〇年十月二十七日，在臺北小巨蛋的「寶島・青春・夢──群星向洪一峰大師致敬音樂會」。

捌。家變

一、

愛玲十七歲那一年，登門拜洪一峰為師。

愛玲愛唱歌，在蘇南竹「金馬歌唱訓練班」開辦時，就來報名。一個禮拜三個晚上，從成功路底家裡走路來「沙卡里巴」附近的友愛街上課。八、九十位學員擠在一間大教室，晚到的人可能沒有位置。愛玲總是趕在第一個進教室，選最前面的位置坐下，等老師來。

愛玲上課聚精會神，早給洪一峰深刻的印象。上完一期，愛玲覺得在大班級上課，學不到想要的東西。她要老師個別指導，決定去上老師的個人班。

洪一峰家裡學生也沒幾位。多則三、四位，少則一、兩位，以朋友介紹居多。除非動機特別強烈或有潛力的才收，他不刻意招攬學生。

只要學生上門，洪一峰都會先問目的為何？然後告訴對方要「覺悟」，想靠唱歌賺錢不容易，最好回去想清楚後再來。很多人回去一想，果然就不來了。

洪一峰的想法很簡單，他說：「人家抱很大的希望來學，你不告訴他，到時候歌星當不成，或當了歌星紅不起來，蹉跎半生，豈不誤了人家？」

學生少，還有一個原因，就是自己常跑日本檔期，無暇多指導學生，總之就是隨緣。

不過，洪一峰聽愛玲說明來意，加上平時印象，便一口答應，要她每週固定時間到家裡來學。

愛玲說：「一對一的教學果然不同，一有錯誤，老師隨時糾正，而且進度也快。基本的A、E、I、O、U外，其他類似日語五十音的清、濁、拗、鼻等音也有機會學到，不像大班級上課，五個基本音就反覆學了很久。」

洪一峰指導學生，一板一眼，不會的一定要求練習到會。學生受不了的，就離開了。「不過洪老師給我的感覺不同，他要求嚴格，語氣卻很緩和，不致讓你害怕。你會在適當的壓力下兢兢業業，想盡辦法達成他的期望。」愛玲說。

洪一峰家在青年路巷子裡一間二層樓的樓上，距「東菜市」沒幾步，右斜角是鄰近街坊的信仰中心「辜婦媽廟」，左鄰「厲王廟」。室內兩房一廳，大約十八坪，客廳擺一臺鋼琴、幾張椅子，就嫌擁擠了。

愛玲來時，洪榮宏剛上博愛國小，洪鶯娥三歲，洪敬堯兩歲，都是還需大人照顧的年齡。羅玉打理內外，照顧三個孩子，忙進忙出，每天累得人仰馬翻。幸好娘家母親會來幫忙；如果母親一段時間不來，她就帶著孩子回屏東娘家去住幾天。

羅玉的父親早逝，母親為養育她們七姐妹，再招贅一位後叔。後叔很疼她們，也會幫她照顧小孩。後來，羅玉把洪敬堯放在屏東跟阿媽住，有空才回去看他；一段時間沒回去，就由阿媽帶他回臺南家玩。洪敬堯有阿媽疼，久而久之，對臺南的家反而覺得陌生，一回到家，就吵著「要回去」。

愛玲家境清苦，兄弟姐妹多，小時候就得幫忙家計，養成勤勞的習慣。加上她個性開朗，很得人緣，到洪老師家見客廳亂，會主動收拾；下課後，應師母要求，也會幫忙打掃、拖地，為小孩洗澡，能做的拿起來就做。羅玉看在眼裡，感激在心，直把她看成姐妹一般。孩子與她相處日久，玩在一起，彼此親如家人，其樂融融。

第二期開始，洪一峰不再收愛玲學費，還介紹她到高鵬樂團參加演出。

二、

小學五年級暑假，洪一峰到學校為洪榮宏辦理休學。

為了讓洪榮宏接受正規、完整的音樂教育，洪

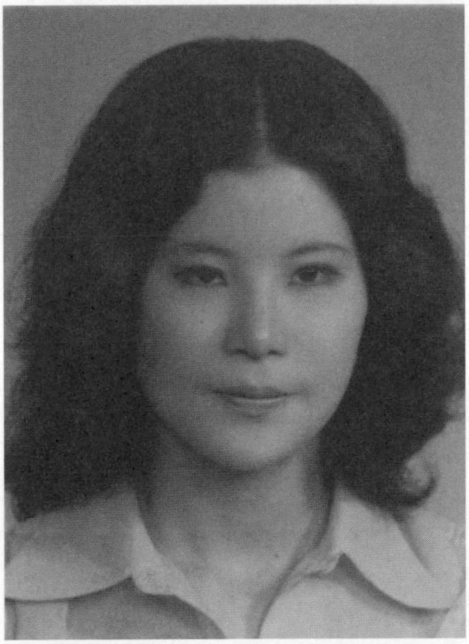

拜師學歌時的愛玲。

一峰決心帶他到日本深造。他想，洪榮宏在自己的調教下，雖然已有一定的實力，不過，自己能教他的，畢竟有限；想要突破，只有送到日本接受名師指導才有希望。而且，如果將來學業完成要當一名歌手，就在那裡發展，不要回來，臺灣已經沒有臺語歌曲的空間了。

這些年來，洪一峰一直在尋找機會；而洪榮宏在父親的薰陶下，也對日本頗為嚮往。只是臨到要離開老師、同學，洪榮宏還是有點依依不捨；尤其級任林老師，每次請假跟爸爸去唱歌，都會通融；銷假回來，還為他補課，使他成績不致落後，遇有機會，還會請他上臺表演。同學知道他是「寶島歌王」的兒子，不免羨慕。而洪一峰因為兒子常請假，過意不去，曾到學校拜訪老師。老師客氣，會在洪一峰面前稱讚洪榮宏。可惜正當暑假，洪榮宏來不及向林老師和同學們話別，就跟父親搭機飛往日本了。

飛機上，洪榮宏想著：「開學後，老師和同學知道我休學了，一定都會不捨而默默地為我祝福吧！」

抵達東京，他們在青山租一間小公寓住了下來。「終於離開臺灣了！」多年心願得償，洪一峰大大地鬆了一口氣。這期間，主要卡在洪榮宏的兵役問題，過程費了好大功夫，才辦出來；而幾萬元的旅費，則靠著洪鳳和羅玉的妹妹們張羅贊助，才得成行。

在東京，洪榮宏有父親為伴，不覺得離鄉的寂寞，只是洪一峰的心頭頗為複雜。這裡的老師，還沒有著落；洪榮宏的居留問題，也有待解決。事情充滿著不確定性，洪一峰感到幾分茫然。

在臺灣時，洪一峰天真地以為，只要出了國門，一切好辦。如今身處日本，才發覺現實的困難，不若當初想像的容易。

好在洪一峰天性樂觀，凡事總往積極面想。從小到大，世路崎嶇，那一樣不是一路克服過來？如今，既來之則安之，困難總可慢慢解決，何必擔心那麼多呢？

看著洪榮宏對東京花花世界樣樣覺得新奇、雀躍，何不帶他到處看看，就當做是學前的見學之旅也好，洪一峰想。

於是，父子兩人拋開一切，邊玩邊看，好不開心。他們先到「駒」（KOMA）欣賞美空雲雀、森進一的演唱，然後沿路逛街，餓了就吃「時行」①的「立食拉麵」。「立食拉麵」不但新鮮有趣，而且既便宜又好吃。

大約半年之久，父子遊遍了東京，洪榮宏也初步認識了日本歌壇。期間，羅玉也帶著洪榮良來此住了兩、三個月。街頭照片中，兄弟倆穿著寬領的花格子西裝，配喇叭褲，頭髮燙得蚪捲，像小披頭四；洪一峰則穿一件黑色風衣。家人異國團聚，其樂融融。晚上睡前，洪一峰會在兩兄弟的耳朵罩上大大的耳機，好讓他們在輕柔的音樂聲中，朦朧入睡。

而趁巡迴各地演唱之便，洪一峰也順道拜訪鄰近朋友，從關西到九州，看有什麼門路可以讓洪榮宏在日本居留下來。有人建議他找人領養，但這牽涉國籍法與民法的相關權利、

註① 時行：sî-kiânn，流行、時髦。

在上野公園賞櫻的洪榮宏。

洪榮宏、洪榮良兄弟在東京遊樂園開心留影。

模仿披頭四造型的洪榮宏。

義務，相當複雜，好友也愛莫能助。

倒是老師方面，日本皇冠唱片的老闆給他介紹一位齋藤老師。不過延簽兩次，最長六個月的居留期限已到，父子必須先回臺灣一趟。

三、

再度來到東京，他們便到赤坂拜訪齋藤信子老師。

齋藤老師在小學教音樂，編有小學到中學各階段的音樂科教科書，也為唱片公司編曲，與歌壇頗有淵源。

齋藤在鋼琴上彈了幾個鍵，請洪榮宏試音。了解他的情況後，對洪一峰說：「情形既是這樣，何不把兒子留在這裡，日語學得較快，我也可以就近督促他。」

洪一峰聽了喜出望外，覺得沒有比這更好的安排了，就把洪榮宏託付在齋藤老師家裡。然後，帶他到四谷的中華學校辦理註冊，一切安排就緒後，才回臺灣。

當時，齋藤老師收了幾位外地生住在家裡，施以學徒式的教育。其中一對兄妹來自遠地鄉下，大洪榮宏五、六歲，待他如兄弟，使他不致於感到孤單。

白天，洪榮宏與同齡的孩子一樣背著書包，搭乘地鐵去上學，放學後準時回家，生活過得單純而有規律。

齋藤老師的樂理、鋼琴與聲樂課，還算輕鬆。這些父親都教過了，只是不同的老師有不同的教法，心領神會，反覆練習，使他更為得心應手。而齋藤老師號稱嚴格，但與洪一峰相較，簡直不算什麼；對洪榮宏來說，反而覺得頗有自由開放的精神。課餘時間，她會鼓勵他們自主學習，到處觀摩表演，聽音樂會，了解多元音樂型態。

日本音樂資源豐富，歌譜、電視節目、音樂會很多。假日，電視音樂節目可以參觀的，他們就去拿票；票拿著，就到現場去看彩排、錄製，了解節目製作的過程。

不過，齋藤老師強調意志的錘鍊，日常幾乎是以武士道精神在訓練他們。冬天不准洗熱水澡，外頭井水舀起來就往背脊淋下去，下雪天也一樣。洪榮宏，一個十一、二歲的孩子卻咬緊牙關，接受磨礪挑戰，不喊一聲苦。老師看在眼裡，暗地佩服說：「這孩子將來一定出人頭地。」

日本房子不大，洪榮宏和那對兄妹共擠一個房間，同甘共苦，情如手足。晚上，練習完畢，就一起看電視、聊天，不知不覺，他的日語進步神速，與初到日本時，不可同日而語。

除夕夜，他們守在電視機前，邊吃年糕邊看ＮＨＫ第二十五回紅白歌合戰的盛況，等著寺院一〇八響鐘聲響起，迎接新年的到來。

日子在忙碌快樂的學習中飛逝，只是午夜夢迴想家，也會覺得孤獨。「遠在臺灣的弟弟妹妹都好嗎？親愛的媽媽平安否？」情切時，就把頭埋在被窩裡，暗自飲泣。

洪一峰逢檔期來到日本，就會來看洪榮宏，與老師閒聊兒子的近況。一樣從事音樂教育，洪一峰與齋藤老師有許多共同的話題可聊，而且總是聊得很盡興。熟了之後，洪一峰到齋藤老師家，就會掀起琴蓋，隨興彈奏幾曲。老師看了羨慕說：「您這種指法很方便，我也要練習。」

洪一峰稱讚齋藤老師教學嚴謹，態度親切，教音樂，也教做人的道理；表示洪榮宏在這裡學習，讓他很放心。

洪榮宏在老師家一年，對日本演藝環境已有相當的認知，也體會到爸爸以往說的，「在日本當歌星，可以讓你好好發揮」這句話的道理。

他對音樂的興致越發濃烈，築夢踏實的信念也越執著；在歌唱與生活上，尤其有大幅度的改變與成就。

「我最大的成就就是獨立，還有音樂的視野更加寬廣，包括技巧、對音樂的感受和樂曲的詮釋等，來此之前，都唱爸爸的歌。到日本之後，變成什麼歌都聽，都唱，都接觸。日本歌曲不再只有演歌，還有許多音樂型態值得關心、學習。同樣是演歌和流行歌，我對日本年輕一輩的歌手還是比較喜歡，可能與自己年紀還小有關。對我來說，美空雲雀已是上一代的歌手了，儘管她唱得很棒，值得我學習，算是我小時候的歌路之一，然而內心深處，我無寧更喜歡山口百惠、西城秀樹這些少年偶像。」

日本深造之旅，使洪榮宏脫胎換骨，展現全新的風貌。

四、

愛玲在洪一峰家學了兩年後離開，開始在北部一些歌廳駐唱。空檔回臺南，就往洪家走動，像從外地回家的女兒。

羅玉是專業家庭主婦，很少介入洪一峰的音樂世界。平淡的生活中，偶爾為洪一峰過分嚴厲的訓練洪榮宏感到不捨而跟他吵過幾回之外，唯一會跟洪一峰抱怨的，是他深夜作曲打擾了她和孩子的睡眠。尤其老么洪榮良才剛出生，晚上還要起來餵奶，睡眠本就不足的她，身體一直很虛弱。

「你也該睡了啦！你這樣叮叮噹噹，人家怎麼睡啊？」

「好！好！再等一下就睡了。」洪一峰滿心歉意地回答。

洪一峰作曲多半選在深夜。這時候孩子安靜了，也是羅玉忙完家事、累得想休息的時候。有時，羅玉正有睡意，但是叮叮噹噹的琴聲傳進了房間，不免抱怨：「要作曲也不早作，偏偏等人家睡覺時才作！你也好心一點！」

洪一峰也想早點休息，怎奈白天紛擾太多，只有夜深人靜，才能定下心來，好好作曲。有時候為一、兩個音熬到天亮，或者半夜靈感一來，從床上爬起來寫的也有。總之，難有一定的作息時間。對於羅玉的抱怨，雖然過意不去，卻也無可奈何。

「這不能怪她，都是我不對。她除了這一點，什麼都好。」多年後受訪談起，洪一峰還頗為自責。

愛玲則對音樂抱著絕大的熱情。上課時，老師講起舞臺點滴或日本見聞，她總是聽得津津有味，眼神泛著光彩，憧憬有一天，也能像老師一樣發光發熱，受人景仰。

而當羅玉帶著孩子回屏東，愛玲就會到家裡來幫忙。她知道洪一峰的檔期、行程，了解洪一峰除了音樂，其他並不關心。洪一峰看她明快、俐落，很多事情漸漸請她幫忙處理，她也做得井井有條。

愛玲很高興能為老師分憂解勞。這位老師不是別人，是千萬歌迷仰慕膜拜的寶島歌王，也是自己心儀的偶像。僅僅這一點，就令愛玲內心洋溢著滿滿的幸福。

離開後到臺北來，愛玲與洪一峰還是密切地連繫著。

她看洪一峰終年為家計奔波，常常為他感到不捨，尤其洪榮宏在日本花費浩繁，心想如果自己也能在日本工作賺錢，協助老師減輕一點負擔，不知道有多好。她表明想去日本的念頭。

洪一峰對愛玲的心意感激在心，只是愛玲畢竟是自己的學生，無論如何，是絕不可能接受她這個想法。不過，想到臺語歌曲黯淡時刻，多少歌手遠走海外找到生涯的春天；揚名異域的，也不乏其人。如果愛玲有這個志氣，想來日本發展，也是可以理解的。

他請僑界好友張文隆開立一張聘書，寄到臺北。愛玲持著這張聘書，辦妥手續，飛到了日本。

愛玲赴日，還有一個隱微的動機，就是追隨老師，走唱天涯。

愛玲到洪一峰家學歌的第二年，開始感受一股內在的壓力，只要洪老師站到身旁，她就耳根泛紅，渾身不自在。有時想要逃避，離開後，卻又渴想與他見面。她為這種矛盾心理所苦，特別是這幾年回老師家，見羅玉師母賢淑地護持著家與孩子的情景，就不由得有一絲的羨慕與妒意，還混雜些許的罪惡與不安。

「或許只有徹底離開老師，才能從痛苦的泥沼中超拔出來吧！」她幾番嘗試，結果發現她做不到。她不確定老師是否意識到她內心的變化。

飛機降落羽田機場，洪一峰已經在那裡等著要接她。

雖然是出自培植愛徒的一番美意，而當愛玲出現，一股複雜的情緒襲過洪一峰的腦際。他警覺自己處在一個微妙的邊緣，不知如何是好。既而又想，愛玲都已經站到眼前了，只有面對。

愛玲的行李、住處安頓妥當，洪一峰立刻帶著她奔赴大阪。

十幾年來一直照顧洪一峰的張文隆，在寄發愛玲聘書後幾天，不幸心臟病發過世。洪一峰接獲噩耗，感到無比的傷心與落寞。

張文隆旗下擁有許多家公司；早年跨足電影與演藝經紀，是大阪僑界舉足輕重的人物。十幾年前，他所主持的「日華映畫會社」與臺灣永新、天成兩家影業公司，簽定合作拍攝彩色寬銀幕新片《觀音菩薩》及《鄭成功》兩片的合同，打算聘請洪一峰和「芸霞歌舞團」赴日做為期三個月的公演。雖然後來沒有結果，但他欣賞洪一峰的才華、人品，在日期間一直對他照顧有加。

洪一峰望著張文隆的遺像行禮、致唁，神情肅穆哀戚。

回到東京，愛玲經洪一峰的友人介紹，在一家夜總會唱歌。洪一峰巡迴各地，她便協助打理一些細節，偶爾上臺客串。暇時，他們就去探望洪榮宏，造訪各地名所勝跡。兩人同進同出的情景，齋藤老師看在眼裡，不說什麼。

十幾年來，唱著葉俊麟筆下那人情糾葛，最後總是選擇義理的男性歌聲的洪一峰，在現實世界裡已經迷失自己，難以自拔。他對音樂堅持，但對感情優柔脆弱，為此讓他付出痛苦的代價，飽受折磨。

這一天，羅玉接到一位日本女性友人打來的國際電話：「你這位先生娘真可憐，你在臺灣蒙在鼓裡，可是該知道的還是要知道，否則長期下去，就難收拾了。」電話中，她把

洪一峰與大阪僑領張文隆先生。

洪一峰造訪張文隆府上。

在日本看到的情形告訴羅玉❶。

羅玉不相信自己的耳朵，認為他是出於栽培學生的一番美意，才辦她到日本去的。然而，電話那頭說得這麼真切，又使她不得不信。羅玉越想越不甘心，便一通電話打到東京。

洪一峰拿起話筒，聽到羅玉憤怒的咆哮：「你們都給我回來，這事一定要解決！」洪榮宏也接到媽媽電話。電話中，羅玉叫一聲「榮宏……」便哽咽地說不出話來。洪榮宏不清楚發生了什麼事，但聽媽媽這麼傷心，他已經沒有心情繼續留在日本。

洪一峰與愛玲，先後回到臺灣。洪榮宏行李沒拿，在齊藤老師與兄妹同學的陪伴下來到機場。

「此去多珍重，無論遇到多大困難，都不可以放棄喔！」老師握著洪榮宏的手，遞給他一束鬱金香，請他回臺灣後送給媽媽。

洪榮宏噙著眼淚，登上飛機。他萬萬想不到此番回去臺灣，面臨的是一場天翻地覆的家變。父親和他共築的日本夢已碎，此後他要獨力面對自己波濤洶湧的人生。

五、

洪一峰回到臺北，醞釀中的風暴等待著他。

「這個你要解決！」洪一峰踏入家門，羅玉劈頭指著他質問。他無法迴避，只有辯解：

「她在日本地頭生疏，孤單一個……」

「不要說這個。我當她是自己妹妹，你辦她去日本，我也以為是要引進她，誰知道你們……」羅玉越說越氣，隱忍的委屈，全爆開來。

洪一峰無言以對，半晌，才囁囁地說：「其實……人家也是……她也是誠心誠意要跟我們。我們家境不好，兩人配合，才有辦法培養這些孩子……」

「你還說這個？」羅玉氣到了極點。

拙於言辭的洪一峰擠出這幾句話後，陷入長長的沉默望著窗外，任由羅玉傾洩積壓的怒氣。

往後幾天，這樣的場面持續著。在臺南執會計師業務的重振三哥，聞訊趕來勸解，沒有結果。

瑞安街的房子是女兒洪素珍❷借給他們暫住的。愛玲回來，洪一峰請洪德成幫忙在板橋找房子，租好，便搬過去與愛玲同住。不久，洪榮宏要讀國中，戶籍遷去板橋，羅玉和孩子們跟著搬進來，屋裡氣氛更加複雜、緊張，火花隨時引爆。

和媽媽到日本住了兩、三個月，回來後一直懷念那些日子裡到處遊玩的樂趣、甜蜜的洪榮良，發覺原來很幸福、很溫馨的家，已經變得不一樣了。

「以前我若是在那邊鬧脾氣，爸爸就會逗著我，抱著媽媽親媽媽，我就在那邊笑得好開心。怎麼日本回來，兩人就有很多爭執，孩子心中的恐懼壓力跟著來，什麼原因卻不知道。」洪榮良說。

在日本時，洪榮宏只知道媽媽傷心，卻沒料到媽媽是如此的憤怒。他把在日本看到的告訴媽媽，此外，也不曉得怎麼安慰媽媽才好。他是放下學業專程回來陪媽媽的。

「如果我一開始就告訴媽媽那邊的情形，也許就不會有後來的事情發生了。」洪榮宏有點懊悔而覺得對不起媽媽，不過這都已經太遲了。

大人之間為感情爭吵，原與小孩無關，不過，雙方有意無意間，都想爭取孩子的同情、奧援，而令孩子們無所適從。

起初，洪一峰還維持冷靜，後來逐漸失控，易怒、沒有耐性，讓孩子們不知所措。

洪榮宏說：「本來我跟爸爸的感情最好，因為我們相處最久，我受他思想觀念的影響也最深，很多事情都會站在爸爸的角度去想去看。媽媽則是傳統女性，帶著四個孩子很累，難免對我們比較沒有耐性。所以，包括他們之間的感情，其實我是站在爸爸這邊的。但有一次，我在他們激烈的爭吵中，似乎稍微偏袒了媽媽，爸爸居然大聲吼我，還出腳踢我，打我。那個紅紅的腳印，烙在我心中，久久不退。其實孩子對大人的感情世界並不了解，卻要夾在中間，左右為難。」

在一次又一次的爭吵、撕裂中，大人、孩子都受到無可彌補的傷害。洪一峰情緒低落又無心外出，悶居家中的日子更容易引爆摩擦。夫妻關係，勢同水火，眼看難以挽回，羅玉憤而帶著孩子回後龍鄉下去了。

挾著電視與電影高知名度的諧星脫線，這時正組康樂隊下鄉演出，知道洪一峰坐困愁城，便打電話過來：「出來透透氣啦，這樣下去哪是辦法？」洪一峰聽了覺得有道理。與其悶居家中，不如出去看看，也有一些收入，家裡總不能這樣虛耗下去。後來，脫線也請愛玲加入。

洪一峰與愛玲的組合，在宣傳上是一個不錯的賣點，演出也多一些變化。康樂隊在中南部鄉鎮巡迴演出，有時在庄頭、廟埕作場，回到當年露天野臺的日子。康樂隊也唱歌，也賣化妝品、賣藥。午後「叫花」[3]，就藉洪一峰的名氣招徠客人，生意不惡。

「寶島歌王」、「旅日紅星」洪一峰，落得在外場的康樂隊裡流轉、漂泊。

六、

男女演員在外搭檔表演，事屬平常。不過，洪一峰與愛玲的組合，對羅玉來說，意味著夫妻關係的徹底決裂，逼她提前攤牌。

「這個家有四個孩子，你想拋棄啊？現在兩個讓你選，一個是家庭，一個是她。」羅玉發出最後通牒。

「我兩個都要！」洪一峰說：「最好大家住在一起，誰也不受傷害，孩子也有人照顧，不必分開。」

孩子是他的生命，他不可能拋棄。何況，愛玲已經有孕在身，洪一峰對她也有一份責任。

「那你放棄家庭！」羅玉心意已決，不讓洪一峰有絲毫模糊空間。她想到搶走丈夫的，是自己視同姐妹的丈夫的學生，便一團怒火，難以遏抑。

然而，離婚，是洪一峰絕不可能的選擇。兩人情緒火爆，日夜延燒。

羅玉約洪一峰來到艋舺。

洪一峰的外甥女陳姿安說：「那一天在我們家客廳，阿妗跪在地上，阿舅站著。我媽聽阿妗說完，叫阿舅過來，『啪！』一聲，一個巴掌擱在阿舅臉上。我們都嚇呆了，不敢出聲，一直躲在房間門後偷看。阿舅摀著臉，兩眼直直地盯著地上，一動也不動地聽我媽訓斥。你看我媽這大姐『做甲偌起』②啊！但也沒辦法啊！感情這種問題。」

洪鳳了解羅玉委屈，不過，心態上卻同意洪一峰的想法。她勸羅玉讓愛玲進門，理由是：「人家也是要給他做細姨，不要他離婚。洪榮宏他們，她也疼得要命，這就好了嘛，還要怎樣？而且文路也跟人家有了，不娶人家是不行啦！」

羅玉失望而返。

註② 做甲偌起：tsò kah luā khí，做得起、有能力。

洪一峰請洪德成、鄭日清出面緩頰，最後功敗垂成。一九七六年八月，洪一峰與羅玉十四年又六個月的婚姻，以離婚收場。

註─❶ 這位日本女性歌迷，住在臺灣，已有一位女兒，因為痴迷洪一峰的歌聲，常常寫信給他，又從臺灣追到日本，洪一峰在日本巡迴時，常可見到她的身影。洪一峰愛玲婚後還持續寫信過來；後來再婚，曾偕日本夫婿來臺拜訪，接受洪一峰夫婦的款待。

註─❷ 洪一峰和第一任夫人小鳳的養女。

註─❸ 愛玲說「叫花」，是劇團、康樂隊、王祿仔團出外「踩街」招攬觀眾的宣傳活動。「花」，就是觀眾。

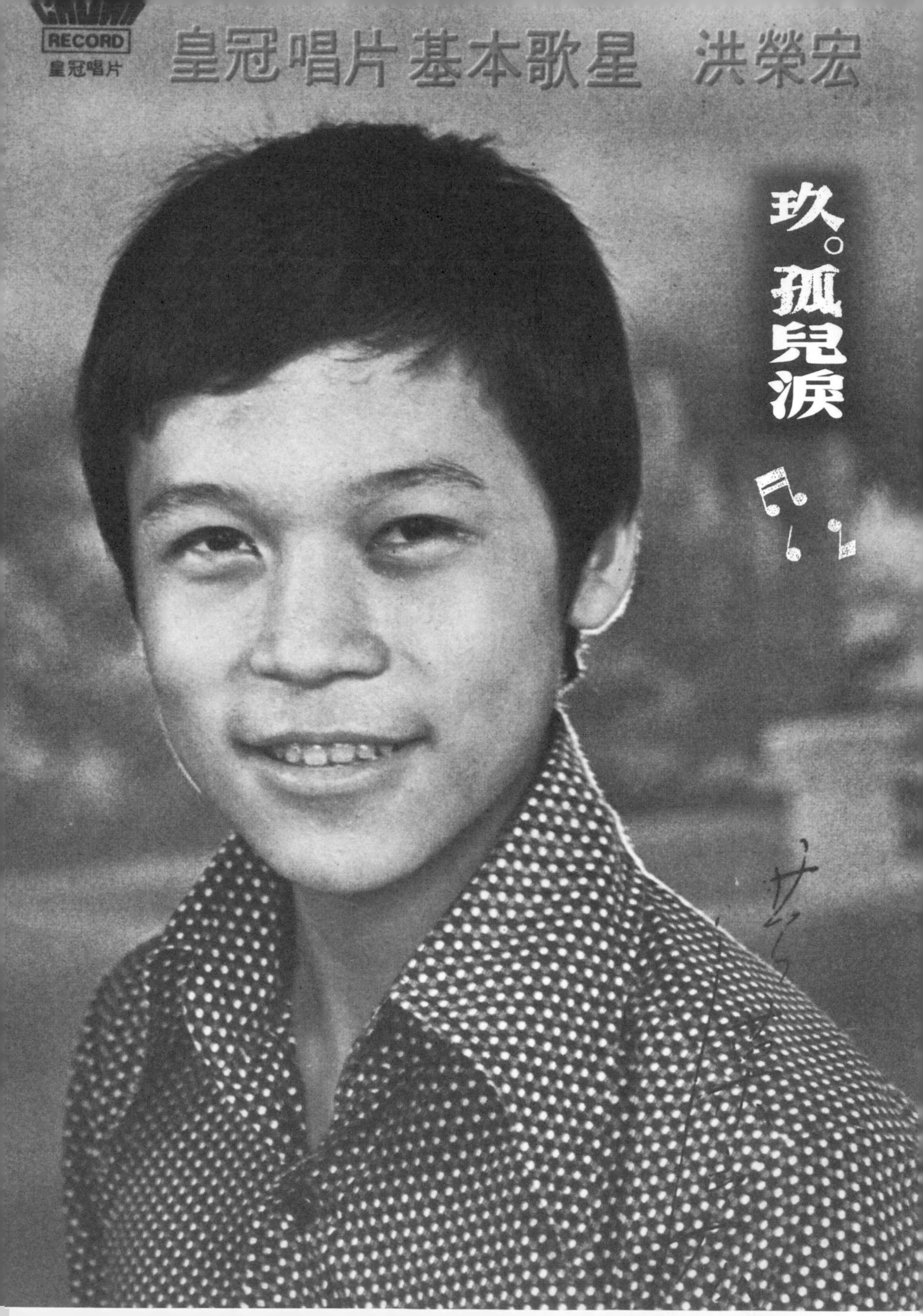
RECORD
皇冠唱片
皇冠唱片基本歌星 洪榮宏
玖。孤兒淚

一、

洪一峰、愛玲兩人跟著脫線的康樂隊到處唱歌。一個地方演一個晚上，情況好時會有兩個地方同時開演，來去匆匆，不停趕場，過著遊走江湖的日子。

依照離婚協議，洪榮宏、洪榮良跟著爸爸，戶籍在板橋。

洪榮宏已從臺南市博愛國小畢業，分發在板橋海山國中就讀，晚上住在萬華大姑家裡。洪榮良還小，本來可以將他帶在身邊，但是這一年正好要讀小學，讓洪一峰感到相當為難。脫線建議他說：「小孩念書，你就搬來我家住，我這裡有一個房間；戶籍遷來，學校就在附近。」

脫線住龍江街，只要不在家時，就會請自己的妹妹過來照顧小孩。而脫線的小孩在念小學，洪榮良過去正好有伴。於是，洪一峰把戶籍遷過去，留洪榮良住在那裡。

洪榮宏早上坐車過華江橋去上學，傍晚下課回到萬華。他沒有別的地方可去，也沒有知心朋友，回家就在樓上，不是看書，就是彈琴。洪一峰從外地回家，有時會來帶他出去走走，不久又帶回來，在對街看榮宏進門後才離開。

黃昏，洪榮宏時常踱到淡水河邊看夕陽。夕陽餘暉映著粼粼的河水，也映著洪榮宏孤獨的身影。他想起小時候與爸爸一起數著旋律散步，一起上歌廳唱歌，一起在龍山寺前吃紅豆湯的情景；也想起齋藤老師與同學在機場揮手送別的一幕。

而最令他痛苦的，是前些日子爸媽爭吵，他跟弟妹無助恐懼的心情，以及被迫與媽媽、弟妹分居兩地的無奈！

洪一峰與洪榮宏灌錄的《孤兒淚》唱片封套。

《孤兒淚》唱片 A 面、B 面。

「為什麼我們不能像表哥、表姐他們一樣住在一起，而要被迫分離？」他幽幽地唱著父親寫給他唱的那一首歌：

日落山黃昏天　阮自己行溪邊
引起阮心稀微　孤單空相思
啊！昔日甜蜜　幸福又團圓
親愛爹娘我愛你　你敢放袂記？
為什麼為什麼為什麼為什麼為什麼
為什麼欲分離　傷心目屎滴

寂寞的月暗暝　阮自己行溪邊
引起阮心酸悲　孤單空相思
啊！幸福過日　變成在那裡
親愛爹娘我愛你　你敢放袂記？
不應該不應該不應該不應該不應該
不應該欲分開　予阮哭悲哀

——〈孤兒淚〉／洪一峰 詞曲

唱著唱著，心情宛如遠處的夕陽，越沉越低，也越暗淡，直到對岸燈火亮起，才拖著沉重的腳步回家。

有一次，他從淡水河邊回來，全身淌著水滴，頭髮豎得僵直，活像抹過髮蠟一般油亮，兩手貼著大腿僵在那裡，滿臉驚恐地說不出話來。他跟姿安表姐說，自己跌到河裡，快沉下去的時候，岸上有一個人跳下去，抓住他的頭髮，才將他救上岸。陳姿安憶起往事，幾度難過得泣不成聲，覺得那時候洪榮宏孤單一個人，好可憐！

和洪榮宏住在四樓的是人稱「王哥」的表哥洪輝宏。洪輝宏從母姓，大洪榮宏十四歲，長得又高又帥，輪廓酷似舅舅洪一峰，歌聲一樣渾厚，唱起低音很有魅力，從小效法舅舅，想往歌壇發展，但是母親反對。每次他去陳木那裡唱歌，洪鳳電話隨後就到：「Aboku，你是袂使共牽喔，我是無欲予伊去唱歌喔！」

當兵前，洪輝宏曾在蘇南竹的「寶島音樂教室」和「金馬歌唱訓練班」幫忙。那時臺語歌曲沒有唱片可錄，正好蘇南竹製作一首〈梨山癡情花〉（于文詞曲），找他來錄，錄完應徵入伍，無暇打歌。本來他沒唱過國語歌，唱片出來後，市場沒什麼反應，公司改請謝雷重錄，這首歌就此走紅。

臺語歌沒出路，國語歌又被堵住，此事對他打擊太大，退伍後意志消沉，鬱鬱寡歡，病得不輕。洪榮宏見表哥如此，感觸良深。

洪榮良住在脫線的家，離五常國小不遠。洪榮良對五常國小已經沒有記憶，可能與他在這裡的時間不長，而且也不快樂有關。

洪一峰父子同臺演唱留影。

每天早上，洪榮良跟脫線的孩子們結伴去學校，下午沒課，就一個人走路回家，關在自己房間裡。房間除了一張床、一個櫃子和一支立式吊衣架外，就是一堆未經整裡的雜物，沒有多餘的空間放置家具行李。好在洪一峰、愛玲久久回來一次，而且很快又離開，只有洪榮良一個小孩子住也夠了。

只是孤獨與恐懼，在洪榮良微弱的心靈投下了難以抹滅的陰影。他感慨說：「記得小時候，吊衣架上常掛著爸爸一件咖啡色的西裝，感覺爸爸就在那裡，心情孤單的時候，就會過去抱著那件西裝，在那裡哭。」

洪榮良又說：「可能是跟脫線的兒子還不熟吧！有一次，偷偷玩他們的玩具被發現了，他們衝過來把我推倒，碰得多處是傷，從那以後，我就漸漸封閉自己，躲在房間不敢出來，自己偷偷地哭。又有一回，自己因為發燒、畏寒，很不舒服，不知不覺做了一個夢，夢見自己走在一條鋼索上，腳底萬丈深淵，不慎跌下去，就永遠見不到爸爸媽媽了，我好害怕，就嚇醒了。從此，這個夢境緊跟著我，到我長大。只要心情緊張，壓力大，夢境就會出現。那時我背著阿姨電話（媽媽與阿姨交代我，有事情要打電話），躡手躡腳地開門出去，怕人知道。阿姨住重慶北路交流道下來『新竹貨運』附近。我對阿姨說：『快來救我啊！我好害怕！』阿姨不知道脫線家在哪裡，電話中我也說不出來。她急著四處打聽，最後問到電臺，電臺透過關係知道後，告訴阿姨。阿姨趕到脫線家，看我全身發燙，趕緊把我送醫。

從那以後，我對爸爸漸漸沒了印象；媽媽把我帶回身邊，搬到後龍去住了。」

後龍是羅玉母親的娘家。羅玉的母親年輕時嫁到屏東，之前才帶外孫洪敬堯回後龍定居。現在，羅玉也帶著洪榮良、洪鶯娥姐弟回來了。羅玉與母親，彷彿復刻著洪一峰幼時與他母親蘇治一樣輾轉流離的命運。

姐弟三人乍到鄉下，環境不熟，姐弟團聚，倒也不覺孤單。只是偶爾想到洪榮宏孤身在外，早晚繫念，還是感到寂寞。

洪榮宏每次接到弟妹從後龍打來電話，固然高興，但是話筒放下，情緒馬上陷入低潮。幾次受不了，就一個人找到後龍，對媽媽說：「不要，不要，我不要住阿姑家，我要來這裡和你住。」

「好，好，都來，都來，孩子我都要，我都要！」羅玉摟著洪榮宏，哭著說。

經過一番折騰，洪榮宏也回到了羅玉身邊。洪一峰感到無奈，卻也難說什麼。

洪一峰又把戶籍遷回板橋，賃居在雙十路洪德成家附近。不久，朋友介紹他到中和華中橋下福美路一帶購屋。次年，女兒洪千惠出生，房子交屋，便搬過去了。

二、

洪榮宏來到後龍，轉入鎮上的維真國中；弟妹則讀村裡的新港國小。羅玉在附近工廠拿了些手工品回家代工，孩子放學就來幫忙。憑著手工的微薄收入，日子過得十分艱辛。

家裡彷彿失去重心，每個人回到家裡，都感覺空蕩蕩的。羅玉心情飽受煎熬，稍不順心，就遷怒孩子。有一次，洪敬堯、洪榮良拿著夾子伸入錢筒夾取銅錢到柑仔店買豆乾吃被發現了，遭媽媽用竹枝抽打。洪敬堯頂嘴，媽媽竟拿針威脅要縫他嘴巴。大家心情都很灰暗，黃金的童年，瞬間就被命運之神收走了。好在孩子都很懂事，每日戰戰兢兢，生怕刺激媽媽。

只有遠離臺北惡夢而來的洪榮宏，活像飛出籠子的小鳥鼓翅唱歌，跟鄰居的孩子到田裡抓泥鰍，在牛車上演布袋戲，赤著腳騎腳踏車，玩捉迷藏，盡情享受田園的歡樂。不過一回到家，就得把快樂收起來，因為媽媽壓力大，情緒不好就要罵人。

篤信一貫道的羅玉，這時在娘家設了佛堂。時移境遷，多年的信仰習慣，卻逐漸成為一種負擔。

「我每日拜得很虔誠，不知怎的卻感到壓力。如果拜拜給人的是這個，那怎麼對呢？宗教應該讓人很釋放，很喜樂，很平安才對。不是哪！今日這裡辦道，明日那裡辦道，每次一拜就是幾百叩，還要辦素什麼的，家裡也不是很好過，還要弄這弄那，實在是很大的負擔。」

羅玉的信仰開始動搖。直到有一天，蔡傳道來到村裡，情形才改觀。

蔡傳道名信淑，七十上下年紀，正在後龍鄉下開拓教會，宣揚耶穌福音。

鄉下房子，白天也不太關門，屋裡動靜，外面常聽得清清楚楚。蔡傳道路過這裡好幾回了，怎麼每次經過，都聽見屋裡傳來悅耳的琴聲，心想：「這是放唱片嗎？又似乎不是。那麼是誰家裡有鋼琴，而且又彈得這麼動聽的？」在這偏遠的鄉下，這樣的琴聲令蔡傳道感到好奇。

她在窗外佇足良久，決定走進屋裡一探究竟。

「入來坐，入來坐！」裡頭一位阿媽，見滿頭白髮的蔡傳道進來，熱意的招呼。

「咱這位老同姒①，這個囡仔是你的什麼人？」蔡傳道指著彈琴的洪榮宏，輕聲地問。

在裡面忙著的羅玉聞聲走了出來。蔡傳道和她聊了聊，了解他們的情形後對羅玉說：「真可惜哪！這孩子怎麼能夠埋沒在這鄉下呢？我帶他到臺北找陳校長，在他那邊念書。」

說完，轉身問洪榮宏說：「如果有一位老師要教你鋼琴，免費的，你願意嗎？」

「好！」洪榮宏點頭，盯著蔡傳道看。

羅玉很高興，心想這孩子在他爸爸的調教下，已經學到一個程度了，不讓他繼續學，

註① 同姒：tâng-sāi，臺灣上了年紀的婦人彼此間親切的稱呼。

實在可惜。只是眼前環境不許可，鄉下也沒人在教，蔡傳道說的，簡直求之不得。

幾天後，蔡傳道過來邀請孩子們去教會，順便告訴羅玉說：「可以行動了，下禮拜就去找泗治校長，請他幫忙。」

蔡傳道是淡江中學前身「淡水女學校」畢業的傳道人，據說與陳校長有點親戚關係，兩人年紀也相當。她說陳校長在日本時代留日，戰後留學加拿大，在淡江中學服務很長一段時間了，工作非常忙碌，是一位了不起的鋼琴家、作曲家和牧師。

禮拜一，羅玉讓榮宏帶著十歲時和爸爸合錄的那張唱片，跟著蔡傳道坐火車到臺北，再轉淡水線列車，抵達淡水。

他們來到校長宿舍。校長娘說他可能在大教堂後方閣樓上的小辦公室裡處理事情。他們緩步走到教堂。校長知道他們到了，從閣樓下來接見他們；看見榮宏，便把他摟在懷裡。

蔡傳道向陳校長介紹羅玉，也提及洪榮宏的父親就是洪一峰。陳校長似乎不太知道洪一峰，他只專注基督教聖樂與古典音樂，對時下流行歌曲，不是那麼熟悉。

陳校長指著教堂的鋼琴，請洪榮宏彈奏幾首曲子；聽完，接過洪榮宏手上的唱片，走上閣樓的房間。

羅玉心裡七上八下，不知道校長願不願意收洪榮宏在此念書？就算願意，淡江中學可是一所私立學校，學費是一筆沉重的負擔。羅玉想著想著，不由得焦慮起來。

過一會兒，校長紅著眼眶走下閣樓，對羅玉說：「妳囡仔留在這裡讀書，學費我來設法；這裡有宿舍可住，鋼琴我來教他。」校長這麼爽快就答應了，令蔡傳道感到十分意外。

事後，校長告訴蔡傳道說：「我一邊流淚一邊聽他唱那首〈孤兒淚〉；再想到他彈琴的表現，這時空氣中一個屬靈的聲音告訴我：『你要收這孩子！』這聲音讓我無法抗拒。」

時值開學前夕，轉學考試已過，校長特許洪榮宏免試入學，編在二年級普通班裡。開學後，英文老師認為洪榮宏基礎待加強，私下給他補習英文，希望他能跟上進度。

蔡傳道知道羅玉不放心洪榮宏一個人留在這裡，便打電話求助隔壁淡水工商專科學校（今真理大學）的葉校長。葉校長說家裡可以請一名幫傭，她便介紹羅玉過去。淡專校長宿舍正對著淡江中學校門，羅玉在這裡工作，可以就近照顧洪榮宏。而後龍那邊的孩子，就請娘家母親代為費心了。

三、

洪榮宏在陳校長的嚴格督導下，每天勤練鋼琴。校長為他擬定一套完整的計畫，從開始的小奏鳴曲、奏鳴曲，到 Czerny 的四十首練習曲，循序漸進，親自督促，還請得意門生陳冠州從旁協助。

校長有時寫些新曲讓他彈奏，洪榮宏看了樂譜就能彈出來。校長暗自訝異，益發堅定培植榮宏的決心。

陳校長自奉儉樸，但對原住民學生、單親家庭，或經濟困難的學生特別照顧。每學期開始，註冊組都會發生收不齊學費的情形，他總要求不要催促學生，說他會想辦法。「如果想不出辦法，就從我那部分（指薪水）扣除好了。」校長對執事的職員說。後來傳出，他把士林老家的房子賣了，所得全部拿來做學生的獎助學金。不久之前，校長才送一位原住民學生到國外深造音樂，而今，他也打算為洪榮宏這麼做。

在洪榮宏即將升上三年級的暑假，羅玉在北投租了房子，把孩子從後龍接來，轉入北投國中和逸仙國小就讀。

洪榮宏的鋼琴突飛猛進，不過他還無法忘情流行歌曲。練琴時，偶爾偷彈、偷唱，被校長發現了，就會受到嚴厲的糾正。為了防止洪榮宏分心，陳校長禁止他和流行樂界的人來往，其中一位就是蘇南竹。

蘇南竹和葉啟田在歌廳包檔包秀與外場公演，已經做得有聲有色。

一九七七年六月十二日，葉啟田在臺南元寶歌廳一場一死一傷的命案中，以教唆殺人罪被判七年徒刑。他上訴高等法院臺南分院，次年改判無罪。檢察官上訴最高法院，最後判處七年有期徒刑定讞，入獄三年半後，假釋出獄。就在檢察官上訴最高法院，交保候傳的五月底，葉啟田籌畫於高雄左營與屏東體育場兩地，舉辦為期三天的大型公演，請蘇南竹到淡水找洪榮宏，看他能否向學校請假去唱三天。

蘇南竹銜命到校拜訪校長，校長不准他與洪榮宏見面。校長表示，洪榮宏各科成績平平，只有音樂特別突出。他計劃將來送他出國深造音樂，希望讓他專心在課業上，不要打擾他。

蘇南竹無功而返，去見洪一峰。

洪一峰聽到校長要送洪榮宏出國研究「聖樂」，表情痛苦地說：「我用性命培養他做臺語歌曲的傳人，你卻要他往聖樂去，哪對啊？」

洪榮宏自小跟爸爸學琴，七歲時拜臺南一位林老師學古典鋼琴，如今又在有「近代西洋音樂搖籃」之稱的淡江中學接受有計畫的培植，一步步往古典音樂的路走去。

他若是接受校長的安排，憑著天賦與努力，幾年後，或許會是一位傑出的鋼琴家、音樂教授或聖樂歌唱家。然而，洪榮宏志不在此，來此不到一年，他選擇離開。

回想這一段往事，洪榮宏說：「正值叛逆期的我，顧慮到自己的興趣在於唱歌，而我的日本夢還未消失，日夜盼望有朝一日再去日本，那邊的同學還在等我。而且那時，爸爸的學生都在餐廳彈琴，他們非常疼我，假日外出，就去他們那裡客串。那裡日本客多，我在日本學的正好用上。我伴奏給人唱歌，客人給的「吉普」（小費），五百、一千的，比媽媽一個月的薪水還多，我的心已經不在學校了。」

邁入青春期，自尊心強的洪榮宏，也一直不願意媽媽為人煮飯、洗衣。每次只要媽媽來訪，都不讓媽媽進入宿舍，還趕媽媽快走。

這一天，洪榮宏鄭重地告訴媽媽，希望媽媽把弟妹「箍好」就好，不要到處流浪，他要出去賺錢，減輕媽媽的負擔。

「你看你這個戇②囡仔，你在說什麼啦！」羅玉聽了，又氣又意外。

蔡傳道接到羅玉電話，趕回淡水。兩人苦苦開導了幾天。洪榮宏已經不耐煩聽她們的道理，背包背著，衝出了宿舍。兩人追到校門口時，已經不見他的蹤影。

「不用再追了，留得了他身，留不得他心。這孩子也很辛苦，他很會想，就由他去吧！」校長雖然感到無奈，卻對洪榮宏充滿信心。

躍入茫茫人海的洪榮宏，此去數年，一直不敢回來見校長。洪榮宏說：「淡江那一年，其實讓我滿懷念的。八角樓、青草埔、宏偉的教堂、悠久的校史，處處瀰漫著人文氣息，置身其間，恍如世外桃源。那時我只知道校長疼我，卻不曉得他已為我將來唸高中、唸大學以至出國深造的費用都募好了。他免費讓我念書，教我彈琴，立意栽培我。離開他，我一直很愧疚，感覺辜負了他。」

註② 戇：gōng，笨、傻。

三年後，校長從服務了三十五年的淡江中學退休，移居美國洛杉磯。這時，洪榮宏已經成名，〈一隻小雨傘〉的唱片正在熱賣。待第一次能夠出國，便迫不及待趕去探望他。

校長見到洪榮宏，只關心他的琴藝與靈修生活，對於過去培植他的苦心以及他為家庭無奈離開的往事，不再提及。校長興致一來，對他說：「榮宏，你唱〈一隻小雨傘〉予我聽！」洪榮宏感到非常意外，內心卻很高興。

〈一隻小雨傘〉唱完，校長又點〈望春風〉、〈雨夜花〉，一首接著一首。校長微微閉著雙眼，神情滿足而又陶醉，思緒彷彿飄回那竹影搖曳，綠波拍岸的故鄉臺灣。洪榮宏唱著唱著，不覺已經熱淚盈眶。

一九九二年，陳泗治校長長眠於異國土地。生前夫婦住在一間出租小公寓，靠教琴所得與子女的孝心，過著簡單的生活。朋友勸他申請老人公寓、津貼，被他婉拒了。淡江中學董事會專人送來的退休金，他原封寄回學校，指定做為學校合唱團的發展基金。

四、

洪榮宏離開校園，自彈自唱，掀起了萬丈波瀾的歌藝人生。父親不在身邊，洪榮宏憑著本身的優異條件，開始闖蕩歌壇。

在父親的嚴格調教、齋藤老師的扎實訓練和陳泗治校長古典薰陶下的洪榮宏，有著一般歌手、樂師所欠缺的清純氣質，深深打動聽眾的心。

羅玉依然在葉校長家幫傭，下班後才回北投陪伴孩子。

多年為洪一峰父子理髮而建立深厚情誼的陳木，這段期間，成為羅玉母子的貴人。他安排洪榮宏在皇冠唱片灌錄系列臺語、日語專輯，奠定他在七〇年代末期臺語偶像歌手的地位。

洪榮宏在淡江中學期間，陳木看他們母子三餐難度，家境困難，想到家裡樓上整層都是唱片，就叫洪榮宏過來，整理一些歌曲給他唱。

洪榮宏反覆地練，陳木反覆地錄，

引導洪榮宏（左）走入唱片界的大貴人陳木（右）。

錄音機壞了好幾臺，大盤帶錄了一大堆，然後由他代表洪榮宏去跟皇冠唱片簽約。

「皇冠」是由唱紅〈可愛的馬〉、〈快樂的鋸柴夫〉知名的歌手林春福一手創辦的唱片公司。六〇年代中期，林春福與陳木、郭金發、賴謙琪組成「四奇士合唱團」，以完美無瑕的合音，崛起歌壇，轟動了幾年。可惜出完兩張唱片後，四人各有本業，難以配合團體演出而解散。

解散後，林春福意猶未盡，便在三重創立「皇冠唱片出版社」，請陳木協助製作兼作曲、作詞，推出許多當紅唱片，後來的「洪榮宏之歌系列」，就是其中赫赫之作。

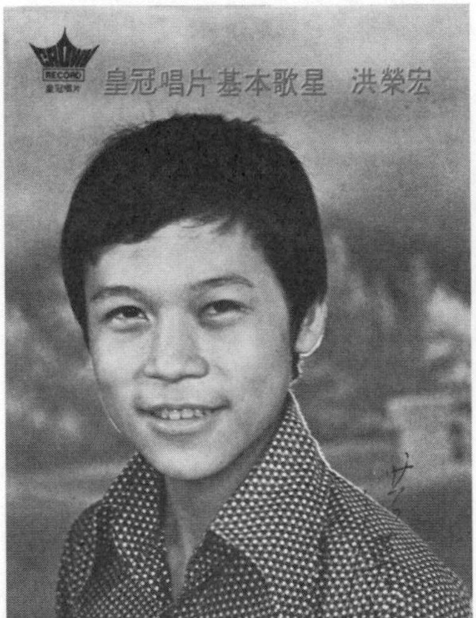

洪榮宏皇冠唱片封面。

四奇士合唱團團員，左起郭金發、陳木、林春福、賴謙祺。

皇冠唱片因為資金短缺，無法投入大規模成本，陳木便以套入音樂的方式為洪榮宏製作唱片。日本一有新曲出版，陳木就請人去買回來，然後叫洪榮宏到家裡來練，練好再進錄音間錄音，交給皇冠唱片出版。

專輯以「洪榮宏之歌第一集」、「洪榮宏之歌第二集」形式編號，封面以主打歌歌名為題；內容為日本歌及臺語創作名曲，包括洪一峰的作品。洪榮宏的知名度在唱片市場逐漸打開。第六集《北國之春》創下百萬張銷售紀錄，唱片壓製出來，唱片行、經銷商立刻開車過來載回店裡自行包裝，上架時每片還熱騰騰的，供不應求。

家庭收入增加，媽媽便辭去葉校長家的工作，在家照顧弟妹。

洪榮宏半工半讀，分擔家計，只盼年幼的弟妹能安心地成長。然而，一個十四、五歲的孩子這麼早就挑起一家重擔，過程中身心承受的壓力，不難想像；而父母離異，家庭撕裂，更在少年易感的心上，投下巨大的陰影。洪榮宏說：

「那一年父親離開，什麼都沒留下，只給我一個很大的疑問。夜深人靜，抱著疲憊的身軀回家，我常偷偷地流淚，不明白父親為何捨得下我？或許這是當時我所經歷最大的一件苦痛。只是後來才知道，這不過是開始而已，後頭還有更大的困難，臨在我身上。那時候的我，只是一個十多歲的孩子，怎麼看得見絢爛繁華背後社會的黑暗？被人威脅、恐嚇，被人載到荒郊野外毒打……這些不能預期的災難，只在我心裡深處留下無形的恐懼，真的是欲哭無淚。但是為了養家，我還是得強迫自己繼續趕場。」

他每天四處奔波，夜總會、鋼琴酒吧、西餐廳，只要能唱歌賺錢的地方，他都努力地唱，直到天亮才拖著疲憊的身軀回家。

壓力、恐懼、獨力面對江湖險惡，只因為父母親離異所致。洪榮宏怨懟父親，卻惦念著他，甚至希望父親能夠為他寫歌。然而，洪一峰行蹤不定，音訊杳然。

陳木知道後，對洪榮宏說：「想爸爸嗎？好，我來作一首歌，爸爸聽到了，一定會回來找你的。」然而，以〈爸爸在哪裡〉為主打歌的「洪榮宏之歌第二集」推出，仍然收不到父親的回音，倒是有人因此透露洪一峰消息。洪榮宏得知後，帶著忐忑的心情去找父親。

洪一峰看著兩年不見的兒子，已經長得跟自己一般高地站在眼前，既驚又喜，只是一時不知道該說什麼，只怯怯地望著兒子半晌才問他：「小弟小妹好無？」

「你還記得我們嗎？你知道這些日子來，我們是怎麼過的嗎？你狠心拋下我們，為什麼？為什麼？」洪榮宏本來以為可以壓抑內心的情緒，沒想到見了父親，竟然這麼激動。他感覺眼前的父親已經跟自己隔了一層。他抿著嘴唇，轉身面向牆壁，輕聲地啜泣。

這事過後，洪一峰有時透過學生了解洪榮宏的近況；有時會在他們的安排下，到餐廳去探班，只見洪榮宏唱完下臺，又忙著準備下一個節目的出場。洪一峰發現兒子長大了，那一條橫斷彼此的裂縫，似乎越撕越開，不知道如何跨越。

洪一峰、洪榮宏父子。

依照離婚協議，洪一峰每月固定匯寄八千元給羅玉母子。但那六、七年間，羅玉一直禁止孩子與他聯絡。後來，羅玉從北投搬來劍潭，在劍橋教會隔壁樓上租房子。洪一峰幾次來看孩子，有一回，還請鄭日清陪他騎了很遠的腳踏車來。

對此，洪榮良說：「我們家住福港街的五樓。有時見姐姐神情慌張：『良仔、良仔，爸爸來矣，你落去樓跤。』兄弟分批下樓去看爸爸，爸爸問我們最近怎樣，然後塞一些錢給我們，此外，就不能自由地見面或通電話。那時兩個家庭對立得正厲害，媽媽不想見到爸爸，所以感覺他很痛苦，什麼都得偷偷摸摸的。」

洪榮良感覺父親已經日漸生疏，而且顯得憂鬱。

洪一峰、洪敬堯父子。

光美唱片時期的洪榮宏與父親洪一峰。

五、

洪榮宏在皇冠唱片聲勢沖天時跳槽光美唱片，進入了他在歌壇呼風喚雨的時期。

光美唱片資金雄厚，不惜砸金廣告，這是皇冠唱片望塵莫及的地方。林春福萬般不捨，但冷暖自知，只能祝福。四年後，洪榮宏與光美唱片約滿，皇冠已經結束營業。洪榮宏轉到華倫唱片，仍由陳木為他製作專輯。

光美唱片的製作人黃敏，原在海山唱片掌文藝部，負責製作國語唱片，捧紅許多歌星。有一天，光美唱片的老闆紀文呈找上門來，說想製作臺語唱片，請他幫忙。

黃敏心想：這個人的頭殼是否壞掉了？怎麼臺語歌走到這樣悽慘落魄的地步了，還想做臺語唱片？我在海山唱片十年，最清楚這個變化了。他問紀文呈說：「過去臺語歌曲被國語歌曲壓得死死的，現在輪到國語歌曲被校園歌曲打到東倒西歪。一些大學生吉他彈一彈，唱一些合音，就來錄音室錄音。我跟鄭董去聽，都皺眉頭說：『這是什麼碗糕啊？』想不到這些東西出來，紅得嚇人。坦白說，臺語歌曲已被這兩股勢力壓得快絕種了，你還想錄啊？」

紀文呈再三說明臺語歌在市場上仍有一線生機，懇求黃敏試試看。而後，紀文呈找來游小鳳錄製兩張臺語唱片；沒多久，再向黃敏推薦洪榮宏。紀文呈說：「很多人告訴我，洪一峰的後生③很會唱歌，說臺語歌沒有人唱得比他更好的，你覺得如何？」黃敏說他不認識洪榮宏，不過之前聽過他錄的一些日語歌曲，覺得這個提議不錯。

然而，黃敏一再透過人聯絡，結果都石沉大海，心裡不免納悶：「這少年的怎麼了？居然叫不動他！」原來風聲走漏了，好幾家公司都在找他。黃敏暗自覺得事情不妙。

隔一陣子，洪榮宏打電話給黃敏說：「如果黃老師真的是在光美，我就要過來。」洪榮宏知道，黃敏對臺語歌曲比較了解。

黃敏研究洪榮宏和他的歌後，認為他的音質討人喜歡，歌聲也有日本的感覺，不論氣

註③　後生：hāu-senn，兒子。

氛、唱腔或技巧，於是確立了方向。他填了幾首日本曲的詞給洪榮宏唱，像那首〈我是男子漢〉非常轟動，反而自己作曲作詞當主打歌的〈天無絕人之路〉，沒人注意。

黃敏說：「〈我是男子漢〉的日本原曲〈はるみ〉（harumi），是主唱者都春美唱她自己身世的。榮宏唱首句『ha……』的喟歎時，我太太建議他拉高半音，唱出那種飄飄的感覺。這個小小的調整果然成為這首歌的特色。唱片一出來，『碰！』一聲，就大紅特紅起來。」

第二張專輯《歹路毋通行》收錄〈相思雨〉一曲，那種細雨綿綿的況味，由洪榮宏唱來，真是不做第二人想，大街小巷、卡拉ＯＫ都在傳唱。臺語歌曲藉著洪榮宏的詮釋，已經站上了新的位置；第三張專輯《一支小雨傘》出來，一路竄紅，首度擠進只有國語歌曲的「金曲排行榜」，而且連續幾週蟬聯冠軍；他的其他歌曲也一一進入。

耀眼的唱片銷售成績，將洪榮宏推上臺語歌壇的王座，使他成為新時代臺語歌曲的偶像歌手。低迷二十年的臺語歌曲，自此揚眉吐氣，回到嶄新的舞臺。

洪榮宏的行情節節上漲，南北歌場都在搶排他的檔期。原先在鋼琴酒吧自彈自唱一個月三萬元薪水的他，現在外面唱一場，就有三萬元的收入。雖然名利暴紅，但是對十九歲的洪榮宏來說，卻是一連串噩夢的開始。

洪榮宏說：「三張專輯那麼轟動，其實我很驚惶。那時很多餐廳都有黑道把持，我不

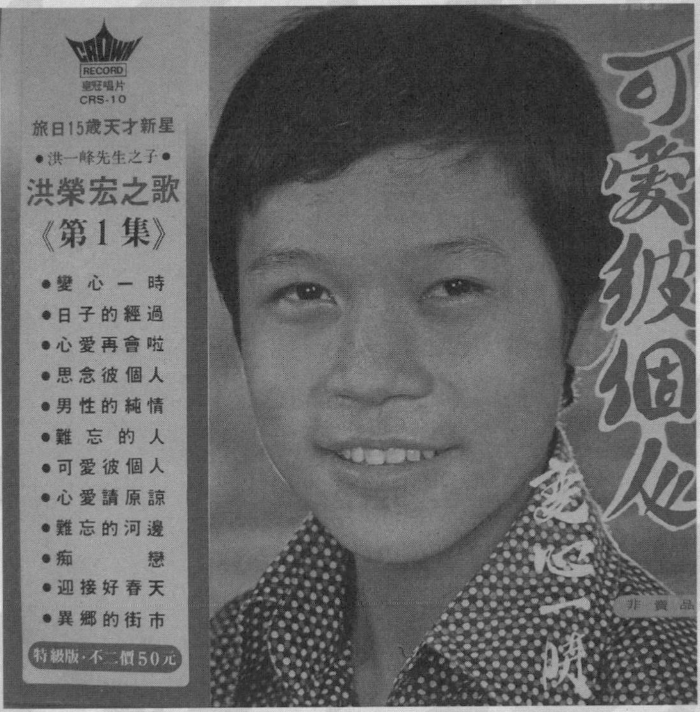

皇冠唱片「洪榮宏之歌第一集」。

皇冠唱片「洪一峰傑作第二集」。

玲玲唱片「懷念臺語名歌」唱片封面。

皇冠唱片洪榮宏《流浪之歌——爸爸在那裡？》唱片封面。

會應付，心裡一直害怕，結果是越怕越慘。成名之後，每天趕十幾場秀，我反而一點都不快樂。之前自彈自唱，可以自己詮釋音樂，想怎麼表現就怎麼表現。現在拿著麥克風，等別人伴奏，講求的是協調、默契，反而失去了隨興和創意，使我感到厭倦。我不愛走餐廳秀，還有原因。從小爸爸把我送到日本學音樂，在那裡，我看到日本歌壇有很多包裝，我就幻想自己成名後的舞臺要怎樣。可是，餐廳秀的表演方式千篇一律，都是說些有的沒的很空洞的對白，偶爾還要開黃腔逗臺下開心。我對這種表演很痛苦，可是又不得不向現實低頭，最後，採取逃避的方式，卻惹來了麻煩。」

這時，正好有人找他拍片，洪榮宏覺得換個跑道試試也不錯，而且藉口拍片忙碌，可以推掉許多餐廳的邀約。

「那時我沒有經紀人，電話不是媽媽接就是我接。我交代媽媽說，有人找我，就說我很忙，沒辦法做。我媽媽是個很單純的人，人家電話打來，她就跟對方說：『榮宏講伊無閒。』媽媽這樣說，或許人家只是不諒解，還可接受。問題是我也很笨，竟然在這個節骨眼答應『天王西餐廳』的要求，讓他們排我的檔期。」

天王西餐廳新近換了老闆，請洪一峰的學生在那裡主持，要重新開幕。

「榮宏，來鬥相共④，欲開幕，幾天就好，我給你保護，不會有事。」

洪榮宏說他們從小一起長大，即便身上檔期已經滿檔，仍很難拒絕這位青梅竹馬的邀

註④ 鬥相共：tàu-sann-kāng，幫忙。

約。只是萬萬沒想到，只因檔期沒喬好，就引來殺機了。

六、

一九八二年十月二十四日晚上，洪榮宏在天王西餐廳樓下門口，遭兩名黑道殺成重傷，送醫急救。

那天，洪榮宏跟母親參加完教會的聚會後趕來餐廳，身邊沒有保鑣跟著。車子停好，洪榮宏跟媽媽說：「媽，你慢慢走，我先跑步過去，來不及了。」還沒踏入電梯，就聽背後有人喊他的名字。他轉過身，額頭被拍了一下，血馬上滴下來；接著耳朵一下，背後兩下，扁鑽刺進去。

「我瞬間不覺得痛，但血不停地湧出來，衣服很快濕成一片。在場一位親戚要來聽我唱歌，看我全身是血，急攬計程車，很多人扶我上車。可能大家慌成一片，等車子繞一大圈後，才問司機最近的醫院在哪裡？司機一想，是馬偕，就在剛才餐廳斜對面，才急轉車頭趕到醫院。」

額頭、耳朵各一刀，算皮肉傷；背部兩刀深及肺膜，造成氣胸與血胸，有生命危險。醫院緊急開刀，送加護病房。

天王西餐廳的人趕到醫院，要求醫生用細針縫合傷口，不打麻醉，以免將來留下疤痕，結果額頭縫了兩百多針，每一針縫下去都讓他痛不欲生。在外守候的妹妹，每聽洪榮宏淒厲哀叫，就跟著哭了起來。

媒體記者擠滿醫院，警方展開調查。次日報紙以〈歌星洪榮宏挨刀 查與排節目有關／黑道插手 歌壇變險地 娛樂聽眾 誰知內心酸〉為題，報導這起新聞：

「根據警方了解，洪榮宏於一個月前與南部一家餐廳簽約上節目，代價是兩萬，但當時他節目太多無法上檔，以北部需灌唱片為由拒絕。最近南部這家餐廳又找人請他上檔，洪榮宏因價碼問題未答應，因而惹惱對方找人前來尋仇。」

「最近半年來，榮宏的歌唱活動兢兢業業，絲毫不敢招惹是非，他的言行及單純的背景，不可能像高凌風一樣，遭到黑道人士困擾，但他還是無法避免，而且差點送了命，認為洪榮宏被殺傷是目前餐廳秀惡性循環的結果。表面上看演藝人員快樂無比，誰又知道他們背後的心酸呢。」

兩天後，洪榮宏傷勢趨穩，移入普通病房。

洪一峰聞訊趕到醫院，見躺在病房，裹著層層紗布的兒子，輕聲呼喚：「阿宏，爸爸佇遮。」

洪榮宏困倦地望著爸爸俯身床沿，撫著他的肩膀、手臂，滿臉憂傷。

兩、三年來，洪一峰很欣慰洪榮宏在歌壇的表現，身為父親，他曾應光美唱片的邀請，為兒子洪榮宏的專輯寫了〈人生旅途〉、〈請你不可忘記〉、〈寶島春宵暝〉、〈無你就無我〉等曲。洪榮宏上電視，洪一峰就在旁邊跟著受訪，拉小提琴。洪榮宏被刺殺的前幾天，父子還上蔡琴的《日正當中》廣播節目，暢談臺語歌曲的前途與父子關係。

然而，是不是因為這幾年自己的消失，才讓他和弟妹們成為到處流浪的孤兒，以致他要犧牲課業，獨自撐持一家生計，日本夢也因而一去不回？是不是因為自己一手牽著他走入歌壇，卻在他成長的過程中缺席，而放他獨自面對江湖的險惡，才有今天的遭遇？

洪一峰看著身心俱創的愛兒受難，不免感到傷在兒身，痛在爹心。

「如果可以代替的話，但願躺在這裡的是自己而不是榮宏。」洪一峰痛苦自責、悲抑莫名，臉上的皺紋布得更滿更深了。

這天半夜，刑警與探訪的親友都走了，病房恢復了平靜。家人昏昏欲睡間，聞腳步聲趨近，兩名「兄弟」走到床前，將一包紙袋丟到棉被上，對洪榮宏說：「提去糊牛屎啦！以後較乖咧乎！」說完，轉身大搖大擺出去了。洪榮宏與家人都嚇到了。

幾天後，蘇南竹來看洪榮宏，發現病房沒有登記，茫然間，聽見洪榮宏的阿姨在叫他。蘇南竹在她的引導下，來到洪榮宏的病房。

蘇南竹見榮宏臉色蒼白而又沮喪，勸他「凡事看開，毋通失志，越是苦難，越要提出勇氣，不可放棄。」

經過三個月的調養，洪榮宏的體力漸漸恢復；作秀、拍電影、錄製專輯又讓洪榮宏振作起來。記者黃星輝報導榮宏復出的消息說：

「去年十月二十四日晚上，洪榮宏挨了四刀後，各地的歌迷惶惑不已！他們擔心再也無法聽到洪榮宏那低迷、醇厚的歌聲。而身為受難者的洪榮宏，自己的心情也極為消沉，認為將永遠與舞臺絕緣了。

但是在不斷地電話、鮮花、信札、藥物等多重關懷與調養下，洪榮宏瀟灑如昔的出現在螢光幕前及舞臺上，笑容還是那麼靦腆、親切，歌聲依舊醇厚。洪榮宏說：『我很好，真的很好，感謝社會大眾在過去幾個月對我的愛護。』

他最近正忙著作秀，為的是還人情債，那些秀約都是掛彩前就已答應人家的。所以雖然來來去去的趕場對初癒的身體不好，洪榮宏還是接下來。洪榮宏說，他現在唱歌的技巧並未受到創傷的影響，祇是如果休息不夠，勉強去唱歌，胸膛還會有些不適應罷了。

作秀之外，電影和唱片公司也不放過他。第四張專輯唱片即將推出。望子成龍的洪一峰還為洪榮宏譜了一首〈誰人毋想行好路〉，述說人生在世，應該互相關心、照顧，可說是對洪榮宏此次的遭遇的心情，做一個完整的註腳。電影，也正開拍中，洪榮宏此次的再出發，更受矚目，或許這就是塞翁失馬吧！」

在人生最黑暗的低潮，洪榮宏不被噩運擊倒，反而迅速站穩腳步，迎向前去，最感欣慰的，就是父親洪一峰了。

拾。人生旅途

一、

一九六九年，中視開播，蘇南竹應中廣臺南臺同事林菁的邀請，北上協助製作節目，並為葉克明的「皇家傳播公司」所製作的臺視節目《金玉滿堂》、《和氣生財》、《寶島夜曲》等調度歌手、錄影和錄音，也為好友葉啟田的公演活動安排一切。幾年間，從唱片、電影與歌唱教學，轉為電視製作與歌唱公演。

金馬歌唱訓練班因為臺語歌曲的前景黯淡，歌壇陷於沉寂，學生漸少，終於關門。自此，洪一峰專心於日本的巡迴，並帶洪榮宏登臺。

一九七三年，蘇南竹、葉啟田舉辦了一項「懷念臺語歌星演唱會」，在高雄「金都樂府」連演十天，場場爆滿。觀眾睽違已久的洪一峰、吳晉淮、紀露霞、鄭日清、洪弟七、方瑞娥、尤美等巨星都來了。黯淡多時的臺語歌壇星空，綻放光芒，大振人心。演唱會結束，葉啟田率領原班人馬巡迴桃園、臺中等地，直到臺南才告結束。

蘇南竹出道早，熟悉歌壇生態，加上為人忠厚熱誠，活動力強，歌壇大小歌手都樂意為他效勞。七、八〇年代歌廳秀時期，不論內場秀或外場公演，樣樣做得有聲有色，令人刮目相看。

蘇南竹以排秀及公演知名。他探聽哪裡久沒去了，只要當地戲臺有空，就去洽租檔期。

他的公演以大場面居多。樂師七、八名以上；歌星看什麼人、什麼歌當紅，哪一齣八點檔電視劇男女主角收視率高，就請他們來演一支秀吸引觀眾。動感的、抒情的、誰跟誰配，都動腦筋，再大卡司也去請來。余天、高凌風、林松義、張琪、謝雷這些當紅歌手，都是他公演的常客。愛玲說：「烏金的，是當今這些少年仔不知道。三、四十年前，演藝圈說不認識他的，就要肚子痛了！」

蘇南竹的內場秀，一定安排洪一峰、愛玲的檔期。在臺南元寶歌廳時期，他為洪一峰排秀最多；外場公演，更一定邀請他們。

蘇南竹除了自己組團，也跟葉啟田長期合作。葉啟田的歌廳秀與外場巡迴，都請他發落。臺語秀不說，國語秀也請洪一峰、文夏在節目中唱臺語歌；其他臺語歌手，就少有這種機會。綜觀七、八〇年代，洪一峰的演唱活動，幾乎都與蘇南竹有關。

蘇南竹之外，為洪一峰排秀的，還有于之順。

于之順專門為歌廳排秀，歌廳要人都來找他，他再來找歌星。他比另一位夏玉順排得多。夏玉順較早在歌廳包檔，專走國語路線，于之順則國語、臺語都排，不同歌廳的不同檔期事先排定，歌手在這個歌廳唱完，馬上過到別家，順利的話，不會有太久的空檔。

洪一峰與愛玲，同入同出，歌廳叫秀一定都請兩人同臺唱歌；後來，么女洪薇婷出來，就變三人組——不過這是歌廳秀式微，晚會秀盛行的年代了。

洪一峰和後來他與愛玲的雙人組合，先後唱過高雄的藍寶石、金都樂府、今日、喜相逢，臺南的臺南歌廳、元寶，嘉義的世界、金帝王、長流，臺中的臺中酒店、聯美、藍天，新竹的雞家莊，中壢的東方，桃園的世紀，還有臺北的太陽城、麗聲、臺北、日新、好萊塢等歌廳。

二、

七〇年代，歌廳秀極盛時，另一型態的餐廳秀已在醞釀。一開始，有些餐廳會請一位鋼琴師自彈自唱，與校園民歌的流行，大約同一時期。八〇年代，餐廳盛行歌星駐唱，不久逐漸演變為秀場型態。

正規餐廳秀，純歌藝表現，一支秀表演一小時或四十分鐘，有主持人介紹節目兼做訪問，客人安靜聽歌。後來接受點歌，場面就混雜了。一般說來，餐廳設備沒歌廳好，也沒歌廳安靜，加上客人吃東西、喝酒、講話，偶有醉酒鬧事的，帶給歌手與其他客人不少的困擾。

餐廳秀起來後，歌壇發展更趨多元。為因應環境，有些酒店改成歌廳經營，如臺中酒店；也有歌廳改為餐廳的，如臺南歌廳、元寶歌廳。臺北的好萊塢、太陽城其實也是餐廳，客人一邊聽歌，一邊點餐，只是表演仍以整檔歌廳秀的型態進行，是歌廳秀與餐廳秀的混合型。

在餐廳秀，通常是洪一峰唱兩首歌後主持人訪問他，訪問完，介紹愛玲出場唱一首，最後再請兩人合唱一首後結束。

有時，洪一峰會拉小提琴，或彈拿手的手風琴，表演型態與歌廳秀差不多。主持人知道他個性老實，會搞笑逗弄他，製造輕鬆，洪一峰則靦腆地笑一笑。

後來餐廳接受點歌，這對唱那卡西出身的洪一峰來說不是問題，不過忽然記不起歌詞的時候也有。遇到這種情況怎麼辦？洪一峰說：「不要緊。客人點歌，歡喜唱給他聽，他就很高興了。沒把握的話，事先講：這首歌久沒唱了，歌詞不知道還記不記得，我試試看。先講，客人都會接受的！」

純歌藝的內場餐廳秀，後來不堪激烈競爭，演變成牛肉場或鹹溼麻辣秀；外場公演，也常淪為煽情火辣的脫衣舞表演，純正的公演已經乏人問津了。葉啟田偶有「公演」，也只在餐廳裡，不必蘇南竹去幫他忙了。

一九八八年，蘇南竹四十八歲，時不我予，便退出歌壇，「養老」去了。

餐廳秀崛起，歌廳難以抗衡，一間間倒下；少數撐持場面的，久之生意差，也關門了。不久，取餐廳秀而代之的，是各地的晚會秀與工地秀了。

三、

在晚會秀盛行的年代，洪一峰、愛玲時常開車南北趕場，車在高速公路不停地飆速，有時行駛路肩。愛玲把著方向盤，目不轉睛地注視前方，洪一峰則好整以暇地作他的曲子，每完成一段，就反覆地唱著、改著，毫不理會窗外的風景或令人心急的塞車。

這樣的場景，疊合一波波衝撞體制的民主浪潮，是臺灣一頁勇敢壯闊的歷史時期。民主進步黨成立，長達三十八年的戒嚴打破，黨禁、報禁解除了；農運、工運、原運、反核、環保抗爭和二二八平反等政治社會運動，風起雲湧，為長期受宰制與苛酷對待的不公不義，發出怒吼。

臺灣社會不再壓抑，庶民娛樂需求相應增加。宗教、民俗活動，在傳統歌仔戲、布袋戲外，更請歌舞明星表演，增添歡樂活潑氣氛。秀場溢出歌舞廳、餐廳，走向庶民聚集的廟口、村里廣場、喜慶宴會廳和廣大的工地舞臺。

誰開風氣之先做廟口秀與工地秀的，已無可考，陳和平則說他是做廟口秀與工地秀的第一人。

一九六九到七〇年間，在鐵金剛唱片擔任企劃兼海山唱片宣傳部主任的陳和平，組了一個「歌唱藝術團」到處公演。有一年在士林慈誠宮演出大為轟動，慈誠宮主任委員林正雄激賞之餘，邀他每年「媽祖生」前往表演，迄今四十餘年，不曾間斷。表演風氣傳開，延平北路媽祖宮、新莊關帝廟、大眾廟、景美尪公廟與社子、葫蘆島各地宮廟紛紛前來邀請，演出時廟口人潮洶湧，熱鬧無比。

八〇年代末，建築業鼎盛，臺灣到處有工地。華美建設公司老闆問陳和平能否也到工地表演。此一契機，開創了臺灣特有的工地秀型態。三重、新莊、五股、泰山、迴龍、新店……有工地的地方就有歌舞表演，工地秀與建築景氣互相加持，到九〇年代中期才結束。

廟會、工地秀外，喜慶宴會、公司尾牙、社團活動，也紛紛請秀表演。洪一峰夜間跑晚會，假日兼工地秀，地點多在中南部，由愛玲開車趕場。一九八七年，為了中南部趕場演出方便，洪一峰夫婦帶著幼女洪薇婷，移居臺中

洪一峰夫婦與臺東歌手同遊小野柳。

洪一峰夫婦在「野臺秀」演唱。

洪一峰在臺東鹿野車站月臺留影。

一年，住在臺中公園附近的星光旅社。

在晚會秀還鮮少聽聞的餐廳秀時期，洪一峰已有一次難忘的晚會趕場經驗。那一次，他在高雄世雄歌廳（實際上是餐廳型的食店）演出，中午，有人從斗南趕來，邀請他和愛玲當天去做晚會。愛玲覺得斗南太遠，回程恐怕趕不上餐廳秀的時間，本想婉拒。但是那人說，會叫計程車載他們去載他們回，洪一峰和愛玲也就姑且一試。那天下午，計程車等在歌廳門口，午場結束，就接他們上路，趕到斗南。當地人見到洪一峰，高興得大喊大叫。廟方只請他們一支秀，開場就請他們唱，場面非常熱烈。

趕場與換檔過位，時間和交通工具的掌握，非常重要。餐廳秀時代，換檔過位都在禮拜天晚上。白天離開飯店時先退房，晚場

洪一峰到臺東演唱，與同團歌手合影。

結束，就去搭車。夜間火車班次與公路班車往往難以配合，他們常搭野雞車。野雞車在火車站叫客，半夜去也有得搭。

不過，搭車總是無法控制時間，所以後來晚會秀、工地秀時期趕場，便改由愛玲開車。愛玲說：「自己跑，時間較能把握。不過趕路時，常不能好好吃飯，只好隨便買點東西帶上車。他最要緊，就讓他吃一下，不吃沒辦法唱。我專心開車不能吃；要吃，我年輕，動作比較快。那時我三十五歲，他已接近六十歲了。」

愛玲性子急，開車快，有一回被攔下來，心裡害怕，請洪一峰出面。

「啊著咧趕場，歹勢啦！」洪一峰難為情地解釋。

「趕場喔？好，緊去，後擺開較慢咧！」

長期做晚會，中南部鄉下都跑遍了，因為鄉間地標不明顯，有一回時間快來不及了，愛玲慌張，請洪一峰開窗問路。看洪一峰慢條斯理的樣子，愛玲心急催他問路人。才搖下車窗，那人看是洪一峰，愣了一下，問他：

「你不是那個低音歌王洪一峰？」

「是啊，請問……」

「以前，我常在拉吉歐聽你在唱……」那人很興奮，想找話題跟他多聊。

「我是急得不得了，心裡抱怨怎麼不趕緊跟我們報路呢？但是心念一轉，人家是死忠的歌迷，不跟他聊幾句說不過去，不然人家會說你原來這麼現實，這樣不好。只是他不曉得，我們已經快來不及了。」

四、

七〇年代說起公演，做最多的是蘇南竹。不過，蘇南竹做歌廳包檔秀或外場巡迴，最後常是虧本。

「早期拍電影，隨片登臺，全臺鄉鎮走透透，每一間戲臺我都去過。我是實實在在在做，『黑的』我做不來。大家信任我，沒錢，人家也不怕，就這樣一直做下去。我不是為自己賺錢才做啦，我是因為喜歡唱歌。」蘇南竹說。

蘇南竹拚命做公演，少賺錢，不過抱著對臺語歌曲的狂熱，還是一股勁地演下去。每次來請洪一峰去唱，洪一峰便跟他說：「你按呢見做見了，敢猶欲做？」蘇南竹聽了，就對洪一峰說：「老師，你算看看，他這個才跟我們拿多少。這樣還不能做？這樣還不能賺？」結果人算不如天算，做一做還是虧本了，歌手薪水常常不能發足，有時甚至發不出來。

愛玲對此表示：「他少賺我也知道。他那麼善良古意，又那麼拚，不知道怎的，就是沒賺錢運。他自己也『真怨嘆』。老師提無錢也不敢怪他啦！」

歌廳包檔自負盈虧。歌廳、歌手兩邊要給；樂隊、燈光、音響、宣傳、公關、雜支開銷，樣樣自理。除非超強卡司或遇連假檔期，想要收支平衡已有困難，何況賺錢。

對於外場虧損，蘇南竹說：「到中南部鄉下，我都是一大段一大段的演下去。如果只挑禮拜六、禮拜天才演的話，我不會這麼吃力。但你知道，那些樂隊、燈光、音響，跟你出來，不可能只跟你做禮拜六、日兩天，其他日子回去休息。所以我一團出來，一定白天、晚上一直做下去，而且越鄉下去越做，大牌歌星也請下來。只可惜我資金不足，常常積欠他們或是少給。不過，歌星做一天賺一天的錢，就算我做十天只給他們五天，他們還是賺了五天。如果不做的話，大家就只好回臺北去『哈唏』①了。好在這些歌星、燈光、樂隊都挺我；戲臺、機關我也都熟，所以當時《包青天》、『楊麗花歌仔劇團』也是都我在包。只是這裡付一付，那裡付一付，還是短缺，有時連老師的薪水也沒辦法給了。」

洪一峰薪水一次、兩次沒給，還無所謂；只是，時間久了，洪一峰沒錢寄回去，問題就嚴重了。僅僅那麼一次，洪一峰很難為情地跟蘇南竹說：「南竹啊！咱大人無食無要緊，囡仔袂當無食牛奶粉咧！」蘇南竹聽了很難過。他說：

「老師是萬不得已才講這句話的，他知道是我生意差，不是我不給他錢。儘管這樣，老師還是一再挺我。有時候他已答應別人了，聽我說要演，就別的地方不去，過來幫我。

註①　哈唏：hah-hì，打哈欠、無聊之意。

老師不當我是學生。我當兵時，他寄一張照片給我，背面稱呼我『賢弟』。我每次演出，不論賺有賺無，老師都為我拚。是我自己不爭氣，一事無成，讓老師失望到今。這世界上，老師最疼我啦……除了榮宏……我的感覺是這樣啦！」

訪問到此，國際電話那頭傳來了哽咽。

五、

九〇年代初，洪一峰夫婦帶著么女洪薇婷，以「家庭三人組」的型態，在晚會中表演。

洪薇婷唱的雖是童聲，技巧、臺風卻很老練，扎實的嗓音，往往博得觀眾如雷的掌聲。年紀稍大後，一支秀五、六首歌，第一首由洪一峰獨唱，第二首洪薇婷出場與爸爸合唱；第三首由她獨唱，第四首媽媽出場獨唱，最後一首三人合唱。這樣的親子三人組合，既有新鮮感又有變化，頗受觀眾好評。

繼洪榮宏之後，洪一峰還寄望洪薇婷傳承臺語歌曲使命，

洪一峰夫婦與吳晉淮夫婦合影。

洪一峰與左起陳亞蘭、洪弟七、鄭日清、澎恰恰參加電視節目錄影。

洪一峰與洪薇婷在野臺秀。

洪一峰拉小提琴的神情。

洪一峰（前排右 1）與史明（前排中）、詩人鄭炯明（後排左 1）、詩人李敏勇（後排左 2）合影。

用心令人感佩。洪薇婷說，她從幼稚園起，幾乎每天都在請假。午後，媽媽就來幼稚園接她，然後飆去屏東、高雄，深夜凌晨回到臺北，隔天再去上課；哪一天她又提早下課，趕去很遠的地方。她說：「我可能從小到大都很樂觀，從不覺得煩，總是一上車就睡覺，醒來就上臺唱歌，開開心心，非常快樂。」

不過，讓洪薇婷這麼早就涉入成人的演藝世界，卻給觀眾帶來不少複雜的感受，有人激賞，也有人疼惜不忍。對此，洪一峰說：「這是她的命啦，她自己愛唱歌，當然她的身體和功課負擔是比較大。不過，若要將唱歌當作終身事業，較早出來是比較好啦！」

慶幸的是，洪薇婷不曾感受壓力，也沒排斥，甚至覺得好玩。她是天生愛唱歌的小女孩，每天耳濡目染爸爸那嚴謹、謙和的敬業態度，成長過程沒有負面情緒，只是少了一般孩子的童年。

洪一峰、愛玲婚後育有三女：洪千惠、洪千琇和洪薇婷。

洪一峰與江蕙（左1）、黃乙玲（左3）、沈文程（右1）合影。

洪一峰與愛玲同臺演唱。

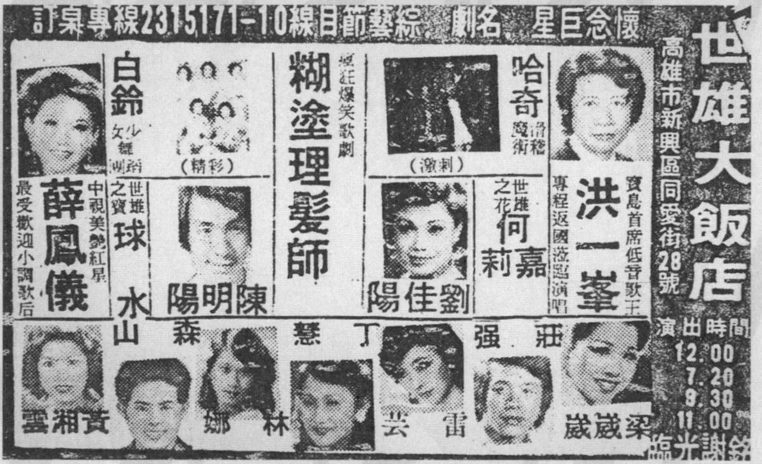

世雄大飯店（歌廳）海報。

夫婦常年在外演出，女兒都請奶媽帶大，他們兩、三個月才回家一次。薇婷一、兩歲時，有一次奶媽帶她去看爸媽表演，她趁大人不注意時衝到舞臺，纏著爸爸的褲管不放。這可愛的突然動作，造成觀眾一陣騷動和不錯的舞臺效果。

洪薇婷說：「那時候，只要音樂一響，我就動來動去，也會跳舞。爸爸可能覺得好玩吧，就陪我唱歌、打節拍；三歲，開始教我練發聲。爸爸看我總是很開心，我也覺得ＯＫ，當作是在玩遊戲。」有一種說法是：洪榮宏是小時候被爸爸千錘百鍊過來的；洪薇婷則是自自然然地就會唱歌了。當然，這種說法見仁見智了。

洪薇婷三歲時，全家從中和搬到臺

洪一峰在郵輪上演唱時與舞者合影。

北吉林路的新家。洪薇婷說：「新家很漂亮，我好開心，就樓上樓下跑來跑去找爸爸玩。爸爸說：『樓跤有切仔，落去愛細膩。』我在想：什麼是『切仔』，我怎麼都聽不懂？原來爸爸在講臺語：樓下有『車子』，下去要小心。我在奶媽家，他們只跟我講國語，而爸爸又只講臺語，難怪我會聽不懂。可是第二年，我們搬去臺中住，臺中的小孩都講臺語，一年後回臺北時，我的臺語已經講得很輪轉了。」

洪一峰從小教洪薇婷發聲、唱歌、彈琴和樂理；四歲，帶她在晚會中表演，過程和洪榮宏小時候一模一樣。只是洪一峰的態度已經開明許多，要求不再那麼嚴厲，教學技巧也達爐火純青。三、

後臺留影，前排左起麗娜、于櫻櫻、文香、洪薇婷、愛玲、素蘭；後排左起黃秋田、未明、黃志強、文夏、黃瑞琪、洪一峰、黃三元。

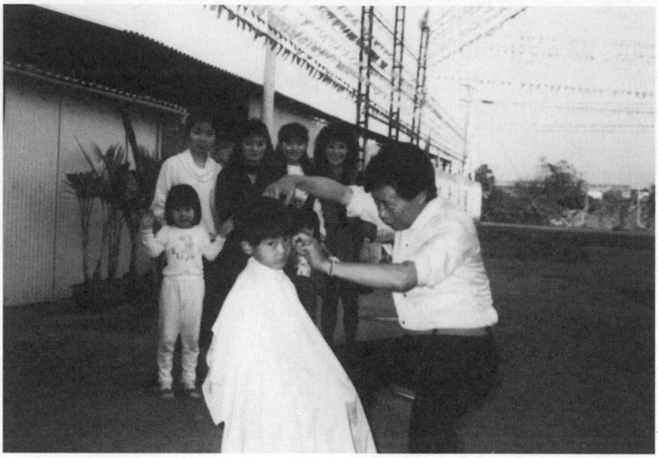

洪一峰展現精湛髮藝工夫為小孩理髮。

四十年前教學生，或許只是比較基本的發聲法，經過一年一年的經驗累積和萃取新知，所有精華正好適時用在洪薇婷身上。

教學相長，晚年，洪一峰每天照樣練習發聲。住家過馬路就是新生公園，父女常到那裡散步。洪薇婷說：「公園在飛機航道下方，飛機過來時震天價響，爸爸就趁這個時候『喔喔喔』地，很大聲很大聲地練聲，等飛機過了才停下來，繼續走他的路。」

六、

晚會秀極盛時，競爭劇烈，為迎合某些僱主或觀眾的低級趣味，有的大開黃腔或演脫衣舞，這在廟會拚場時最常發生。

為了避免洪薇婷受到不良影響，遇到這種

情況，洪一峰就會叫她搗住眼睛，不許她看。愛玲說：「有一回一間廟寺『做醮』，叫了歌仔戲、布袋戲、歌星秀和一團晚會歌舞秀來演。廟埕本就不大，大家擠成一團，影響來影響去的很難表演。晚會歌舞秀怕聲音給歌星秀拉去，便加大音量，意圖留住觀眾。後來拚不過歌星秀，就使出殺手鐧脫衣舞（本來只是清涼秀），觀眾回頭一看，都跑過去了。這麼一來，歌仔戲沒人看，布袋戲沒人看，歌星秀也沒人看，贏的鐵定是晚會歌舞秀那一團。他們料定晚上會有拚場，便事先安排幾個跳脫衣舞的女郎，關鍵時刻，幾千元給她們，就全脫啦！」

愛玲又說：「你知道咱臺灣的廟寺做醮，最常這樣，不是只叫一團，是叫很多團：這個人叫一團，那個人也叫一團，吵得歌也不能好好地唱。那一回看對面跳起脫衣舞，人都過去了，她爸爸趕緊叫她搗住眼睛，直到對面表演結束。」

廟會酬神跳脫衣舞；婚宴場合，當著貴賓演清涼秀；喪殯時，出動電子花車，沿街大秀豔歌熱舞，也就不足為奇了。

那年代，全國瘋大家樂、六合彩，人人爭問明牌。幸運中獎的會回來酬神演戲，請秀表演。一時荒郊野外，萬善小祠，也見燈火通明，歌舞喧囂。

如何看待臺灣社會這個文化現象？愛玲說：「那時電視就那三臺，三臺又有限制，有幾個臺語歌星有機會上電視的？歌廳、餐廳也關門了，想做也沒得做啊！臺灣就變成這樣。

這時好在還有這個可做，不然生活就都沒有了。其實，秀也不是天天有。工地秀限於禮拜天；廟會、婚宴常常擠在幾個節慶和黃道吉日，需要趕場。有時因為地點偏遠，或是當中一場秀卡住，以致錯失其他幾場秀沒辦法接的，也經常有。」

秀約都是愛玲在接。有空沒空，能接不能接，她最清楚，洪一峰不管這些。電話響起，愛玲不在，他會告訴對方：「這個，等一下她回來，你再打來。」洪一峰不計較酬勞，但愛玲心腸直，人家價碼太離譜的，也會表明抗議：「我先生才值這一點點嗎？」

秀分主秀、副秀。秀場到了後期，洪一峰只唱副秀，不唱主秀。蘇南竹說：「在臺灣出道那麼久了，觀眾也愛看一些新人出來，洪老師只是配合這個節目而已。事實上，像余天、費玉清、黃西田等，也都愛唱副秀。主秀不可能每檔都是你唱，下一檔主秀換了，你副秀還是照唱啊！像黃西田每場都演，或主持，或扮『笑詼』，或唱歌，都可以。秀場就是這樣。」

七、

六〇至八〇年代，老三臺由國民黨的黨政軍特掌控，限制臺語節目和臺語使用比率，後來進一步限定一天只能播唱兩首臺語歌，臺語歌曲幾乎從電視這個強勢媒體消失了。電

在餐廳用餐時應要求客串那卡西，重現當年情景。

洪一峰在婚宴晚會中演唱。

視臺不是臺語文化和臺語流行歌曲的推手，而是黨國文化霸權和語言政策的幫兇與劊子手。

如果說電視是「體制內」的宰制媒體，那麼「體制外」的歌廳秀、餐廳秀和外場公演，儼然便是國民黨文化網羅的疏漏之地，臺語歌曲可以在這裡舒展暢茂、活潑的生機。

事實不然，國民黨政府迅速修補缺漏，直把歌星演員納入管理，美其名曰「淨化歌曲」：唱歌要有「歌唱演員證」；查無證者，勒令停止演唱活動，演唱人及負責人依「違警罰法」，裁處罰鍰或拘留。

一九七〇年，洪一峰依照規定取得歌唱演員證。演唱前，主管機關會在證照內頁登錄演出場所名稱、檔期，並蓋經辦員章戳，把歌星演員當成治安對象列管。

一九七四年政府進一步規定，歌星必須「面試」及格，才能取得「歌星證」。而「面試」的二十首指定曲，全是「國語」。像〈藍天白雲〉、〈熱血〉、〈白雲故鄉〉、〈中國一定強〉、〈我要上戰場〉、〈巾幗英雄〉等。「面試」時考二首，一首自選，一首臨時抽籤，等於要背熟二十首國語的「淨化歌曲」或「愛國歌曲」，才能應考。

洪一峰說他自始自終都是拒絕「面試」的，他忿忿地說：「叫他來給我考！世界文明國家誰在考歌星證的？中華民國這麼偉大？笑死人了。」

洪一峰沒有「歌星證」，上臺去也是唱，歌廳的人會去「處理」。他們到派出所登記時會說：「他也唱這麼久了……」這樣請求，往往也會通融。

不過，歌廳也有難處，上面常常會來臨檢。為了不給人添麻煩，愛玲花了一萬元跟「四騎士合唱團」的團長買了一張「2+1合唱團」的牌照，歌廳要用時，就拿這個給他。解嚴後，規定趨於寬鬆，取消面試，朋友通知愛玲。於是，她到圓山足球場臺北教育局申請了一張。

電視臺限縮臺語，考歌星證限唱「國語淨化歌曲」，這對臺語歌曲、臺灣文化，是莫大的歧視壓制。很多前輩歌手說那個時代「臺語歌禁甲真厲害」。其實，對臺語的壓制歧視才是關鍵。

國民黨政府禁的，豈止「禁歌目錄」上那幾首歌。

拾壹。從撕裂到縫合

一、

洪一峰、愛玲兩人出雙入對，一同歷經了臺灣歌廳秀最蓬勃的年代。不過，兩人的婚姻一開始就不被祝福，他們到法院公證時，除主婚人洪德成和介紹人鄭日清外，並無其他親友到場。鄭日清回到家，還遭太太指責，說他不該擔任介紹人。

「其實那段時間，洪老師內心非常痛苦，只是不說出來而已。好長一段時間，親友才慢慢地諒解他。」鄭日清回憶往事，難過地說。

洪一峰因為自己的緣故被迫離開孩子，而與羅玉激烈爭執中的不理性言行傷害了孩子，都使他不知道如何彌補。他與洪榮宏是父子，是師生，也是形影不離的伙伴，難以割捨。想到過程中，洪榮宏創痛鉅深，就使他痛苦難忍。

他與羅玉婚姻關係的十數年間，音樂生涯確實邁向巔峰，遺憾的是，最終卻以離婚收場。儘管這非他的本意，也非他為人的風格。親子疏離，家庭崩解，沉重如萬噸巨石，壓得他喘不過氣來。

疏解的方式，只有透過歌聲。他請陳和平為他寫一首歌，陳和平稿成，題為〈愛妻！請原諒〉，交由洪一峰，著手譜曲。

曲成，陳和平把這首曲子連同讓渡給海山唱片的其他作品，輯成「洪一峰經典作品集」，在葉和鳴的錄音室請洪一峰愛玲對唱，錄成唱片。

秋風吹　葉落枝　夫妻拆分離
自恨過去太幼稚　做事無考慮
明知野花有暗刺　為什麼　為什麼　為什麼
甘願為伊　家庭來破碎
事到如今　才知影覺醒

——〈愛妻！請原諒〉／陳和平 詞・洪一峰 曲

詞中有憾意，卻已無法彌補，因此也就沒有實質意義，只能說是他對羅玉與孩子的愧疚之情，一直掩埋心底而已。

專輯錄製完成，卻不見海山唱片出版。陳和平問老闆鄭鎮坤，鄭回答說：「且放著。」這一放，竟過了十幾年。

之後，洪一峰浪跡各地，歌聲依舊低魅，耳尖的歌迷則隱約聽出裡頭一股壓抑與滄桑。心情沉鬱積久，洪一峰的健康亮起了紅燈。一九七九年十二月，洪一峰昏厥桃園「世紀

《洪一峰（作曲）四十週年紀念專輯》封套。

歌廳」舞臺，在醫院住了半個月，開始長期服藥。

這時，住家樓上一位鄰居秀美，家裡供奉許多神明，好意邀請他們夫婦去拜。不久，他們也在家裡供奉玄天上帝與觀世音菩薩，早晚焚香獻茶，十分虔誠。

幾年後，洪一峰將中和的房子賣掉，搬到臺北，把觀音菩薩的金身也請來。但是那一年找不到方位，臨時就把觀音菩薩供在廚房的櫥櫃外頭。後來家裡整修，一位懂得的師傅看了看，跟他們說：「你把神明安在這裡，家裡怎會平安？」愛玲聽了，索性藉整修之便把神明請走，從此不再供奉。

那時，洪一峰在臺南元寶歌廳作秀，餘暇，常到開元寺境內走走。有一回，他見裡面在賣念珠，執事勸他也買一串來念。他選了一串最耀眼、最大顆，要價一萬五千元的「鳳眼」。

回去後，朋友說「鳳眼」是密宗在念的，一般人只念「星月菩提」，價錢還便宜許多。隔天，他拿回去要換。執事稱帳已報上，不便更換，建議他再買一串「星月菩提」。

自此，洪一峰在家裡或出外演唱後臺無事，便閉目數著念珠，口誦阿彌陀佛，祈求心靈的平靜。

二、

洪榮宏傷後，經過三個月的療養，又回到了舞臺。不久，接到入伍令服陸軍役，在臺中第二訓練中心出操一天，就被扶到醫務室；一個月後轉軍醫院治療。

因為創傷深及肺部，加上胃疾，檢查後改服國民兵役，提前退伍。為此，媒體不停追逐他的兵役問題與感情問題；再加上他如何被刺，坊間也有許多揣測，讓他開始躲避媒體，想要淡出歌壇。

因為父親另組家庭，行蹤不定，洪榮宏深深感覺父親棄他而去，而對父親由怨懟轉為恨意。儘管唱片公司向洪一峰邀歌，洪榮宏唱著父親的歌，心裡也是五味雜陳。

遭刺重傷，洪榮宏對人已經失去信心；人生意義為何？更是充滿懷疑。茫然、痛苦，加上青春期的叛逆與工作壓力，洪榮宏開始喝酒、飆車、逃避自己、遠離教會，而令母親非常苦惱。

洪一峰到臺中第二訓練中心和洪榮宏「面會」。

二十五歲這一年，洪榮宏與江蕙的感情，以及媒體刻意炒作的陳今佩事件，都使他的形象下拉，票房大受影響。洪榮宏說：「被殺重傷，使我一蹶不振，怨天尤人，幾乎每天藉酒發洩；對父親，對所有曾經傷害我的人怨恨。我覺得自己是受害者，使我無法原諒那些加害我的人，就這樣酗酒了十年，每天躲在自己的黑暗角落。」

這段期間，洪一峰為洪榮宏寫了〈見面三分情〉、〈空思戀〉、〈純情的夢〉、〈有話坦白講出來〉等動聽曲子，與洪榮宏之間已有廣泛、正面的接觸，只是，父子關係依舊敏感、緊張。

有一回，洪一峰口氣嚴厲地當面質問洪榮宏，為何不把他的作品當主打歌？在父親面前一向隱忍的洪榮宏，居然藉著酒精，為這事與父親大吵起來。事實上，唱片公司挑主打歌，有其市場考量，不是歌手所能左右。父親的要求，只讓洪榮宏為難。

時來運轉，一九九〇年，是洪榮宏命運翻轉的一年。這一年，洪榮宏加入「新笛唱片」，歌唱事業邁入新的坦途。《風風雨雨這多年》專輯，獲得第二屆金曲獎的「最佳方言演唱人獎」，內收與江蕙合唱的〈憂愁的牡丹〉，傾訴「牡丹含帶蕊，花開毋對時」的無奈；而主打歌〈風風雨雨這多年〉，道盡他多年「命運親像風，心情親像海波浪」的顛沛坎坷。

同年五月，洪榮宏代表臺灣參加日本ＴＢＳ東京放送電視臺主辦的「一九九〇年東京音樂祭」。新笛唱片寄給ＴＢＳ的資料，強調他蟬聯「金曲龍虎榜」臺語榜已有數週，以及父親洪一峰在臺灣歌壇的重要地位，讓一向重視獎項與家世背景的日本方面印象深刻。而為了打歌，新笛唱片在臺北、臺中、臺南、高雄舉辦「洪榮宏個人演唱會」，所到之處，迴響熱烈。

漸漸地，電視臺對洪一峰的父子關係感到興趣，常邀他們上節目受訪，炒作話題。公益演唱會更邀他們同臺飆唱〈舊情綿綿〉、〈思慕的人〉。然而，父子關係看似已經復合，實際上彼此的心結未解。

一九九三年初，洪榮宏在一次酩酊大醉中來找父親，踹門掀桌，大聲咆哮。這時，距他和母親引領父親入信基督，已經過了數年。

洪家兄弟中，洪敬堯、洪榮良在父母離異時，年紀還小，受到的衝擊不若洪榮宏那麼重，但在荊棘路上，一樣傷痕累累。洪敬堯自喻是家裡的隱形人，坦言自己青澀少年時，看母親辛苦，易感的心總是灰暗。長大後則渴望父愛，但與父親的鴻溝，卻越拉越大，難以跨越。

洪榮良看似比較幸運，國高中階段也曾迷失自己。他說：「那時我瘦巴巴的，臉上長滿青春痘，很沒自信。父親和哥哥的傑出，像兩個巨大的陰影籠罩著我，不能呼吸。我好像永遠活在他們的陰影中，走在路上，最怕人家指認我是『洪一峰的兒子』或『洪榮宏的弟弟』。我像個沒有名字的人。」

洪榮良讀復興美工時，學會了抽菸，貪玩、翹課太多，面臨退學。學校通知寄到家裡，洪榮宏深夜回家，把他從床上拖起來痛打，任憑媽媽在門外哀求都沒有用。洪榮良說：「哥哥犧牲自己，辛苦工作，供給我們生活、學費，我卻不知長進，讓他失望。那時哥哥很有長子的威嚴，他身兼嚴父啊！」

三、

羅玉在淡水工作期間，受陳泗治校長感召，從信仰中找到了依靠；孩子也在她的引領下，走入教會。她每天禱告，讀經，參加聚會，熱心奉獻，很受主內姐妹弟兄的愛戴而被推舉為劍橋教會的執事。羅玉說：

「他們推舉我時，我說我什麼都不懂，請再選擇適合的人。他們說你不可以推辭，這是上帝揀選的，不是人選的。」

搬到天母後，路遠，羅玉還是回到劍橋教會做禮拜，後來在天母聚會，才辭去劍橋教會的事工；四年後，搬去北新莊，改在淡水長老教會做禮拜，偶而還回「劍橋」來。

在天母，羅玉常辦家庭聚會、禱告會。禮拜天，也常抽空參加廖明發長老家裡的「讀經會」。

這段期間，羅玉每天為洪榮宏酗酒、飆車所苦。只要洪榮宏出門，她就跪下來禱告，祈求上帝保佑洪榮宏平安無事。

某天晚上，洪榮宏要出門，司機許先生不幫他開車。洪榮宏「倏」地一聲，車就衝出去了。羅玉說：「我跪著祈禱到哭。不久，傳來他在高速公路撞上卡車的消息，整臺車撞得稀爛，幸好人沒大礙。上帝真是聽祈禱的上帝！陳希耀牧師等人也常替榮宏禱告，牧師娘還對我說：『我欲佮你鬥流目屎，體會你的艱苦。』」

又有一次，在北新莊，洪榮宏喝得爛醉，硬要出門。司機學乖，把車的鑰匙抽出來，不給就是不給。羅玉說：「兒子被殺，心情鬱悶就喝酒，這影響我更恨他爸爸。若不是為著他，這孩子不會發生這些事，帶給他這麼多的痛苦。」

羅玉不停地禱告，不停地祈求。好長一段時間之後，她自言自語說：「咦，不對喔，我信這麼久了，怎麼還不饒赦他？」她想起每天唸的《主禱文》：

阮佇天裡的父，願你的名聖
祢的國臨到，祢的旨意得成
佇地裡親像佇天裡，阮的日食今仔日互阮
赦免阮的辜負

親像阮亦有赦免辜負阮的人
因為恁若赦免人的過失，恁的天父亦欲赦免恁
恁若無赦免人的過失，恁的天父亦無欲赦免恁的過失
——馬太福音第六章十五節

「牧師說神愛世人，愛疼你的對敵。」對敵？不就是他們的阿姨嗎？「喔，不！」羅玉腦中閃過一個念頭，陷入掙扎。

不久，她聽牧師講道時引述一位神學家的話說：「饒恕是偉大的，而忘記是崇高的；任何人的心中若有不饒恕人的意思，就不配用《主禱文》禱告；人若不能與他人和睦相處，他就不能與上帝和好。」她心頭一震，既而又想，這都是上帝的旨意啦。然而，她了解，自己是多麼的軟弱，憑著自己，她做不到。她祈求上帝幫助她。

幾個月過去，她聽見一個聲音對她說：「去做吧！你做得到的。」羅玉當下很感動，下意識地回答祂說：「好，我就去做。」她決定跨出心的牢籠，迎向燦爛的陽光。

一九八六年，洪一峰邊趕秀場邊準備灌錄《作曲四十週年紀念專輯》這張唱片，勞累過度，心臟病發，住進國泰醫院加護病房。羅玉得知消息，打電話過去關心，還指示孩子們去看他。洪榮宏趕到醫院探望，不過，他對母親的改變，卻有意見：「媽，你無志氣呢！」

羅玉聽了很難過，對洪榮宏說：「你這個戇囡仔，聖經《主禱文》不是常常在唸嗎？不饒赦恁爸爸，哪對呢？」洪榮宏默默聽著，不再說什麼。

病後，洪一峰打電話來，聲音「無意無意」。羅玉接到電話，故意問他：「啥物代誌？欲揣囡仔是毋①？」口氣不是那麼柔和，雖然心裡已經「饒赦」他了。

「囡仔好無？」洪一峰囁囁地問。

孩子是最好的觸媒，彼此永凍的心，漸漸地消融了。

談過了孩子後，羅玉問他：「啊你好無？」

「啊都……自彼陣了後，攏無甲偌②平安！」洪一峰約略提了這些年來的身體狀況。

「啊無你來信耶穌！」羅玉單刀直入地勸他。

「欲按怎信？」

「我講你若信耶穌，就毋好閣念彼號數珠啊，彼③袂平安啦！你愛祈禱。」

「欲按怎樣祈禱？」

「我教你，你身體無好，想欲平安對無？第一句就愛求上帝赦免你的罪，就是認罪。」

羅玉要洪榮宏開始陪爸爸禱告。自此，只要洪一峰打電話來，羅玉就鼓勵他信耶穌。後來建議他到長老教會做禮拜，那裡講臺語，他比較習慣。洪一峰說附近沒有長老教會，於是羅玉介紹他去「劍橋」。

註①　是毋：sī--m̄（連讀為sìm），「是不是？」、「是嗎？」之意。

註②　偌（替用字）：guā / juā / luā，多少。

註③　彼（替用字）：he。那個，指稱較遠距離的東西。

洪一峰初聽羅玉鼓勵他、關心他時，心裡很訝異，心想她整個人講話、態度，怎麼都不一樣了？羅玉這邊也發現，怎麼饒赦他以後，彷彿自己也得到了釋放，整個人不知不覺地寬鬆了起來。

「饒赦他，其實得到釋放的反而是自己啊！饒赦使人掙脫綑綁，得到自由。原來恨人是不對的。早知如此，我也不會等到今天才饒赦他。恩賜是從上帝來的，有心饒赦，跟上帝祈禱就一定做得到，當然這要時間。我跪求上帝賜我力量，疼惜他們阿姨，這不是人做得到的。人有時候會有困難，會想著過去。因著上帝，現在，我什麼都不去想了。」羅玉說。

在卓牧師的帶領下，洪一峰開始接觸福音。卓牧師常來家裡訪問，為他祈禱。後來卓牧師去了美國，改由繼任的蔡加發牧師帶領他。

一九八九年復活節，洪一峰受洗為基督徒。蔡牧師以《荒漠甘泉》一書相贈，在扉頁寫道：

洪文路先生受洗紀念：

神愛世人，甚至將祂的獨生子賜給他們，叫一切信祂的人不至於死亡，反得永生。

恭錄自約翰福音三章十六節

劍橋基督長老教會　蔡加發
主後一九八九年三月廿六日

洪一峰受洗後，心境有了大幅度的改變，此後七、八年間，靠著祈禱，困擾多時的高血壓、心臟病，不藥而癒。

他在後臺勤讀聖經，讓同為基督徒的魏少朋看了非常感動。他勉勵至友鄭日清[1]說：「病由心生，凡事不該計較。」

四、

洪一峰的生涯，隨著臺灣民主的腳步，已經到了秋實豐收的季節。

經過五二〇農運和野百合學運的衝擊，動員戡亂時期終止了、萬年國會解散了，立法委員全面改選了。臺灣政治社會在狂飆、激動的九〇年代，邁入了新局。

本土語言、文化、歌曲，開始受到主流媒體的注意。電視、社教機構紛紛推出大型演唱活動，邀請五、六〇年代臺語歌曲作家、歌手走入螢光幕、國家殿堂與豪華嶄新舞臺。

中廣「咱的鄉情咱的歌」首開序幕；北市社教館「臺灣歌謠演唱會」、臺視三十週年

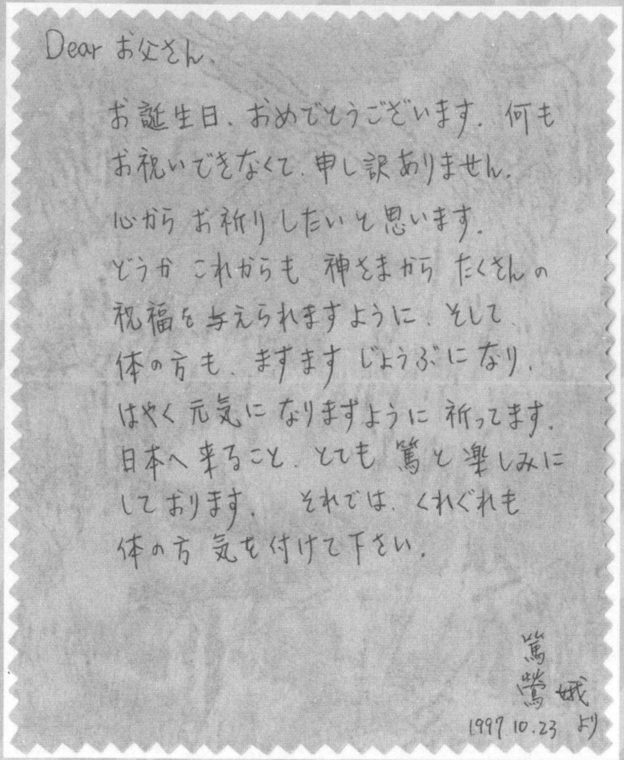
Dear お父さん、

お誕生日、おめでとうございます。何も
お祝いできなくて、申し訳ありません。
心から お祈りしたいと思います。
どうか これからも 神さまから たくさんの
祝福を与えられますように、そして、
体の方も、ますます じょうぶになり、
はやく元気になりまずように 祈ってます。
日本へ来ること、とても 驚と楽しみに
しております。 それでは、くれぐれも
体の方 気を付けて下さい。

鶯娥
1997.10.23 より

洪鶯娥給爸爸的日文信。。

洪一峰受洗後遊淡江中學校園。

慶「回首三十」、中視「閩南語歌謠一甲子」、臺中縣政府「藝術歸鄉——臺灣歌謠演唱會」、北市社教館「懷念閩南語老歌之夜」與「老歌聲新感情——懷念臺語老歌演唱會」、中廣「牽咱的手唱咱的歌」、玉山銀行「Formosa 關愛臺灣音樂會」、臺視「臺灣歌謠輯」等數不清的臺語歌謠演唱活動，邀請洪一峰、文夏、紀露霞、鄭日清等前輩歌手與成千上萬歌迷，共同緬懷那個年代臺語歌曲的璀璨聲華。

語言歧視政策下睽違二、三十年的電視臺邀約不斷。綜觀九〇年代，洪一峰幾乎上遍老三臺的綜藝、歌唱節目。華視《夜未央》甚至為他製作「洪一峰專輯」。

官方開辦的「金曲獎」第一屆、第二屆，把「特別貢獻獎」頒給臺語作詞家陳達儒與作曲家陳秋霖，並請洪一峰擔任頒獎人與演唱貴賓。以電影為主軸的「金馬獎」及電視流行歌曲票選排行的「金曲龍虎榜」，也安排洪一峰出席頒獎。二〇〇〇、二〇〇四年兩屆總統就職晚會，更邀請洪一峰出席演唱。

在自由、開放的懷舊氛圍中，老歌新唱成為時尚。國語偶像歌手齊秦在個人專輯中翻唱〈港都夜雨〉、〈思慕的人〉、〈舊情綿綿〉等懷念老歌開其端。他那時而吶喊、時而低吟的搖滾藍調，將往昔的含蓄與現代奔放的節奏融為一種新的形式，傳承臺語歌曲經典，令洪一峰、葉俊麟這兩位原唱者與原作者感動不已。

庾澄慶在《哈林夜總會》專輯中，翻唱洪一峰原唱的〈山頂黑狗兄〉入選第八屆「金曲龍虎榜」。頒獎晚會中，他與洪一峰飆唱這首歌，洪一峰的低魅嗓音與庾澄慶的快節奏讓全場聽眾沸騰。這張專輯在耶誕節前夕開賣；那年尾牙宴上，幾乎都可聽到庾澄慶在唱這首歌，為他賺取大把鈔票。

老歌回春，年輕歌手愛在唱片裡夾唱一兩首老歌。巷子裡，懷舊餐廳飄著五、六〇年代的氛圍。資深創作者與歌手，重新贏得了掌聲。

作家白先勇也把筆觸指向臺語歌曲，在論王禎和的小說時提到洪一峰說：「王禎和喜歡流行歌曲，也常常在小說中引用老牌臺語歌手洪一峰唱的〈舊情綿綿〉、〈悲情的城市〉這幾首臺灣老歌，韻味十足，別的臺灣歌星也唱不過他，即使他的歌王兒子洪榮宏唱起這些歌來，也要遜他三分。王禎和的小說也有洪一峰的這些臺語老歌醇厚濃摯的鄉土感情，悲酸凄楚中，透著綿綿不絕的溫馨。」

然而，洪一峰——這位國寶級的歌手，儘管受到朝野如此的敬重和主流媒體的青睞，此時仍在遊覽車休息站和地方慶

在《冰火五重天》節目後留影。左起紀露露、白冰冰、洪一峰、洪薇婷、愛玲。

典之類的野臺開唱。有人看他在板橋賣藥的康樂隊裡唱歌，場地上掛一塊「洪一峰演唱會」的布條，在人群圍攏中，忘情地唱著。

一九九三年，亞洲唱片公司發行一套五十九集的《亞洲唱片典藏系列》，復刻一九五七至一九六八年間「亞洲」等唱片公司灌錄的精選臺語歌曲，公認是二十世紀末臺灣文化界的一大盛事。內含五集《洪一峰典藏集》八十首歌，是洪一峰巔峰時期創作、演唱的完美紀錄與回顧。

五、

洪榮宏三十歲時，回到疏離多年的教會，重拾信仰。他體會到愛就是付出，沒有要求。記者說他個性上有很大的改變，說話之間不忘「感謝上帝」、「上帝祝福你」，看來頗為開朗喜樂，與之前憂鬱、內向的他，判若兩人。

在廖明發牧師的引領下，他和父親以歌聲做教會的事工，忙著聚會布道傳福音，在公園、醫院、教會、慈善晚會和布道大會中獻唱詩歌，找機會與父親做更多信仰的交集，見證上帝的恩典。

二〇〇〇年，洪一峰著手創作臺語詩歌。兩、三年間，寫了〈福氣的人〉、〈咱的神天父上帝〉、〈感恩〉、〈感謝耶和華〉、〈敬拜讚美上帝〉、〈主祝福基督的家庭〉、〈有祢陪伴〉、〈一人信主全家得救〉、〈耶穌愛你我也愛你〉、〈懇求上帝施恩賜福〉等，榮耀上帝。〈福氣的人〉曲寄〈思慕的人〉，唱出洪一峰入信後內心的喜樂與平安。

信仰，使家人走出風雨，回歸親情，並開展洪家亮麗的音樂版圖。

一九九一和一九九四年，洪榮宏兩度獲得金曲獎「最佳方言歌曲男演唱人獎」。一九九六年，他以《若是我回頭》專輯再獲此獎，並和洪敬堯以《愛的一生》專輯同獲「最佳演唱專輯製作人獎」。

洪一峰開始為洪榮宏工作室出版的唱片寫歌。專輯《空思戀》連續數週穩坐排行榜冠軍，由洪榮宏和父親聯手製作，洪敬堯編曲，洪榮宏主唱，妹妹洪鶯娥合音。

中視《超級拍檔》節目為洪榮宏製作專輯，洪一峰率家人上節目加油打氣，洪榮宏彈鋼琴，妹妹合音，父親拉小提琴，全家

洪一峰在「懷念的臺語老歌演唱會」會場與左起ECO、鄭日清、紀露霞、邱蘭芬、魏少朋合影。

洪一峰在「淡水美術紀事」會場與藝文界人士左起李魁賢、王昶雄、金門王、杜文靖等合影。

合唱。洪榮宏主持電視音樂歌唱節目《勁歌金曲五十年》，大展演唱功力，洪一峰帶領洪敬堯、洪薇婷組成四人樂團，在節目中連唱〈寶島曼波〉、〈思慕的人〉、〈相思雨〉和〈舊情綿綿〉四首快慢不同的歌曲。

十四、五歲的洪薇婷，多年跟著父親趕秀歷練，臺風、歌藝已有大將之風，令人刮目相看。洪敬堯彈一手好鍵盤，能作能編能彈能唱，已被周華健的「擺渡人工作室」簽為基本歌手。國中時，他跟大哥跑西餐廳四處跟班，看著洪榮宏自彈自唱覺得好玩，也想走這條路。洪敬堯說：「我記得榮宏出『光美』第一張專輯就進排行榜。當時張小燕有一個《綜藝一百》的節目，只有國語歌曲能進去，而臺語歌第一個進去的，就是哥哥的〈一支小雨傘〉，不但進去，還第一名；後續幾張專輯也都進去。那時我看電視，感覺好光榮，臺語歌能夠這樣出頭天！」

洪榮宏知道洪敬堯想進這個圈子，便教他一些爵士鋼琴的技巧。他的毅力像極了父親，正值國中貪玩年齡，卻可以整天練琴，中途不休息。他在天王西餐廳認識裡頭一位日本音樂顧問西門先生。這位理論作曲與編曲老師，引導他接觸日本前衛流行音樂，引起他對編曲的興趣，每天勤練八小時，還聽西洋音樂，組 BAND，迷 The Eagels（老鷹合唱團）的〈Hotel Califonia〉。

洪敬堯在當兵時寫的〈風風雨雨這多年〉，讓洪榮宏獲得首座金曲獎。退伍後，他幫洪榮宏製作《愛的一生》專輯，獲金曲獎「最佳演唱專輯製作人獎」；同年，出個人演奏與演唱兩張專輯，走向幕前。不過，他的志趣仍在編曲。周華健演唱會編曲都由他一手包辦；後來周杰倫的作品編曲，更是非他莫屬。

「有這些孩子，我很榮幸，尤其是堯，雖是幕後，可以有今天的成就，我引以為榮。」洪一峰說。

洪榮良自復興美工畢業後做廣告設計，後來走入電視，至此已有十年之久。洪榮良喜歡音樂。他看各臺都是遊戲、綜藝、座談，沒有純歌唱節目，便在「八大電視」製作一個臺語音樂節目《阿嬤的歌》。那年是一九九九年，要跨千禧年，節目每天倒數一天，以一集十分鐘一首臺語歌，陪伴觀眾緬懷過去，最後跨越二十一世紀。洪榮良說：

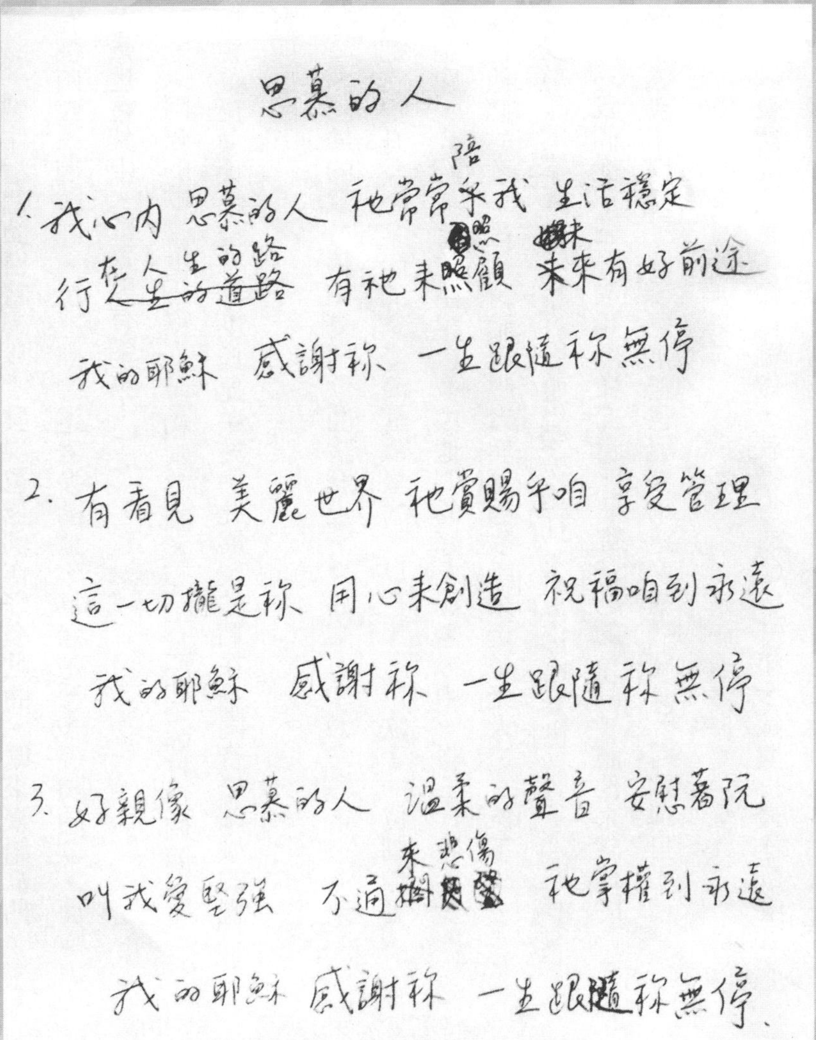
思慕的人

1. 我心內 思慕的人 祂常常陪我 生活穩定
行在人生的路 有祂來照顧 未來有好前途
我的耶穌 感謝祢 一生跟隨祢無停

2. 有看見 美麗世界 祂賞賜乎咱 享受管理
這一切攏是祢 用心來創造 祝福咱到永遠
我的耶穌 感謝祢 一生跟隨祢無停

3. 好親像 思慕的人 溫柔的聲音 安慰著阮
叫我愛堅強 不通來悲傷 祂掌權到永遠
我的耶穌 感謝祢 一生跟隨祢無停

詩歌〈福氣的人〉（曲寄〈思慕的人〉）的歌詞手稿。

「製作這個節目時，我才發現爸爸創作好多歌曲。原來臺語歌曲有鄧雨賢、周添旺、楊三郎等這麼多前輩，寫過這麼多優美的歌。而爸爸也在其中，感覺與有榮焉！」

《阿嬤的歌》推出後，反應相當熱烈。「八大」因為強打這個節目，電視臺形象大幅提升；洪氏兄弟亦由此展現他們在不同音樂領域的視野與雄圖。

《阿嬤的歌》藉由臺語歌曲講歷史、說故事。二〇〇〇年，洪榮良把它提升為金字版的《臺灣紅歌星》，以一集一位歌手一位創作者為主題，介紹他們的生平，並由他們的好友與老、中、青三代歌手，詮釋他們的歌；最後再請演唱者與原唱歌手來走星光大道、捺手印，享受尊榮的掌聲。主持人就請洪榮宏擔任，音樂總監為洪敬堯。

「我們從不同專業角度做節目，研究爸爸的作品，請他來講他的理想。我才慢慢了解，原來爸爸對藝術這麼執著認真，有那種日本精神，一絲一毫都不放過。」

《臺灣紅歌星》節目剛做，就獲得二〇〇一年金鐘獎「最佳歌唱音樂綜藝節目獎」，入圍「最佳主持人獎」。截至二〇〇五年，《臺

洪一峰與洪薇婷在教會獻唱詩歌。

灣紅歌星》總計獲得三座金鐘、五次入圍的榮譽。

「洪氏三兄弟，金鐘敲不停」成為報紙影藝版的大頭條。洪氏音樂家族光芒四射，歌壇聲望無人能及。看兒子們在音樂領域各擁一片天，洪一峰感到無比的欣慰。

千禧年，對洪一峰來說也有重大意義。

回顧二十世紀一百年間臺灣音樂歷史，到底哪些歌曲在現代歌迷心中留下永恆記憶？這一年，臺北市政府文化局和《聯合報》合辦一項「百年歌謠臺灣」的票選活動，在收到讀者二十二萬五千三百四十一張明信片後統計，戰前創作歌曲部分，鄧雨賢、李臨秋的〈望春風〉以兩萬兩千五百二十張票高居第一；戰後一九四五至一九八〇年臺語創作歌曲前十名中，洪一峰、葉俊麟的〈舊情綿綿〉、〈思慕的人〉和〈寶島曼波〉分居第一、第二和第九名，許石、陳達儒的〈安平追想曲〉則以九十票之差，直追第三。這是洪一峰、葉俊麟這對搭檔至高無上的榮譽。

二〇〇一年，臺北永樂扶輪社頒贈「臺灣歌謠貢獻獎」給洪一峰。

二〇〇三年十一月二十九日，為紀念葉俊麟創作臺語歌謠的貢獻，臺北縣政府在淡水漁人碼頭情人橋邊豎立一座「淡水暮色歌碑」。當時的縣長蘇貞昌邀請葉俊麟遺孀葉吳秀鑾女士、公子葉賽鶯法官、葉煥琪先生共同揭碑，作曲兼原唱者洪一峰蒞臨見證、演唱。〈淡水暮色〉詞曲雙璧，已與淡水的河海勝景互相輝映，永垂不朽。

同年年初，中華民國社區廣播電臺協會首屆廣播金音獎的「本土文化貢獻獎」，頒給洪一峰、文夏、紀露霞、鄭日清、鍾瑛、郭大誠、葉啟田、倪賓、文棋、文良、陳京等十一位本土資深創作者、歌手與廣播人，表彰他們對臺灣廣播與流行歌曲文化的付出與努力。

二〇〇四年二月，總統陳水扁在臺灣文化總會首屆「臺灣之歌」頒獎典禮中，頒獎感謝洪一峰、文夏、紀露霞三位，肯定他們長年從事臺灣音樂歌謠創作與演唱工作，致力人才培育，提攜後進，不遺餘力，對本土文化之發揚，民心士氣之鼓舞，貢獻卓著，允為「臺灣之歌典範」。三月，臺北圓環扶輪社致贈洪一峰「臺灣歌謠創作終身成就獎——臺灣國寶」獎璧一座，推崇他在臺灣文化上的重要地位。

尊崇與榮耀集於一身，洪一峰不改虛懷自持的個性。記者訪問，他回答說：「我不是國寶，我只是愛唱歌。」

六、

二〇〇五年八月一日，洪一峰心肌梗塞送醫，住院檢查發現肺部積水，心臟動脈幾乎全部堵塞。肺積水症狀治好，進行心導管手術，洪榮宏花了數十萬元請醫生為父親裝置六個支架，過程順利。

洪一峰身體本來還算硬朗，也很注意養生。出門演唱，磅秤、血壓計、營養品、藥物，無一不帶。愛玲說他每天洗完澡就磅體重，也愛看日文保健方面的書，說樓上書架整排都是這些。女兒洪薇婷也說，父親愛走路，日行萬步，幾乎是他每日功課。

這次心肌梗塞差點要他的命；隨後出現巴金森氏症顫抖、不良於行等症狀，健康狀況急轉直下。

醫生囑咐他不可勞累，不可有壓力，不可激烈運動，不能再唱歌。唱歌是洪一峰的生命，不讓他唱，他會很難過。但是為了健康著想，洪榮宏遵守醫生建議，暫時不讓他唱。

不唱歌，洪一峰每天照常彈琴、練聲，直到八十三歲得尿道炎住院為止。

洪榮宏兄弟開始整理父親的作品和相關資料，打算在父親滿八十歲時為他舉辦演唱會。洪榮宏說：「最好父親能唱；不能唱，就由我和其他歌手詮釋他最膾炙人口的作品。」

洪一峰的演出漸少，但各方公益邀請，還是答應，如擔任金馬獎頒獎人、臺灣電影五十週年慶祝晚會唱壓軸、解嚴三十週年各地「禁歌禁曲演唱會」、高雄燈節「懷舊臺語老歌之夜」、「葉俊麟逝世十週年紀念音樂會」等，他都打起精神盡量出席，不讓歌迷失望。

洪一峰獲臺北永樂扶輪社頒發「臺灣歌謠貢獻獎」，頒獎人為臺美基金會創辦人王桂榮。

二〇〇六年五月，洪榮宏舉辦出道三十年首次售票的「臺語金曲演唱會」，洪一峰在愛玲攙扶下到場。國父紀念館一連兩天爆滿，三小時飆唱三十幾首曲子的洪榮宏，以一流的實力贏得全場歌迷熱情不絕的掌聲、歡呼。洪榮宏與負責編曲、製作的弟弟洪敬堯、洪榮良合唱當年金曲獎得獎歌曲〈風風雨雨這多年〉；洪一峰在歌迷熱烈的掌聲中登臺，父子合唱〈舊情綿綿〉、〈淡水暮色〉、〈為你唱一首歌〉。令人訝異的是洪榮宏五歲的兒子洪亮打起鼓來，如鬼太鼓般驚人氣勢，令數千觀眾屏息注目，驚嘆連連。最後是兩家人上臺合唱，於高潮中結束。

坐在臺下的羅玉，為洪榮宏精采的表現感動得哭了。洪一峰表示非常滿意，但應記者提問時只給榮宏九十分，並謙虛地說：「他應該還要深耕研究，他還有進步的空間。」演唱會結束，羅玉、愛玲兩家人齊聚餐廳慶祝，這是洪家人難得一見的感人畫面。不過，洪榮宏對父親給的分數，似乎有點抱怨。他說：「爸爸對我們兄弟的音樂教育很嚴格，事事要求我們做到一百分，所以九十分等於告訴我：爸爸不滿意我演唱會的表現。」

洪榮宏對分數的解讀，或出於自我惕勵也說不定。但如期望受日本教育的父親當眾給兒子滿分的成績，則是不切實際的。

洪榮宏坦承，父親對他要求嚴格，讓他在演藝路上很怕父親，也很在意父親的意見。不過他說：「我和爸爸的感情非常的好，每個月我都會帶爸爸出去走走、聊天、談心。今年爸爸八十歲，這場音樂會，算是我送給爸爸的賀歲禮物。」

二〇〇七年九月某個晚上，洪一峰不慎在家跌倒，撞到腦部。家人送新光醫院急診，檢查有輕微腦出血，所幸意識清楚，留院觀察沒有腦震盪。

急診時，洪一峰想起以前住院時牧師送給他的一段話，他很喜歡，病中時常在唸，唸了就忘記疼痛。這時，他腦中閃過一段旋律，急叫洪榮良：「阿良，阿良，你拿一張紙給我。」在病床上，他把內心想到的旋律很快寫出，成為底下動人的一首歌：

愛常常喜樂　不住塊禱告　凡事感謝
因為這是上帝啟示的話　向咱所定的旨意
毋通消滅心內的感動
咱愛有信心　希望才會成功　互相相痛
哈利路亞——

——〈愛常常喜樂〉

這是《保羅書信：帖撒羅尼迦前書》裡的一段話，洪一峰寫成詩歌，是他生平最後一首作品，表現他的信仰與依靠。

七、

二〇〇七年底，由葉吳秀鑾女士和她的公子葉賽鶯女士、葉煥琪先生捐資成立的「文化公益信託葉俊麟臺灣歌謠推展基金」，邀請洪一峰擔任諮詢委員。次年，基金通過「洪一峰口述歷史訪談計畫」這項決議。

二〇〇九年三月，基金訪談小組一行拜訪洪一峰和他的家人，藉由輕鬆的聊天，說明計畫的內容，先做暖身。過去曾有記者長篇訪問過他，但像這樣有計畫的系列訪談，係為首次，使他有點緊張。好在小組成員孫德銘和洪一峰夫婦是幾十年的舊識，話題多，氣氛熱絡，消除他不少的緊張與不安。

洪家兄弟早有為父親寫傳和拍紀錄片的構想。紀錄片導演章蓁薰和洪榮良討論後，認為應該先從口述歷史做起，他們為此天天禱告。一個禮拜後，他們接到基金通知這項計畫。洪榮宏一家獲知消息，便從加拿大趕回臺灣。

為了配合洪榮宏的行程，第一回訪談，就從他們父子關係這個主題切入。兩個半小時的訪談結束，錄影機關閉，洪一峰面露憂戚地說：「真濟代誌本來無想欲講的，那知影一下就掘遮爾④深！」當天晚上，洪榮宏、洪榮良商量決定，今後涉及這方面的話題就別再問爸爸，其他人則單獨訪問好了。

註④　遮爾：tsiah-nī，多麼、這麼。

幾天後，愛玲透露那天洪一峰的心情：「晚上，洪老師說他無甲偌爽快。我跟他說：無爽快，莫⑤做就好了，歲數那麼大了，再說這些有什麼意思？」原來，洪一峰還沒準備好。

洪一峰與洪榮宏的父子關係，是一段漫長與逐漸解凍、重建的過程。由於彼此都有藝術家的敏感和不善溝通的特質，過程中，嘗盡了許多的折磨與痛苦。洪榮宏曾用歌聲表達自己想和父親和解的期望，一九九五年九月，他寫了〈爸爸〉這首歌送給父親。這首歌激起了父子間一段心靈的碰撞。根據教師節當天《民生報》記者姜玉景的報導，洪榮宏在推出這張專輯前，邀請父親到錄音間聽這首歌。那是一個毛毛雨的午後，歌開始播放時，洪一峰臉上沒有任何表情。但當歌詞唱到第二段時，洪一峰略顯激動，雙手緊握拳頭，懸在半空中，現場氣氛一時變得很凝重。

聽完〈爸爸〉這首歌❷，情緒稍微平靜一點後，洪一峰說：「這首歌的歌詞寫的都是事實，我只擔心一點，這是屬於我們兩人的事，別人會想聽嗎？」洪榮宏回答他說：「不管別人怎麼說，這首歌我寫給你，這也是我一直想告訴你，只是我不敢開口的。」

離開錄音間前，洪榮宏突然擁抱父親，對父親說：「爸爸，你要保重。」父子間長久以來的誤會，盡在無言的擁抱中。

父子倆的相處過程有愛有怨，曲折起伏。幾年後，洪榮宏兄弟應邀上《冰火五重天》接受主持人白冰冰的訪問，洪一峰看了節目，生氣地說：「為什麼要把家裡的事情說給人

註⑤ 莫（替用字）：mài，不要。

家聽？」看來羅玉和洪榮宏兄弟已經釋懷了，洪一峰則還不習慣把彼此的傷痛當眾一再撩起。

第二回訪談移到三芝雙連安養中心。這回訪問，促成了洪家三代人的大團圓。加拿大與日本的兒子、媳婦、女兒、內外孫都回來了，旅居日本的早期學生李昭男也聞聲趕回。洪榮良帶來專業攝影師，首先為各房兄弟與父親、母親合照；其次是愛玲與洪一峰；然後是羅玉、愛玲兩家人的大團圓：洪一峰坐中間，羅玉居左，愛玲在右，其他人團團圍繞，一派和樂，這是洪家人期待已久的畫面。

拍照前，訪者坐近洪一峰，與他短暫交談。他語調平和地說：「我無感覺少年囡仔時代有啥物艱苦，無艱苦哪有成功？唱歌是興趣，毋過嘛愛認真，人才會接受。我真感謝廣大的聽眾無棄嫌，愛聽我唱歌，我才有法度愈唱愈有氣力，接載⑥到今⑦。講什麼禁歌啦，壓迫啦，這是真真確確的代誌；但是講怨恨，我無啦。我總是認真唱，揣機會唱；臺灣未得唱，就去日本唱，日本人嘛愛聽咱唱臺灣歌。」短短數語，洪一峰已為

二〇〇七年「文化公益信託葉俊麟臺灣歌謠推展基金」成立，全體諮詢委員合影。

自己的人生定調，也為此刻心境做了註腳。

八、

洪一峰的健康狀況，漸漸不容許長時間的訪談。

他的巴金森氏症一天天惡化，受訪時容易倦怠，記憶力與表達也大不如前。訪談對他而言是很大的壓力，晚上睡不著，就影響隔天的精神。

他精神脆弱，也無信心，大家稱讚他，他的反應常常很不確定。訪談牽涉一些他不想再去碰觸的過去，也讓他很為難。

他的巴金森氏症都在三軍總醫院治療。這一年三月，罹患尿道炎，驗出菌血症，住院十天。出院後又發高燒，就近送新光醫院急診，住院十三天，打抗生素。

兩番尿道炎住院，讓他體力受損，體重遽降，腰椎常喊痠痛，不耐久坐，兩腳無力，需要臥床，開始出現幻覺現象。愛玲說，他有一回夢見主耶穌抱著他，跟他洗頭。

洪一峰病情時好時壞，訪問數度中斷。一知他有好轉，約好要去訪問，當天早上卻又發燒，家人通知展延。幾度之後，洪榮良建議：以後別事先約，他就不會「三工前四工後」緊張；當天打電話，方便就去，但別錄影。因為只要說到要錄影，他就會開始緊張，擔心

註⑥　接載：tsih-tsài，支撐、支持。

註⑦　今（替用字）：tann，此時、現在。

穿什麼衣服等一大堆。

七月二十四日下午，約要訪問，愛玲確定這一天可以，一行人於是過去。「閒聊」一小時後，請他確認作品。主要根據黃敏的幾本老歌簿，裡頭註明「洪文昌唱」卻無作曲、作詞者的，唱給他聽，或請研究生張喻涵在鋼琴上彈奏，以喚起他的記憶。只見他凝神諦聽，左手輕畫節拍，隨即確認是否他的作品。前後三個小時，彷彿病痛已經被他趕跑了。

他真正是「音樂之子」，談到音樂，就眼睛發亮、精神都來。

九月二十六日，洪一峰抱病參加葉俊麟臺灣歌謠推展基金與國立臺北教育大學合辦的「作詞家陳達儒與臺灣歌謠發展學術研討會」，聽學者發表論文和合唱團演唱。他應邀發表感言，言簡意賅，獲得全場如雷的掌聲。這是他生平最後一次在公眾場合致詞，此後就過著臥床鬥病的日子。

研討會後，朋友說他明顯消瘦許多，愛玲說自己天天看不覺得。但回去一量，四十六公斤，比上回在醫院量的五十三公斤，足足瘦了七公斤，愛玲嚇了一跳。十二月三日，愛玲帶他到新光醫院看洪啟仁院長的心臟科門診；因為臉黃、尿紅、尿濁，怕又得尿道炎，同時掛了感染科；洪院長建議他加掛楊國卿副院長的肝膽科。

楊副院長檢查後發現洪一峰膽管阻塞，膽內有很多結石，為他安排住院做斷層掃描。次日，斷層掃描發現已得胰臟癌末期；腹部一旁大動脈另有一顆五公分大腫瘤，壓迫膽管。

因位置關係，腫瘤不能開刀，醫生只在膽管放置一根支架解決阻塞，黃膽隨即消失。

二〇〇九年，可以說是「文化公益信託葉俊麟臺灣歌謠推展基金」的「洪一峰年」。十月十六日在臺南市成功大學和十二月十二日在三重小巨蛋，各有一場「向寶島歌王名作曲家洪一峰致敬音樂會」，場內的地板、走道都坐滿了人，場外更有許多無法入場的歌迷，迴響非常熱烈。

臺南場，由於洪一峰不堪長途疲累，只由愛玲、洪榮良代表出席。三重場，原本安排洪一峰上臺致詞，他也打算那天向醫院請假參加，可惜當天發燒，事與願違，只由洪榮良播放預先為

二〇〇九年三月二十日，洪一峰與洪榮宏一起接受「葉俊麟臺灣歌謠推展基金」的口述訪談。

他錄好的VCR，向會中爆滿的歌迷致意，稍解遺憾。

九、

十二月十九日，醫生讓洪一峰出院。新光醫師認為他的病情已到癌末，無法再做治療，建議讓他回家靜養，畢竟家裡比較溫馨。

在醫院進進出出的一年多裡，洪一峰問羅玉是否真的饒赦他了，否則身體怎會不好？羅玉告訴他：「耶穌赦免人，我也饒赦你了。饒赦就是饒赦，是無條件的。」

未發現胰臟癌前，洪一峰會因為莫名的疼痛感到害怕，懷疑自己是否得癌症了。這時，洪榮宏就會引導父親，為他禱告、彈琴唱詩給他聽；或朗讀聖經，分享其中的故事，讓他從神的話語中得到安慰。

這次住院，洪榮宏當時的妻子陳施羽請來郭美江牧師到病房為父親禱告。幾天後，郭牧師知道洪一峰與家人之間還有一些沒有真正釋放的罪，想帶他做一個療治認罪的家庭禮拜，希望家人都到。陳施羽徵得婆婆羅玉、阿姨愛玲和兄弟姐妹的同意，請大家二十一日當天到父親家裡來。

那天三兄弟遲到，郭牧師先領洪一峰、羅玉、愛玲三人禱告，然後請他（她）們說出內心深處想跟對方說的話。洪一峰拉著羅玉的手，一五一十道出他過去的錯誤，祈求她的饒恕。羅玉坦承自己不能體諒他的辛勞，常常鬥氣，請他原諒，也感謝愛玲多年不眠不休地照顧他，懇求上帝祝福她，賜她力氣。

看著兩位年老氣衰的長者打開緊閉的心扉，剖露自己，陳施羽的眼淚不聽使喚的直流；三位長者更是激動地緊緊相擁，久久不能自已。

三兄弟到了。洪一峰拉著洪敬堯的手，對他說：「敬堯，你還記得嗎？小時候，你有畫一張爸爸的畫像，畫得很好！你真的很有畫畫的天分。」洪敬堯回答說：「爸，你知道這也遺傳你，不只是音樂，我連畫畫都遺傳你。」洪一峰聽了，高興地笑了很久。

那一天，他們給彼此溫暖的擁抱。洪敬堯說：「這一生，我跟爸爸擁抱的次數可以數得出來的，印象中可能不到三次，但是在那一天，我跟爸爸擁抱了很久，大概一分多鐘沒有中斷。我對爸爸說一句我不曾對他說過的話：『爸爸，我愛你。』爸爸聽了，眼眶紅了。在基督裡面，我們的關係，是完全地被修復。不只我得釋放，爸爸也得釋放。」

洪鶯娥想到醫生說爸爸的生命只剩三個月，又看他得忍受癌末的痛苦，心都快裂開了。她噙著淚水，一股衝動緊緊抱著父親，說出這一生從來沒在父親面前說過的話：「爸爸，我愛你，你是我這世界上最愛的人，你一定要堅強活下去，努力為耶穌，為我們家人活下去。」洪一峰聽完後哭了，回答她說：「好，我會努力的，娥仔，我真疼你，我真愛你。」

聽父親這麼說，洪鶯娥的眼淚已經潰堤。

「這一天，全家人都得到聖靈大大的感動，相互認罪，彼此饒恕。爸爸向媽媽、向我們這些孩子認罪，我們也因為過去不能諒解爸爸，而讓爸爸背負這麼大的痛，請求爸爸原諒。我們擁抱在一起痛哭。以前所受的傷害，完全得到醫治；以前所犯的錯，在神的面前，也完全得以赦免。」

洪鶯娥看到父親被罪釋放，獲得自由，做女兒的，比什麼都高興。不過，想到隔天就要回日本了，心裡總是依依不捨。

禱告結束，羅玉準備回三芝。臨走，洪一峰拉著她的手說：「今仔日，是我這一生最快樂的一工。」

隔天，洪榮宏一家回加拿大，洪鶯娥母女也返抵日本。

洪榮宏原本打算一月初再回來陪父親一段時間。沒想到，抵達溫哥華的第三天，就接到洪榮良電話，說父親因為嗆阻性肺炎引起休克，陷入重度昏迷。洪榮宏再度飛回臺灣。

在飛機上，洪榮宏望著窗外的雲層，想到對爸爸晚年的歌一度有一種誤解，他祈禱上帝讓爸爸好起來，回去後要對爸爸說：「爸爸，你的歌才是最棒的！」

且說二十五日那天下午，洪一峰到新光醫院回診出來，愛玲帶他到大佳公園走走，回家後輕微發燒。隔天清晨，燒到四十度，愛玲打電話到醫院，楊副院長叫他立刻來入院。

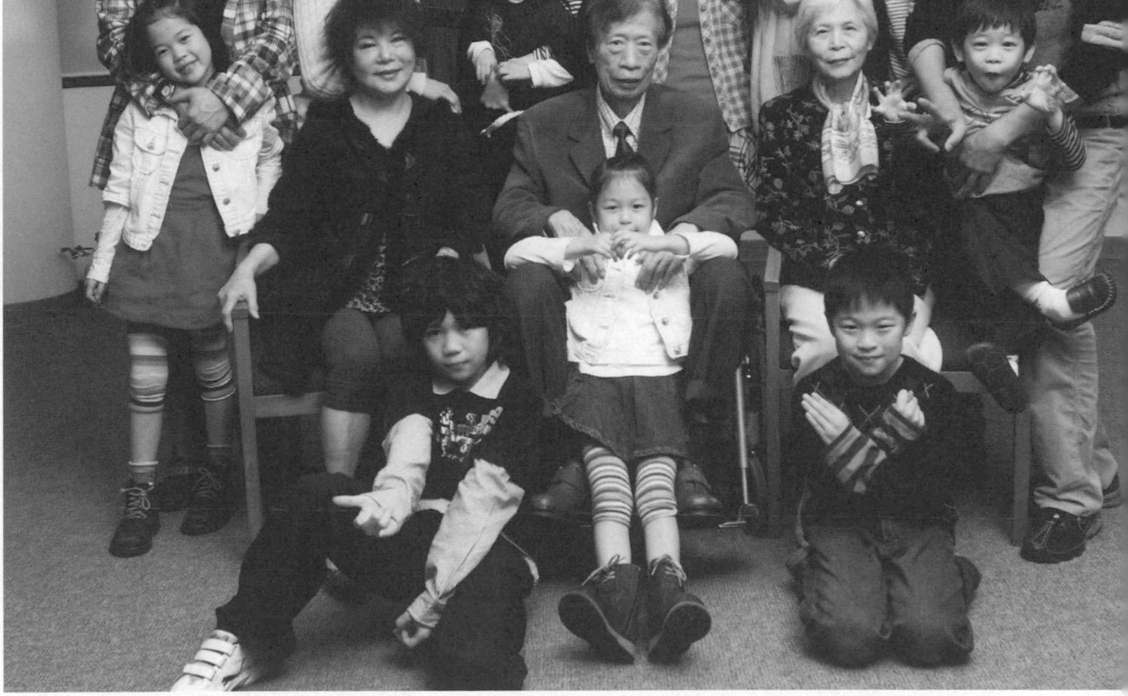

洪家在雙連安養中心拍大團圓照。

洪榮良趕到，洪一峰伸出雙手給他，露出笑容。輪椅推到樓梯間，洪一峰用力喊著「哈利路亞！」隨後癱軟下來。這是他生前最後發出的聲音。

到樓下，人已昏迷。十分鐘後抵達新光醫院，醫生看無心跳呼吸；急救後，心跳恢復，但意識昏迷，生命指數三，自此不再醒來。

二〇一〇年二月六日，洪一峰轉到臺北醫學院附設醫院，打算接受安寧治療；評估後，轉入特別病房。十三日大年夜，牧師領著愛玲和三兄弟家人在病房做除夕感恩禮拜，為父親禱告，每個人都跟父親說一段話，然後唱詩，陪父親守歲過年。

最後輪到愛玲。這些年來一直默默照顧洪一峰卻少有機會表露自己的她，當著牧師的面對三兄弟說：「現在，爸爸躺在這裡不會說話了，如果他意識清醒的話，一定因為有你們兄弟而感到很安慰，很滿足。我想代替爸爸跟你們說他這幾十年來一直想跟你們說的一句話。從你們小的時候，他就很想看你們，很愛你們，你們是他的驕傲。我這段婚姻，讓你們跟爸爸的關係疏遠，這點我要跟你們說對不起，我也要替爸爸向你們道歉。在這裡我要說：爸爸真的很愛你們。」說完，愛玲走向洪榮宏兄弟，大家深深擁抱在一起。

二月二十四日下午四點四十分，洪一峰在家人的溫馨守護與國人的哀戚不捨中，卸下肩頭的重擔，安息主懷，享壽八十三歲。

註—❶ 鄭日清於一九九五年受洗為基督徒，二〇一四年一月十日逝世，享壽九十一歲。

註—❷ 〈爸爸〉一曲收錄在洪榮宏、洪敬堯的《洪榮宏的新老歌(1)愛的一生》專輯中。這張專輯榮獲一九九六年金曲獎「最佳演唱專輯製作人獎」。但愛玲受訪時，說自己對〈爸爸〉這首歌以及《民生報》的報導內容沒有印象。洪榮宏在這首歌中赤裸裸地道出他對父親的怨與愛，歌詞如下：

「(一)你是我生命的爸爸／你是我歌壇的爸爸／是你將我帶到這個世間／是你教我唱歌登臺生活／(二)你是我怨歎的爸爸／嘛是我最愛的爸爸／是你放捨阮和我的媽媽／你是我夢中走找的靠山／(三)人生的歌有短有長／人若無情就袂愛到恨／分分合合的世界／囡仔的時哪會知／大人嘛會為著感情互相傷害／(四)人生的歌有短有長／人若無情就袂愛到恨／分分合合的世界／囡仔的時哪會知／我的心肝內／永遠你是我的等待」

拾貳。爲你唱一首歌

一、

戰後初期，臺灣尚無所謂「歌壇」。三〇年代崛起的創作流行歌曲，因為戰火偃旗息鼓。而戰後民生凋敝，嗣因二二八事件和白色恐怖，社會陰霾肅殺，人心苦悶，所幸抒發民眾心聲的作品，藉由電臺及歌簿傳唱於市井，延續了臺灣歌曲的命脈。

彼時唱片工業還未興起，歌手少，男性歌手更少；男性歌手而又能唱低音的，更是絕無僅有。陳木回憶初聽洪一峰歌聲在電臺流洩時那種驚豔和如醉如癡的感覺，說：「那時守著收音機，就等著聽他最後唱歌。因為他唱低音，當時要找像他那樣特殊音色的，幾乎沒有。」

不過，他的低音，卻招致聽眾連續一個月寫信來電臺抗議，說那「粗 phé- phé」的查埔聲，好像打破水缸、鍋蓋，難聽死了。事後查明，抗議信是由同一聽眾寄來，不過洪一峰還是非常在意「人客」的批評。

他怕「人客」對他失望，除了努力琢磨音色，還更加勤練各種樂器。

他習慣自彈自唱。在街頭、酒家唱那卡西時，他彈手風琴、小提琴；在電臺，他彈鋼琴。在舞臺，他會先來一段 solo（小提琴或手風琴），隨後樂隊加進來；唱完一段，他再 solo，然後樂隊。這種活潑的演唱方式，很受聽眾歡迎（愛玲說，八〇年代在臺中酒店，檔

期延了兩三次，連唱一個多月，是一般歌手少見的）。

舞臺上，洪一峰著一身雪白西裝，配他那酒紅色手風琴與小提琴交互演奏，那歌聲、表情與昂然英挺的氣質，真有演奏家的架勢，魅力十足。

陳木說，洪一峰的低音「結實而不泛散」。葉俊麟誇讚洪一峰的低音是「任何一位臺灣歌手都比不上的」。陳和平說：「洪一峰的低音漂亮，可以大，可以圓，在臺灣前無古人。但若因此說洪一峰是低音歌王，那就錯了，他是全能歌王。他低音好，高音也唱得漂亮，在〈攤販夜嘆〉、〈無聊的男性〉和〈快樂的牧場〉等高音處，他唱得又圓又厚。別的歌手，總是在高音處薄，而洪一峰則一樣圓，一樣厚。」

洪一峰難得展現高音。陳和平問他原因，他說：「在臺灣唱高音的，不差我一個，而唱低音的，沒我不行。我是要走比較少人走的路！」

洪一峰較早灌錄的日文翻唱歌曲，以法蘭克·永井的原唱曲居多。他與永井的低音魅力極為神似。永井是日本首席低音歌手，時人愛拿洪一峰與他相比；而在日本，主持人更愛以「臺灣的永井」介紹洪一峰。他們的低音，在五、六〇年代的日本與臺灣，都是劃時代的。

陳和平曾問洪一峰：「您這樣的低音，是天生的，還是練的？」洪一峰說：「和平啊！這以後你就知道了。」

先天的嗓音加上苦練，就是洪一峰要給陳和平的答案吧！

在〈山頂的黑狗兄〉和〈快樂的牧場〉中，他那實聲與假聲交互運用的高難度技巧，是當時歌壇首度的嘗試，也是洪一峰音色的一大突破，後來許多歌手翻唱這首歌時，都領受到其中的辛苦。

紀露霞懷念洪一峰電臺時代的歌聲，形容他的聲音中氣十足，而且「從高到低，音域很寬」。研究洪一峰「音域分布」的邱婉婷認為，洪一峰在演唱的音色方面，比其他歌手有較低的共鳴，最低音比吳晉淮、文夏、鄭日清三人的歌曲都要低了一度，但在所能唱的最高音與最低音之間，則與三人差異不大，音域分布都在十一度、十二度、十三度之間。因此發現，「音域分布」不能算是洪一峰被稱為「低音歌王」的主要原因，而應該是「高音」與「低音」，在他所唱或所作歌曲中所占的比重。

她以〈舊情綿綿〉為例，說洪一峰的作品常以許多低音的樂句開始，強調低音的特色。〈舊情綿綿〉如此，〈男兒哀歌〉如此，就是他最有代表性的日本曲〈再會夜都市〉、〈可憐戀花再會吧〉、〈重回故鄉〉、〈惜別夜港邊〉，也莫不如此。

她說洪一峰在歌曲中集中演唱低音，再加上其個人音色特質，才能從同時代歌手中脫穎而出，替戰後臺語流行歌曲樹立新的審美趣味與低音男性聲音美學。

這就是洪一峰說的，「走比較少人走的路」。

二、

洪一峰這一代「戰中派」的臺灣青年，是在戰爭體制的氛圍中長大的，聽覺上瀰漫著戰時色調的軍歌與時局歌，他的音樂心靈與此有關，但主要受到演歌[1]的影響。

洪一峰說演歌是「心的歌」，不用感情唱的話，演歌的生命就不見了。他的唱片歌曲中不少日本的演歌，唱時感情流露，歌聲渾厚，已經成為臺語歌曲的不朽經典了。

洪一峰晚年唱歌，除了感情，他還加入更多的「表情」。洪榮良說：「爸爸認為唱歌不是只有聲音而已，還有表情。就像他唱〈舊情綿綿〉時，眼睛、嘴形、臉部肌肉，都有表情出來一樣。」

演歌之外，洪一峰也愛唱爵士和快節奏。愛玲說，有一回洪一峰出場，樂師奏起爵士風的〈悲情的城市〉，聽眾一驚，他照樣唱得很棒，出乎大家意料之外。晚年他唱〈舊情

葆德唱片公司五週年紀念盤封面。

綿綿〉、〈男兒哀歌〉等，已經擺脫他六〇年代亞洲唱片的調性，幾乎全是爵士的唱腔了。

而像〈桃花鄉〉，愛玲說一般人都唱軟軟的慢慢的，而洪一峰上臺，一定是快節奏、有活力的，配合青春活潑的詞意，唱得全場都活起來。

洪一峰愛唱爵士，其來有自。五〇年代，美國、日本、臺灣流行爵士風。日本的法蘭克·永井就是在美軍俱樂部唱爵士起家的，洪一峰翻唱他的原唱曲，很多是爵士的，像最早的〈相逢有樂町〉到後來的〈冷淡的 kiss〉等都是。

而在臺灣，楊三郎就寫了很多爵士作品，像是〈孤戀花〉、〈阮是這款〉、〈港都夜雨〉、〈苦戀歌〉、〈望你早歸〉、

洪一峰在臺中酒店與左起呂敏郎（呂金守）、尤君、張美雲、歌迷（中醫師）、尤美、洪弟七、愛玲等合影。

〈沒關係〉（葉俊麟詞）等都是。而許石的〈行船人〉、〈漂亮你一人〉和洪一峰的〈舊情綿綿〉、〈男兒哀歌〉、〈放浪人生〉等也是。那是一個「臺灣爵士」的年代，只是臺灣人不愛爵士，這些作品也就都被唱成演歌了。等到洪一峰晚年回頭唱爵士時，歌迷反而覺得不習慣了。

洪一峰熱愛舞臺，他說：「去到舞臺頂，就要有舞臺精神。」什麼是「舞臺精神」？就是屹立舞臺的那份專注、敬業與用心，這是貫穿洪一峰歌唱藝術與創作的核心態度。長年那卡西的訓練，養成洪一峰尊重「人客」的精神，無時無刻都要呈現最完美的歌聲給歌迷。〈為你唱一首歌〉和〈送你一首輕鬆歌〉裡那「認真為歌迷，唱歌答顧客」、「認真為歌迷，唱歌唱到底」的詞意，就是「舞臺精神」的寫照。

洪一峰每日練琴、發聲，維持、精進他的專業，數十年如一日；作秀總是提前到場，不給主持人困擾；中場休息也都在後臺冥想歌詞或拉琴、練歌，為下一場做準備，加上服裝考究等，在在顯示他對歌唱藝術的堅持。

洪一峰獻身歌唱，終身不渝。生前兩、三年，健康狀況已不允許，有人邀請，他就答應。家人勸阻，他總是說：「人客無棄嫌，欲聽咱唱歌，咱就愛去。」「我要唱下去，唱到不能唱了為止。」

他是永遠的歌者，永遠的戰士，在歌唱路上，昂揚前進。

三、

從〈蝶戀花〉到〈愛常常喜樂〉，六十一年間，洪一峰的創作約可分成萌芽期、發展期、巔峰期、風雨狂飆期與圓熟期五個階段。

〈蝶戀花〉是「萌芽期」的成熟之作。在「空想夢想」的少年期，就常有音符在他腦裡縈迴跳躍；離開工廠後，他試著寫下這些音符拿到街上奏給人聽。「有人聽，有人反應，我就想：如果這樣改，是否會比較滿意，更有那個靈魂、氣質出來？」洪一峰說。

靠著熱情及不斷地與人互動而寫下的這些曲子，因為戰爭沒有發表，年久月深，都不見了。

一九四七至一九五六的十年間是「發展期」。他應那卡西與電臺的需要，每寫好一首，就在街頭和電臺發表，並且刻成歌簿，到處教唱。

電臺歌曲需求量大，歌手屢有「無歌可唱」之嘆，大家只好努力創作。〈秋風嘆〉、〈港邊月〉、〈女性的復仇〉、〈幸福的歌聲〉、〈雷鳴風雨〉、〈男性的純情〉、〈臺北是樂園〉、〈港邊悲歌〉、〈臺北春天〉等是他這個階段的作品，與洪德成、蔡啓東合作居多。因為沒有商業動機，所以不乏藝術的純度與真誠。聽了喜歡，寫信到電臺點唱，或買一本歌簿回去練習，大概就是他們最大的安慰了。

一九五七年洪一峰結識葉俊麟，邁入音樂創作的「巔峰期」，兩人合作的經典一一問世。〈舊情綿綿〉、〈男兒哀歌〉、〈放浪人生〉、〈淡水暮色〉、〈寶島曼波〉、〈寶島四季謠〉、〈快樂的牧場〉、〈異鄉風雨〉、〈今宵伴吉他〉、〈思慕的人〉等，先在電臺唱開，後來再由臺聲、亞洲等唱片公司灌錄發行，風靡全國，傳唱至今。

「巔峰期」迄一九六三年，僅約六年。此後二十餘年間，為「風雨狂飆期」，洪一峰跨界演電影、赴日巡迴演唱並全心培植兒子洪榮宏，迄七〇、八〇年代，因婚變而親情撕裂，身心俱創，作品〈孤兒淚〉、〈何時再相逢〉、〈愛河月夜〉、〈悲戀情歌〉、〈黃昏日頭落〉、〈真情難忘〉、〈孤兒淚〉、〈空思戀〉、〈人生旅途〉等近百首，曲風證見世情冷暖、風雨滄桑。

一九八九年，洪一峰入信基督，自此以感恩祝福的心情寫下系列詩歌，為「圓熟期」。二〇〇七年，在病榻完成〈愛常常喜樂〉，傳達晚年心境，為創作畫下完美休止符。

洪一峰的作品有傳承，有創新。幼時接觸臺灣傳統曲調；青少年期接受日本學校音樂教育，並透過閱讀，廣泛吸取東西方音樂思潮，為一生創作打下堅實基礎。

他的詞作多為三段，間有四段或二段，是三〇年代以來臺灣流行歌曲奠下的標準格式。節奏以二拍與四拍為主，結構多為兩段式。最高音至最低音在十一到十三度之間。處女作

〈蝶戀花〉比較特別：四段歌詞，男女對唱，華麗的圓舞曲風，在臺語歌曲創作上，較為少見。

調式多為臺灣傳統大調五聲音階，沒有Fa（4）、Si（7）兩個半音。因為採用五聲音階，作品容易給人「民謠」的印象，尤其有時取材自熟悉的民謠旋律，而給人鄉土親切的感覺，如〈寶島曼波〉前奏部分的人聲領唱，就是從〈草螟弄雞公〉的民謠旋律來的。黃敏說「洪一峰的作品很有咱臺灣鄉土的氣氛」，原因就在這裡。

洪一峰也不拘泥傳統，像〈快樂的牧場〉這一首輕快的樂曲，便不局限五聲音階，裡面他用了Fa、Si兩個半音，而使曲調更為婉轉、流暢；不惟如此，他還融入歐洲阿爾卑斯山區的yodel唱法與歡樂節奏，而使習慣傳統節奏的聽眾眼睛一亮。這在臺灣流行歌曲創作上，是前所未有的。

洪一峰說：「我那時想，海，不是只有夏威夷的；山，不是只有歐洲的，也是臺灣的。」夢想起飛，自由無限；讓臺灣走入世界，世界走入臺灣，是洪一峰臺語歌曲創作的豪氣與自信。

洪一峰作曲講求自然，說〈舊情綿綿〉的旋律，就是「舊情綿綿」四個字的聲調帶給他的靈感。他說：「咱臺語歌曲要讓他自然產生。『一言說出就欲放乎袂記哩，舊情綿綿暝日恰想也是你』，那旋律是『說』出來的，不是作出來的。由此可知，這個香頌（chanson）

是從歌詞來的，唱時好像在跟『人客』訴說，這是我很注意的重點。」

又說：「我作曲必須歌詞可以像講話一樣清楚，一樣自然。如果不清楚，不自然，就顯得虛假了。像『怎樣我……』的『怎』，唱到最高音，是為強調『我』這個字；而『我』，唱成『guà』跟唱成『guá』是不一樣的，我這裡有很清楚的分別在。我每一句都很嚴肅唱歌，說不定要這樣唱，『人客』才比較能夠了解歌詞的內容，歌的氣氛也才體會得出來。而且臺語歌你跟他斟酌①聽，有歌仔戲那樣咬字清楚的特色，讓人聽得很明瞭。如果不明瞭，內容、氣質就會『走精』②，『人客』也就不能溝通，也不會接受的。」

原來如此，怪不得國寶歌仔戲名旦廖瓊枝說：「聽洪一峰唱歌，不用看歌詞，就可以聽得清清楚楚，知道他在唱什麼。」

不過曲詞契合，四聲分明，「像說話一樣自然」，都得歸功於葉俊麟語言的音樂性，才使洪一峰作曲能夠如魚得水，不必為此費心。

洪一峰的作品，都有完整的前後奏與間奏；巔峰期作品寫好便交給林禮涵編配樂器，過程中，再討論他想要的效果和感覺。他與「葉仙」（葉俊麟）、「涵仙」（林禮涵）的合作無間，是洪一峰經典誕生的鐵三角，缺一不可。

洪一峰作曲常用鋼琴，較早也用吉他，在外則用小提琴。後來趕場作秀，車上作曲只在紙上寫作，寫完推敲一下，那裡不順，再改。

註①　斟酌：tsim-tsiok，仔細、用心。

註②　走精：tsáu-tsing，失準、走樣。

在家作完曲會彈給愛玲聽，愛玲有時給他建議，他覺得有道理也會接受；有時為一個音符處理不好，會在那裡反覆調整。愛玲說：「曲要配詞，有時曲作得順，詞卻不明；詞分明了，曲又不順，就在那裡費神。好在他不煩不躁，只在那裡反覆地改，反覆地彈，反覆地唱……。」

作曲先要有詞，〈蝶戀花〉、〈思慕的人〉兩首則先有曲然後有詞。他說：「〈蝶戀花〉的旋律在心裡醞釀很久了，那一年春天，我吉他彈著彈著，melody 就出來了，然後填上四葩③歌詞。」關於歌詞，洪一峰說：「現在臺語歌曲習慣用一葩簡化，重複唱兩三遍。早期不是，歌詞都有三葩，甚至四葩，至少兩葩，較重感情、氣氛，交代一個情節。像〈蝶戀花〉，把男性比做蝴蝶、女性比做花地在那裡戀愛來戀愛去。我那時想，這樣的『冒險』會不會太早了？這樣的歌詞會不會太熱烈了？我想了又想，也不用擔心，作下去就對了！」

「冒險」，意謂著突破傳統和邁向新的道路。而情境的「醞釀」和觸發，則是〈蝶戀花〉旋律動人的祕密。較早古賀政男作〈慕影〉時，也有異曲同工之妙：都是生平第一首作品、三拍、一個戀慕的幻影和個人生命的情境。只是古賀絕望幻滅，而洪一峰青春爛漫罷了。

四、

註③　葩：pha，計算成串物品的單位，在此意指「一段」歌詞。

洪一峰寫曲多為興趣，且為自己歌唱而作，沒有商業動機，也沒有著作權觀念，以致作品常遭他人盜用，或者據為己有。倪賓翻唱的〈山高情又長〉這首「國語歌」，就是一個顯例。

有一次，洪一峰偕愛玲搭倪賓的車，車上正放這一首歌，「臺灣唱片」剛錄出來的。洪一峰聽了表示，這是他做的曲子〈山高情又深〉，十幾年前就已經錄好了。倪賓不敢置信，說這位「作曲者」去跟「臺灣唱片」拿了錢，還將曲名改為〈山高情又長〉，要洪一峰去找他！

「說起來難為情，我們也沒去找他，只是讓倪賓知道，這首歌是洪老師作的而已。如果那個人知道是洪老師的曲子，相信他不至於這樣做才對。」愛玲說。

〈山高情又深〉，高山情調的旋律，是洪一峰早期為愛徒張景峰量身譜寫的作品。張景峰，嘉義人，歌聲清純有情，十六歲就在「洪一峰歌舞團」裡，非常賣力活躍，很受洪一峰器重。歌舞團解散後，曾經自己組團公演了一陣子，後來在高雄開班授徒，不久癌症去世，才二十六歲，讓洪一峰非常傷心。

作品被盜用外，洪一峰和海山唱片公司之間的著作權爭議，迄今還是羅生門式的懸案，令人對早期詞曲作家的處境，格外關切同情。

一九七七年，臺語歌曲處於低迷，海山唱片公司以振興臺語歌曲為名，想錄洪一峰的專輯，請宣傳部主任陳和平去找洪一峰。

陳和平登門說明來意，隨後介紹鄭董、林總與他見面。他們請他在文件上簽名，說要送請新聞局核准，以便出版。

後來的情形是：專輯錄了，卻不見出版；而包括〈舊情綿綿〉、〈思慕的人〉、〈放浪人生〉、〈寶島四季謠〉、〈寶島曼波〉、〈男兒哀歌〉、〈快樂的牧場〉、〈異鄉風雨〉、〈難忘的夜城市〉等經典和〈愛妻！請原諒〉的著作權，則已落入海山唱片之手。而稍早，像楊三郎〈秋風夜雨〉、〈孤戀花〉、〈思念故鄉〉等十二首作品，透過黃敏介紹，已歸海山所有。

洪一峰愛徒張景峰與伴唱歌手。

張景峰在舞臺上忘情演出。

作家賣斷著作權各有原因。楊三郎是在觀音鄉尚大農場養豬虧了兩千多萬，不得已賣掉著作權償債；洪一峰則缺乏著作權觀念而痛失一生心血。

同是作曲、作詞名家的黃敏，任職海山唱片與光美唱片期間，也有切身之痛。他說唱片公司相對強勢，創作者著作權如不賣斷，公司就不用你的作品，這令創作者難以抗拒，不得不賣。另外，政府不積極保護創作者權益，也令人氣結。

黃敏說，有一次他告一家唱片公司侵權，法官居然問他：「黃老師，你年紀這麼大了，還需要這些錢嗎？」他聽了傻眼。法官甚至要他證明黃敏就是黃東琨本人，他忿忿不平地對法官說：「我『黃敏』用了四、五十年，會唱歌的人誰不認識我。你法院都這樣了，叫我們這些人怎麼辦？」

法院跑了兩三回，被告帶小孩到法庭使出悲情牌。黃敏不忍，說：「如果官司打得這麼辛苦，我不告了，律師費你出，其他的我不要了。」

黃敏說洪一峰與他都是古意人，根本不是唱片公司的對手。

居間介紹鄭董與洪一峰見面的陳和平則說：「聽洪老師說沒拿到費用，詳情我不清楚。我只負責製作這張專輯，細節他們自己去談。至於新聞局，只管歌詞『健不健康』，著作權什麼的，他們不管。」

八〇年代，海山唱片結束營業，擁有的著作權轉到喜瑪拉雅唱片公司手上，喜瑪拉雅再把授權業務委託可登唱片公司負責，導致洪榮宏兄弟拍電影、開演唱會要唱父親歌曲，還要向唱片公司申請授權。

「我們想要爭取這些著作權回來。自己生的孩子就要回到自己家裡才對，不是只談費用的問題。」愛玲說。

三、四年前，海山鄭董把〈思慕的人〉的授權費還給洪一峰時，表示要陪他取回這些作品的著作權。「臺灣音樂著作權人總會」前財務長孫德銘生前說過：「鄭鎮坤❷對境遇不佳的創作者相當照顧，這項爭議，應該能夠圓滿解決才對。」

二〇〇七年二月二十八日《經濟日報》「詞曲授權金新趨勢」專欄，以〈創作人賣斷歌曲，仍有財路〉為題報導說：「經濟部智慧財產局官員指出，早年詞曲創作人的權益問題已受到注意。官員說部分國際間的音樂仲介團體內部規定，詞曲創作人將作品賣斷給唱片公司，未來如果有利用人使用此一作品，且給付授權金給仲介團體時，唱片公司的版權部門還是應該撥付一半的授權金給詞曲創作人。我國的中華音樂著作權仲介協會已採取此一措施維護創作人權益。」

從洪一峰和多位音樂前輩的例子，可以看到創作者的處境相當為難。期望國內其他音樂著作權仲介團體跟進，政府盡快朝此方向修法，以維護早期著作人權益。

五、

在電臺擔任樂師兼歌手的洪一峰，終於有人請他錄唱片了。

他說：「較早一位葉姓技師，就職美國新聞處，家裡也在為人錄音，有一天請我去錄。葉仙為人客氣，對我很招呼，聽了我錄的聲音，連說『好喔！唱按呢真好喔！真好喔！』人攏食褒，雖然緊張，錄得還算順利，承葉仙無棄嫌，予我通過，我就差不多有一點自信了。」

「葉仙」，就是戰後臺灣錄音界的先驅——葉和鳴。錄音室在重慶北路三段航道下方，每當飛機從屋頂飛過，錄音就得暫停重來，許多前輩歌手都在那裡吃過苦頭。不過，這裡可是五〇年代臺北第一個專業的私人錄音間。

這時，洪一峰在民聲、天南、民本、正聲等電臺駐唱，魅惑的低音，風靡了臺北。洪一峰說：「我正在歡喜，也更加打拚。我不想讓人說我唱得『無大無才』（漫不經心，不三不四），還好，我是讓人讚美的多，這是我一點的安慰。葉仙找我去錄，原因很多，我想主要跟我還算投合，才會過來招呼說：咱就來協力，來打拚啦！」

這是洪一峰在「歌樂唱片」錄的七十八轉唱片，可能是這類唱片的最後一批。同年，三十三又三分之一轉速的唱片問世，他就不再錄這一類型唱片了。

隨後，他在「女王唱片」錄了〈寶島蓬萊謠〉、〈我猶原等著你〉、〈青春巡邏員〉；在「南國唱片」錄了〈男性勃露斯〉、〈深更的吉他〉等曲。他說：「『南國』要求『金滑』④，『較幼』（比較精緻），真用心啦！」

不久，他與紀露霞等加入「臺聲唱片」，著名的〈男性的意志〉、〈攤販夜嘆〉、〈英俊的鼓手〉、〈綠衣天使〉（後來葉俊麟重填新詞為〈快樂的牧場〉）和〈山頂的黑狗兄〉等，都是這個時期灌錄的作品。

灌唱片對洪一峰來說，有得意也有感慨。他說：「我們唱歌的人，不比他們做商務的，單純希望生意好就好，我們還要唱出自然的氣質，不過這卻不能如願。」

那年代，臺北街頭充斥著上海歌手周璇、姚麗、白光和李香蘭這類柔細、優美的女聲。男聲不外是老爸拉著胡琴伴著女兒唱〈花好月圓〉之類嬌俏柔媚的聲音。這幾乎已經成為一般聽覺的認知，以為歌聲就應該是這樣子的。

洪一峰不以為然，他說：「我看日本歌手的低音唱得那麼好，不免希望咱臺灣也唱一個較低的，不要都唱那麼高。碰巧我的聲音較低，我就專唱低音，卻讓極少數習慣那種女聲的聽眾誤為牛聲馬喉，破銅爛鐵，難以接受。」

但是唱片老闆明知洪一峰的低音「大幅」⑤，卻因為商務考慮，投鼠忌器，而在唱片上面動手加工，以迎合市場聽眾的「認知」。洪一峰說：「一般人都認為我比較『粗聲』。

註④　金滑：kim-ku̍t，流暢、圓滑。

註⑤　幅：pak，振幅。

他們卻要把它調得較尖、較高，也就是把速度調得較快，拿掉一些低音，這一來，聲音就有差了。」

唱歌，不是越自然越好嗎？但唱片公司卻認為這樣微調才符合「市場的需要」。「不過抱怨歸抱怨，」洪一峰說：「唱歌的人還是應該知足啦。市面如此，唱片界也只好配合了！」

在兩面不討好下，洪一峰思索著：「錄好的聲音還要加工！如果說那綿綿幼幼的聲音代表的感情，那低音裡面本來就有這些的嘛。」於是他說：「好啦，就把這些裝入『罐頭』❸裡吧！」

來到亞洲唱片，「亞洲」照樣給他「調整」，不過蔡文華認定他的低音可以發揮，就由他唱著原來的音色，不加干涉了。於是，亞洲唱片在文夏的中高音之外，多了洪一峰的低音號召，而為臺語歌曲唱片開拓了低音美學的新視野。

六、

從「歌樂」到「亞洲」，洪一峰灌錄的，都是翻唱自日本戰前戰後的流行歌曲。彼時聚在亞洲唱片的文夏、紀露霞、林英美、顏華、吳晉淮、鄭日清、陳芬蘭等一線歌手，都以翻唱日本歌曲而走紅。唱片公司因為製作成本偏低而賺取可觀的利潤，社會也普遍接受這樣的臺語歌曲而成為一種文化現象。翻唱歌曲既是唱片市場的主流，唱片公司自更不肯改變製作的方向了。

其結果是，臺語歌曲的創作及發表空間遭到壓縮，三〇年代以來活躍歌壇的詞曲作家，只得黯然退出，終至消失。

研究日治時代臺語創作歌曲的先驅學者莊永明，為此發出不平之鳴，直稱這種日曲臺詞的臺語流行歌曲為「混血歌曲」，斲傷了臺語創作歌曲的命脈。

其實五〇年代臺灣，日本曲早就很流行了。洪一峰說：「早期日本曲都在電臺播放。日本剛出的原盤，由海員或生理人⑥帶進來，就送到電臺來放，每一曲都贏過咱臺灣的。」日本曲的原盤音質佳，旋律優美，馬上擄獲習慣日本旋律的電臺聽眾，加上五〇年代開放日本電影，片中主題曲透過陳達儒、周添旺、張邱東松、蔡啟東等詞家的譯介❹與電臺歌手的播唱，很快成為一股潮流；日本流行歌曲趁勢在臺復活，而為往後「混血歌曲」的流行，鋪下一條康莊大道。

說到臺語創作歌曲的沒落，黃敏檢討原因，認為「文夏的因素也很大啦」！他說：「文夏全用日本歌改的，卻每一首都很好聽而且流行，自然純粹的臺語歌就被壓得喘不過氣來了。而洪一峰也是日本曲改的，〈可憐戀花再會吧〉、〈悲情的城市〉、〈再會夜都市〉等，

註⑥ 生理人：sing-lí-lâng，生意人、商人。

洪一峰與文夏、黃三元合影。

至今風行不衰。」

「混血歌曲」風行不衰，原因百百種，成本低、好聽和市場決定，似乎比較難以改變，這逼得創作不朽名曲〈望春風〉、〈四季紅〉、〈補破網〉的詞宗李臨秋，也不得不屈從潮流，在電影插曲〈流浪兒〉、〈野枯芒〉、〈青春嶺〉上，填寫日本曲。

日本曲好聽，但洪一峰還是喜歡自己的創作。他與葉俊麟向蔡文華力陳臺語歌曲永遠不可以讓他消失，一定要有自己的東西出來。後來〈舊情綿綿〉的唱片出版，銷量竟比日本曲翻唱的還好。

回顧這段過程，洪一峰說：「創作的臺語歌呈現出來的或許沒有日本曲精緻，但鄉土的熱情是相當足夠的。日本曲雖然好聽，創作的臺語歌出來，整個聲勢壓過日本歌，直到最近都還一樣，因此創作還可以維持。」

只有好作品可以扭轉情勢。洪一峰和葉俊麟證明臺語歌曲經得起考驗；他們為純正的臺語歌曲立下了標竿。可惜的是，基於成本考量，不久，亞洲唱片又回到「混血歌曲」的老路。

八〇年代，洪一峰加入「日本作曲家協會」[5]為「正會員」。他對臺灣歌曲創作的堅持與業績，竟在異國得到專業團體的肯定。

七、

亞洲唱片與洪一峰的關係，到一九六三年起了變化。洪一峰應邀南下灌唱片時，與顏華、紀露霞、鄭日清、林英美、陳芬蘭等一班北部歌手一樣，都未與亞洲唱片簽約。彼時歌手與唱片公司之間尚無專屬制度，歌手來去自如，頗受尊重。

幾年間，亞洲唱片藉著一首一首的成名曲，躍為臺語流行歌曲唱片界的龍頭，「亞洲唱片」幾乎就是臺語歌曲的代名詞；洪一峰也在亞洲唱片奠定他「寶島低音歌王」的地位。而在這時，北部的「鈴鈴唱片」向洪一峰試探回到臺北灌片的可能。

洪一峰認為，自己與亞洲唱片之間既無合約關係，而且只在「亞洲」灌片，收入實在微薄，也就答應。何況之前紀露霞到處灌片，短短幾年間灌了上千首歌，亞洲唱片也沒說些什麼。

不過，已經離開亞洲唱片的郭一男，勸他稍安勿躁，現在亞洲唱片已非昔日可比。而且紀露霞在一九六一年結婚後淡出歌壇，與洪一峰的情況很難相比。

洪一峰未聽郭一男勸告，而答應鈴鈴唱片的邀請，回到臺北。亞洲唱片據此將他封殺，五年間雙方共同締造巔峰的關係，就此結束。

亞洲唱片不惜犧牲洪一峰一員大將，不外藉此對旗下歌手殺雞儆猴，勿輕舉妄動。

洪一峰事件造成的寒蟬效應，幾年後，在黃三元身上發酵。

一九六六年，由南北廣播界名人阿丁、陳三雅、陳燦馨、吳景中、戴寬勤、周進升等人組成的雷虎唱片，邀請黃三元灌錄〈田庄兄哥〉、〈風流做田人〉等曲，詞請葉俊麟寫好，

黃三元。

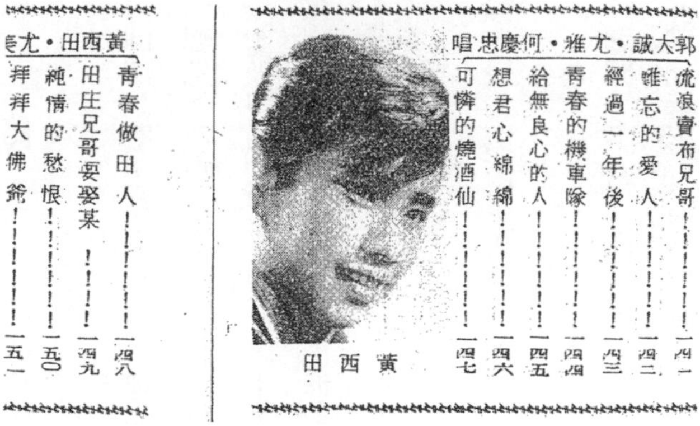

黃西田。

就等他來錄；黃三元也已答應。亞洲唱片得知消息，傳話給黃三元說：「你去錄，以後就不要回來了。」黃三元聽了一愣，終不敢動。

雷虎唱片的製作人李吉豐非常困擾，去找陳瑞昌商量。陳瑞昌剛主持完正聲廣播公司岡山正言電臺（現為正聲公司高雄廣播電臺）的歌唱比賽，想到一位唱黃三元歌曲的黃西田可以，便推薦他來錄。黃西田唱了這兩首歌，一炮而紅，臺語歌壇一顆新星，就此誕生了。

洪一峰離開亞洲唱片後二十幾年間，先後在鈴鈴、聲寶、心心、豪環、松竹、金馬、惠美、電塔、新電塔、中外、皇冠、海山、鐵金剛、晶晶、葆德、中華、華倫等唱片公司灌錄唱片，陪著臺語歌曲走過低迷谷底的時期。

他也開過「東洋唱片」。東洋唱片是洪一峰離開亞洲唱片後，與南星音樂教室的同事林合創立的，只出王秀如一張唱片，就虧本關門了。

他與川內康範合作的作品如何出版？這方面的資料有待挖掘，不過，從〈男之涙〉出版時作曲者與作詞者同遭唱片公司篡改、細川貴志唱紅他的歌，甚至後來他被推薦加入「日本作曲家協會」等，都可見證他在日本活躍的軌跡❻。

亞洲唱片和東洋唱片在臺南，聲寶唱片在南投水里，其餘都在臺北縣，尤其三重。八〇年代後，華倫唱片在臺北市。期間，洪一峰都以自由歌手的身分灌片，後來盛行綁約時，他的歌唱重心已經在秀場，灌片只是偶而為之罷了。

洪一峰的唱片歌曲有臺語及翻唱的外國歌曲兩類，約三百六十餘首。前者含自己的創作、臺灣民謠改編和三〇年代以來的臺語創作名曲；後者多為日本曲，加上五、六首華語歌曲改編及其他。

處女作〈蝶戀花〉有交響樂演奏版、藝術歌曲演唱版、紀露霞和其他眾多流行唱片版本；發展期作品，除〈女性的復仇〉有紀露霞亞洲唱片版本，〈臺北春天〉有洪榮宏唱片版本外，其餘似皆未曾灌片出版。巔峰期經典，幾乎都已成為合唱曲與交響樂團曲目，在各種音樂會演出，閃爍洗鍊的藝術光澤。

錄音環境，北部歷經葉和鳴錄音間、臺北師範學校禮堂（今國立臺北教育大學紅磚禮堂）、美國新聞處、國際學舍和新聲戲院；南部有中廣臺南電臺與亞洲唱片錄音室。八〇年代，錄過臺北新穎現代的錄音室，這時已是他唱片生涯的尾聲了。

五〇年代作品，得力於洪德成、蔡啟東、高金福、黃國隆、葉俊麟詞作的搭配。巔峰期唱片歌曲，不論創作或所謂「混血歌曲」，絕大多數與葉俊麟合作，透過這些作品，可以見到兩人共同的身影。

八、

走筆至此，也要談談另一位「寶島歌王」文夏。

崛起南部歌壇，五〇年代率先在亞洲唱片嶄露頭角的文夏，與洪一峰在出身、曲風、音色方面都不相同，性格也迥異，但留給那一代臺灣人的精神撫慰與文化意義，則無二致。對照兩位歌王的特質，或能勾勒五、六〇年代臺語歌壇的多彩多姿與洪一峰音樂的清晰風貌。

文夏本名王瑞河，一九二八年生，晚洪一峰一歲，臺南人。祖父時代開始信奉基督教。小學上教會主日學，唱聖歌，經人發現歌唱天賦而被帶往日本習樂。三年後回臺，就讀臺南高商期間組樂團，開音樂會，與洪一峰戰後辦露天音樂會，走那卡西，大致同一時期。

文夏也從創作開始。寫〈飄浪之女〉時十七歲，一九四五年，較洪一峰作〈蝶戀花〉早一年，詞是許丙丁寫的。

五〇年代，文夏在臺南電臺演奏自己的作品，被亞洲唱片老闆蔡文華延攬灌錄〈飄浪之女〉、〈運河悲歌〉等創作，掀開亞洲唱片主宰臺語歌壇的序幕。這時，洪一峰也在臺北展開唱片灌錄生涯。

洪一峰從「走那卡西」到灌唱片，過程曲折，但一生走創作路線，作曲一百六十餘首，影響深遠。文夏則在作詞方面業績可觀，以「愁人」筆名留下二百餘首作品，曲曲風行。

文夏唱中高音，洪一峰唱低音，兩人音色不同，影響不相上下。文夏的〈黃昏的故鄉〉、〈媽媽請你也保重〉、〈媽媽我也真勇健〉及其他「港口」、「流浪」、「賣花」系列歌曲，已經留存那一代臺灣人心底，尤其〈黃昏的故鄉〉，從島內唱到海外，成為遊子思鄉與反抗國民黨威權的悲情心聲，有政治社會史的意義。洪一峰則在〈舊情綿綿〉等經典作品與〈悲情的城市〉、〈可憐戀花再會吧〉、〈再會夜都市〉等歌曲發揮低音魅力，擁有崇高聲望。

文夏不是灌「混血歌曲」唱片的第一人（第一人應是唱〈黃昏嶺〉大紅特紅的紀露霞），但是，因為他唱最多，被禁也最多，在六〇年代一千二百首禁歌目錄中，占九十餘首，可以說是「禁歌歌王」。洪一峰歌曲被禁者不多，但在全面性語言歧視與媒體禁制上動輒得咎，失去空間，也與臺語歌曲的興衰起落，同其命運。

為了推廣臺語歌，洪一峰兩度組歌舞團，演電影，擴大臺語歌曲的層面；文夏則帶著「文夏四姐妹」拍電影、登臺公演，對臺語歌曲抱絕大熱情，捲起風潮。

洪一峰與葉俊麟合作的作品，多有相當品味、意境，強調格律、押韻，比文夏的散文式歌詞更受重視，一般認為格調較高。其實文夏的詞有自由、洗鍊的手法，採自然韻腳，融合日語、北京語與臺語特色，很多創新語詞，豐富了臺語的趣味與內涵，也保留日語原曲中最感人的韻味。

歌壇中人魏少朋認為文夏活潑而洪一峰「沉斗」⑦。文夏對國民黨採取激烈的批判態

註⑦　沉斗：tîm-taú，厚實穩重。

度，洪一峰則行事低調（這與個性有關），但本土意識濃烈，一九九四年省長與歷屆總統選舉中，不顧演藝界特殊生態，毅然為本土派候選人站臺助陣，與文夏不分軒輊。

有人從歌唱比賽選曲看兩人高低。說初賽階段，多數與賽者會選唱文夏的歌，洪一峰的較少；進入複賽，文夏漸少，洪一峰的歌開始增加；到了決賽時，則差不多都選唱洪一峰，文夏的歌幾乎不見了，說明洪一峰作品的難度與藝術性，不論是創作曲或日本曲，都在文夏之上。惟論唱片歌曲數量與風行程度，文夏則遠勝洪一峰。

論者有謂文夏的歌在女性、中下階層普受歡迎，而洪一峰在男性、中上階層較受青睞。不過這也見仁見智，因人而異，不能一概而論。

歷來盛傳「南文夏，北洪一峰」之說，也無根據。雖然文夏常住臺南，洪一峰在臺北出生，但是兩人受歡迎的程度，無分南北。陳和平說：「南文夏，北也文夏；北洪一峰，南也洪一峰。兩人都是全國愛戴的歌手，都是寶島歌王。」

註—❶「演歌」原為日本明治初期的一種政治運動歌曲。一群受到政府彈壓，失去言論自由的民權志士（即所謂「壯士」），仿效江戶時代一邊宣傳一邊販售的「讀賣」形式，把自由民權的啟蒙思想編成歌曲，在街頭演唱，並銷售歌單，代替演說。這種被稱為「壯士節」的曲調和對時局的諷刺，很受群眾的歡迎。但隨著政府彈壓的強化，這種昂揚的批判聲逐漸減弱，時事諷刺不再尖銳，三〇年代，內容轉為與市民生活息息相關的電車聯合漲價、資本主義下底層勞働者的悲遇及大幅增稅等社會議題。四〇年代，諷喻性的漫畫與政治講談風起，彈著三味線、手風琴或小提琴以詠嘆男女殉情、感人社會事件和歌頌各地物產、風土、人情的作品成為演歌的主流，「演歌師」（或「艷歌師」）成為遊吟街頭的職業歌手，社會上已聽不到慷慨激昂的壯士節曲調了。大正年間，野口雨情作詞、中山晉平作曲的〈船頭小唄〉（葉俊麟填為〈船夫小調〉，洪一峰唱）、〈貧乏小唄〉和〈隱亡小唄〉等關懷社會底層作品，已為即將到來的昭和流行歌謠發出了先聲。

註—❷鄭鎮坤，海山唱片公司董事長，二〇一一年九月二十七日逝世，享壽七十六歲。

註—❸罐頭，指唱片。

註—❹這前後譯介為臺語歌詞的日本電影主題歌有蔡啟東的〈江島悲歌〉、〈片瀨夜曲〉、〈青空天使〉、〈湯島白梅〉、〈荒城之月〉、〈新妻鏡〉，陳達儒的〈初戀三味〉、〈莎容之鐘〉，周添旺的〈悲的口笛〉、〈戀的曼珠沙華〉、〈上海歸來的莉露〉和張邱東松的〈三國誌〉等。〈三國誌〉曲寄〈長崎物語〉，其曲調在更早一九五一年，已由彰化縣首屆民選縣長候選人陳錫卿填為競選宣傳歌，老一輩的彰化縣民至今還能朗朗上口，是當時彰化縣的「流行歌曲」，歌詞如下（李瑞源先生憶述提供）：「地方自治，初初實施，縣長由人來選舉／大家注意，自治意義，投票愛細膩／陳錫卿飽學賢能，大家就來選乎伊／態度光明，人人認定，啊！選乎陳錫卿，縣長選乎陳錫卿。」

註❺ 日本作曲家協會於一九五八年十二月創立，初代會長為古賀政男。申請入會需會員一人推薦，並提出履歷書、附鋼琴伴奏手寫樂譜和出版唱片等書類。書類審查合格後進行面試，面試及格再經理事會通過，才成為「正會員」。愛玲表示，洪一峰於八〇年代加入該協會，並依會章繳納高額年費，多年後始因未繳年費而退出。

註❻ 有關洪一峰和川內康範合作作品的出版情形，紀露霞說在日本聽過他的錄音；陳和平說洪一峰從日本回來，曾送他唱片和相片。整體資料，有待進一步發掘。

拾參。思慕的人

咱臺灣人愛有純粹的臺語歌

／鄭日清

跟洪老師結交超過六十年了。最初我只認識洪德成，後來透過洪德成，才認識他的弟弟洪一峰。

那時戰爭剛結束，市民沒什麼娛樂，萬華第一、第二水門間的淡水河邊，開放大家做場，歌仔戲出來了，布袋戲也出來了。洪德成、洪一峰兄弟看禮拜幾歌仔戲、布袋戲不演的空檔，就找兩三名樂師和幾個愛唱歌的朋友去那裡唱歌，我是其中一位。

起初不定時，漸漸圍觀的人多了，就固定禮拜一、三、五晚上在那裡搭臺。純興趣的，露天，所以不收費。這樣做了一年左右，到「二二八」發生，露天不能做了才解散。

五〇年代初，在九號水門❶那邊，大家又唱了一陣，〈女性的復仇〉、〈男性的復仇〉等，唱整套的，大家聽得欲罷不能。洪德成唱中低音，洪老師唱低音。那時臺灣唱低音的，

註—❶ 昔日淡水河第九號水門（即今日南京西路底進去的延平河濱公園），就是五〇年代淡水河邊露天歌廳所在。

《正聲臺語歌選》封面人物鄭日清。

就洪老師一位，是到後來，才再有郭金發出來。

電臺時代末期，洪老師、葉俊麟仙都住到三重埔來。那前後，我也認識了葉老師。後來我參加電臺歌唱比賽得三冠王，亞洲唱片蔡老闆看了報紙，請我去試唱。葉老師陪我在圓環邊唱片行找到幾首歌，填了詞給我唱，就是我在亞洲唱片最初灌的〈落大雨彼日〉、〈霧夜的燈塔〉、〈故鄉的月〉這些歌曲。

洪老師後來組歌舞團，請廖一鳴把〈落大雨彼日〉編成短劇演出，非常轟動。可惜歌舞團演到後來，洪老師人財兩失，非常痛苦。我陪他到處去找小鳳，直到最後無法挽回，他才抱著無限的傷痛、失落，下去臺南。

臺南那幾年，洪老師再婚，生了洪榮宏，也演電影，到日本演唱，做得有聲有色。幾年後，他又搬回臺北，住在萬華他姐姐家，我就常去找他。

去他家，都看他在教洪榮宏彈琴。洪榮宏彈琴告一段落，我們也聊完了天，我就提議：「來！來龍山寺吃紅豆湯。」

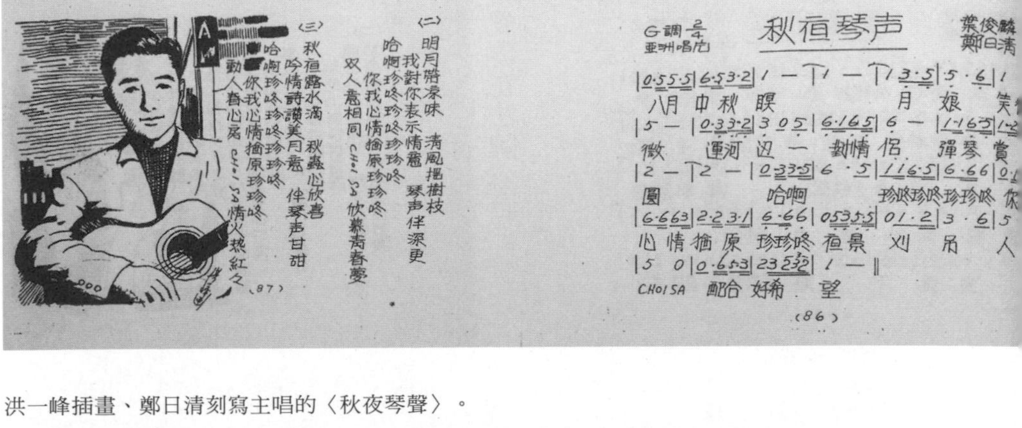

洪一峰插畫、鄭日清刻寫主唱的〈秋夜琴聲〉。

那時龍山寺前市場，紅豆湯、麻糬、圓仔湯、烏輪、剉冰等樣樣好吃，今天想起，還很懷念。

兩、三年後，他又回去臺南。青年路巷子裡一間二樓的樓上，不大，當住家，也教學生。到臺南，我也曾去看他。

歌廳起來，洪老師帶著洪榮宏到處登臺。當時童星唱歌的幾乎沒有，聽眾看洪老師帶孩子登臺唱歌，覺得很新鮮，很可愛，而且聽洪榮宏聲音唱得那麼高、那麼亮、那麼長，掌聲更是響個不停。

洪老師栽培兒子，用心計較，就是要送他去日本深造。後來學生愛玲也去，在那裡，兩人有了感情。洪榮宏的媽媽要他們回來，就這樣，洪榮宏放下了日本的學業，洪老師十幾年日本的演唱生涯，也畫上休止符。

隨後的情況，是大家都受傷害。洪老師與洪榮宏的媽媽離婚，接著與愛玲在法院公證結婚，還請洪德成當主婚人，我當介紹人。

婚後很長一段時間，洪老師「真怨嘆」，說親戚朋友都不理他。而洪榮宏的媽媽也很委屈。幾年後，羅玉母子租到劍潭教會隔壁樓上那段時間，洪老師幾次去看孩子，我曾陪他去過。我們騎了很遠的腳踏車到劍潭，見他只在樓下與孩子短暫見面，然後依依不捨地離開，真的為他感到很難過。

洪老師是十分了不起的作曲家，灌了很多日本曲翻的歌後，感覺還是純粹的臺語歌要緊。他說：「咱臺灣人就愛有純粹的臺語歌。日本曲雖然好聽，臺灣人作出來的也不輸他，那個感情還要更好。」

洪老師去日本唱歌，部分理由是想把作品發揚到日本去。可惜後來的發展未能盡如人意，主要還是環境因素——家庭出了問題。

十多年前，臺北縣政府把葉老師和洪老師的〈淡水暮色〉刻在漁人碼頭，歌碑揭幕音樂會上我也去唱。他們兩人寫這首歌，都在淡水河岸邊得到靈感，有現場的感動，這就是洪老師說的，純粹的臺語歌。還記得葉老師寫〈落大雨彼日〉這首歌時，邀我到基隆。基隆整天下雨，我們坐在碼頭邊，他菸一支接一支地抽，靈感來了就寫一點，要有現場的感動。每當我唱這首歌時，就很感念葉老師的辛苦與用心。

跟洪老師知交幾十年了，說一句公道話，他是我熟識的藝人當中最值得我敬重的一位。他不耍大牌，又老實莊重，去到那裡，人人都稱讚。一樣受日本教育，講話一是一、二是二，態度頂真實在。這樣的人品，讓我很尊敬。

六十幾年來，跟洪老師像「師公仔聖杯」，在他起落之間，我都曾陪他度過。這種親，遠遠勝過自己的骨肉兄弟啊！

伊是「真有人格」的藝術家

／黃敏

我與洪一峰熟識、共事，在一九五三年，距今大約六十年前。當時，他在臺南電臺彈鋼琴駐唱，有時需要發表一些新歌，便約我寫詞給他譜曲；完成，就在節目中發表，透過電波傳送出去，前後差不多十首。因為已是太久以前的往事，作品一首也沒保留，曲名也已無從記憶。

戰前，我在臺灣電力會社就職，一年後考上海軍志願兵赴日受訓，進入海兵團，轉戰南洋。終戰時在印尼美軍俘虜營當駕駛兵。回臺南後又入臺電，迄一九七一年在新莊退休。

在臺南，我跟許石學過一陣子音樂。許石剛從日本回來，一時找不到工作，短暫去當樂師，後來在孔子廟旁的臺南初中擔任音樂老師，再借進學國校教室招收一批學生授課。那時臺灣人學唱歌的人很少。少年的我嚮往音樂，便把握機會在他那裡學歌唱、作曲與音樂理論，奠定日後走向音樂的基礎。

不久，我參加臺南一個業餘的「阿羅瑪樂團」。團長雲萍，本名黃英雄，臺南郵局主管；

團員來自郵局、電信局、電力公司職員、上班族和高中生。我在裡面唱歌，一位彈手風琴與夏威夷吉他的樂手，便是後來臺語歌壇赫赫有名的文夏。

與洪一峰的短暫合作，隨著他的北上而告中斷；不久我也請調臺北，各忙各的，少有機會見面。直到八〇年代，我從海山唱片轉入光美唱片為洪榮宏製作專輯，才又密切接觸。他寫過幾首曲讓我放入洪榮宏的唱片；洪榮宏的歌友會，他也會來。他每遇見我，便跟我說：「黃老師，今日榮宏會這麼紅，都是遇到你的緣故啊！」

「光美」第二年，洪榮宏為著作秀檔期擺不平得罪黑道被殺。那時洪一峰身體很差，曾經跟我透露他一日要服多少藥等等。碰巧我心臟也不好，兩人同病相憐，見面談的不是健康的話題，就是看日文書的心得。我也愛看日文，每次到「鴻儒堂」，就抱一大堆書回來。不過我愛看日本歷史、武俠小說，他則喜歡養生一類，興趣並不相同。我們都只讀到高等科，學歷不高，很多是自己看書來的。

洪老師一個天才，就是插畫都自己畫，而且畫得很好。還有violin、piano很強，手風琴、二胡、吉他也會，實在不簡單。其他教學、樂理，樣樣一流。現在要找這種人才，坦白說，很少，是我們那個時代才有的吧。

六、七年前，臺北圓環扶輪社在中油大樓會議廳舉辦社員大會，邀來文夏與文香、洪一峰與愛玲、我與內人等三對夫婦演唱臺語歌曲。我們都已年近八十，出道六十年；更巧的是夫婦都是臺語歌手，彼此有幸同臺，傳為美談。

可惜第二回邀請時，他已坐著輪椅，無法開唱。那次他心肌梗塞，情況非常危急，愛玲打電話問我該不該開刀。我因為開過心臟，術後恢復期比死還痛苦，加上年紀大了，體力不濟，是咬緊牙關硬撐過來的，所以以過來人的經驗建議愛玲，能不讓他開刀就不開刀。後來她與醫生研究，改安六支支架，終於平安無事。

洪一峰是我非常敬佩的音樂家，他本身除了是歌手，也擅長作曲。繼〈蝶戀花〉之後，好作品一首接著一首問世、流行，而且都很鄉土，十足臺灣味的氣氛和感情。〈寶島四季謠〉、〈寶島曼波〉、〈淡水暮色〉等旋律流行迄今，已經深入咱臺灣人的腦裡，相信還會繼續留傳下去，直到永遠。

洪一峰是一位正派、頂真、「照起工」的人。他對藝術忠實，為人謙虛，與世無爭，歌壇像他這樣的人不多，這一點令我非常敬佩。綜觀他的一生，是「真有人格」的藝術家啦！

緬懷亞洲唱片而起的因緣

／郭一男

亞洲唱片開始灌臺語流行歌唱片時，我就在「亞洲唱片樂團」裡面彈夏威夷吉他。樂團樂師多時十三、四名，少時八、九名，臨時調集各舞廳的樂師擔任，錄唱片時，大家過來練習幾次，就跟歌手同步錄音。樂團設召集人負責調人，沒有團長的編制。

洪一峰會到亞洲唱片，說來與文夏有關。

亞洲唱片旗下這時已有紀露霞、林英美、顏華幾位女歌手，男性歌手只有文夏一位。文夏有才華，會樂器，也會作曲、作詞，但是講話誇口，樂師們受不了他。我建議蔡董多請一位男歌手來，免得文夏一個人太寵。

那時北部歌手以洪一峰、許石最有名。許石自己有唱片，於是決定引進洪一峰。洪一峰唱低音，文夏唱中音，並無衝突；蔡董同意，便請我到臺北找洪一峰接洽。

歌迷的興味也只能止於倣效的價値，唱片公司也不需要除了洪一峰以外的第二個洪一峰，同樣的張淑美以外的第二個張淑美也不需要，僅只要一個人就夠了。其實每一個人的聲音絕對不會完全一樣的，想當歌星應該先要認識自已的聲音，想辦法發現任何其他人所沒有的特徵，除了聲音好之外，同時要有豐富的音樂才能，音樂才能必須加以勤學苦練，其次還要注意到儀表，儀表方面自已跟鏡子商量便可一目瞭然，另一方面不可以沒有敎養，亦不要忘記磨練知性，以充實趣味，如果缺乏知性趣味低落，遇到人也說不出令人滿意的話來，決不可能受衆人的尊敬，予人以好的印象，就是當歌星也很離討好歌迷的心理，這幾項條件是歌星必須具備的，這時就憶想所及之，隨手筆記，提供給今後希望當歌星的人們，作爲努力的參考，最後祝各位的志望能夠早日實現。

並祝

各歌友健康愉快!!

南星音樂教室

主任 郭一男 謹識

郭一男。

洪一峰到亞洲唱片後，灌了許多轟動的歌曲，受歡迎的程度不輸文夏。幾乎同時，鄭日清、吳晉淮也進來了，文夏一支獨秀的局面不再。但亞洲眾星雲集，聲勢沖天，已經獨霸全國臺語唱片市場。

亞洲唱片在臺北設聯絡處，請一位李先生負責與作詞者和歌手聯絡，歌曲在臺北籌備就緒，才南下錄音。

在亞洲唱片期間，洪一峰挾著全國性的知名度，組歌舞團全臺去公演；但公演結果虧了不少錢，小鳳也離開了他。洪一峰心情鬱卒，除在廣播名人楊惠光的音樂教室教幾個鐘點外，沒有什麼活動，人很消沉。這時我打算把自己的「南星合唱團」擴充為「南星歌謠音樂教室」（簡稱「南星音樂教室」），便去臺北請他來教。他很高興，可是考慮只有灌片與授課鐘點收入，難以生活，我答應他中廣那邊也去問問。

回到臺南，正好中廣臺南臺要開一個《臺灣歌謠演唱時間》，我便推薦洪一峰南來駐唱。

洪一峰來到臺南，我介紹他在附近南寧街一排低矮的板

王秀如。

屋租房子住❶。這裡原是一片菜園，後面連著日本人墓地，隔壁到永福路口是市立殯儀館。雖然如此，從這裡去南門路中廣，去健康路亞洲唱片和永福路我音樂教室這裡都很近，幾步路就到，而且租金便宜。他在這裡前後大約住了兩年。

開始，南星音樂教室有「歌唱班」兩班，「吉他班」一班。「歌唱班」請洪一峰、林合擔任講師；「吉他班」由我親授西班牙吉他和夏威夷吉他。歌唱班發聲教學使用日本歌謠學院講義；樂理、音感另有一套コウリュウブンゲン（kooryubungen）的教材。禮拜一、三、五講課，禮拜六實習表演二小時。

「南星」跟亞洲唱片合作，洪一峰灌唱片時，就由南星音樂教室學員合音或對唱；每期招生，便以洪一峰為號召，出版歌簿也常以他做封面。

洪一峰在亞洲唱片灌了數十首歌，聲望如日中天時，北部的唱片公司向他招手，請他回去灌片。他認為只在「亞洲」灌片收入微薄（灌一首一百元，有灌才有收入）。他沒想到，

註——❶蘇南竹受訪時提到，洪老師到臺南時住在「六甲頂」他大哥善源的家，每日步行一個小時到中廣臺南電臺錄音，到南星音樂教室授課，後來租在南寧街，往來方便許多。

林峰。

亞洲唱片雄霸歌壇已經無可匹敵，我勸他慎重考慮。

他想多灌唱片，因此未聽我勸而答應「鈴鈴唱片」的邀請，回到了臺北。

結果不出所料，亞洲唱片抵制他再回來。其後「亞洲」出版的洪一峰唱片，都是那幾年間的精選集，新灌的就沒有了。

亞洲唱片抵制洪一峰，連帶抵制我與他的學生王秀如。「亞洲」原先答應要錄王秀如的唱片，始終沒有下文。

王秀如的父親做土木包工，有一回從工地跌落下來重傷住院，我去看他。他關心女兒唱片的著落，我安慰他說：「快了，快了！」但說歸說，「亞洲」那邊遲遲沒有動靜。我沒辦法，只好成立一間「南星唱片出版社」，出版王秀如的《臺北迎城隍》這張唱片，沒想到王秀如因為這張唱片而走紅。

洪一峰的中廣節目一段時間後停了，第二波歌舞團活動結束，亞洲唱片也不找他灌唱片了，生活只靠在我這裡授課、電臺歌唱比賽評審及偶爾客串的收入。不過後者常常拿不到酬勞，他回來生氣跺腳，吩咐如有人叫，就幫忙回說：「現在身體不好，不能出去做。」我不得已，人家電話來，就照講回絕❷。

但是，我想這樣下去不是辦法，於是介紹他去臺南的歌舞廳做樂師，至少有一點收入維持家庭開銷，可惜他屈不下身段，始終沒去。

有一天，草屯中興電臺的周進升來找，我照講他的情形。周進升說：「不能做沒關係，若是這樣，你更應該讓我去看他。」想不到兩人見面談得很投機，他就答應周進升的邀請了。

我不知道周進升對我怎麼想，總之，我感覺被洪一峰騙了，一時生氣，便與他決裂。

他不在我這裡教課，南星唱片也不可能灌他的歌了。他就跟林合、王秀如、林峰等另創「東洋唱片」與「東洋音樂教室」。結果王秀如在那裡只灌一張唱片虧錢，東洋唱片結束；音樂教室做不多久，也收起來了。

那幾年，洪一峰比較固定的收入只有鐘點費，經濟上很不好過。不過做歌舞團沒賺錢卻賺到一位太太，就是歌舞團出去公演時的粉絲羅玉。

婚後他們還住南寧街，生了洪榮宏，拍了《舊情綿綿》電影，孕育他的藝術生命，度過最重要的生涯時光。

洪一峰落腳的地方已經滄海桑田。低矮的板屋和日

註——❷ 在此補充臺語女歌手王秀如的說法。王秀如，臺南人，幼時父親在三重從事建築，因愛好音樂而與洪一峰建立真摯的友誼。在王秀如八、九歲時，王父便把她送到洪德成的音樂社隨洪一峰學唱歌。後來洪一峰因為小鳳離開，意志消沉，王父得知臺南郭一男前來邀請，就鼓勵他接受，隨後把家遷回臺南，在南寧路洪一峰賃居的平屋對面租屋，而將女兒送到南星音樂教室跟洪一峰學唱歌，跟郭一男學夏威夷吉他，並到洪一峰家裡學發聲與演唱技巧。在「洪一峰歌舞明星大公演」中與莊明珠並列為耀眼的臺灣童星。

「洪老師人足古意。」王秀如說：「人家邀請，他不會跟人計較酬勞，有，也是說：『清彩啦！』有人就隨便給他一點，或是沒有給，他當面不好意思講，久了就難免生氣懊惱。」

「洪一峰離開亞洲唱片主要是為了經濟，這時他在全國紅透半邊天，很多唱片公司都在爭取他去灌錄，『鈴鈴唱片』捷足先登，請他灌了〈難忘的人〉一片大賣，卻也讓他失去回到亞洲唱片的機會。」

本人墓地變成天主教「聖若瑟之家」；殯儀館已經他遷，原地改建大樓。亞洲唱片空間在蔡文華移居美國後，一直閒置，後來蔡文華回國，在巷內蓋一棟基督教聚會所，其餘房舍拆除，空地只餘一棟二層樓建物，正是當時的錄音室。

「亞洲唱片」離南寧街沒幾步遠，在健康路、永福路口的三角窗，原是一棟日式平房宿舍，很大。那時樂師、歌手一群人擠在入口玄關錄音，深夜攤販喊「杏仁茶喔！」或清晨傳來「喔喔」的雞啼聲，錄音就得重來，不得已去借中廣錄音室錄音，同時新建錄音室。

洪一峰比文夏會唱，可惜未聽我勸，否則他在亞洲唱片的成就，絕不止此。

緬懷這段因亞洲唱片而起的因緣，五十餘年歲月匆匆過，而今故人往矣，令人不勝唏噓！

不做第二人想的風範

／紀露霞

我跟洪老師的因緣起於民聲電臺時代。那是我讀市商夜間部的時候，家裡租在貴陽街一家製冰店的中落。冰店裡有一臺收音機，我愛唱歌，常常踱到冰店，一邊聽收音機唱歌，一邊跟著唱。

有一天，冰店老闆的朋友介紹我到民聲電臺唱歌，那時洪老師在電臺彈手風琴，拉小提琴，唱歌，是樂師兼歌手；他的歌聲好得沒話說，比他後來的好聽幾百倍。以現在講，洪榮宏的聲音有點像他爸爸以前，只是洪老師較低、較沉、較厚，很受聽眾的歡迎。

在電臺，洪老師的大哥洪德成當ＤＪ，跟小鳳在主持、對話。洪老師只專心地指揮、演奏、唱歌，靜靜的，並不說話。他作好多曲子在節目中唱，我常唱他那首〈是伊是你〉，時間過了五十幾年，都還記得：

夢中我看彼的人
夢中我聽彼的聲
是伊是伊是你
是伊是伊是你

夢中我看彼的影
夢中我聽彼的聲
是伊是伊是你
是伊是伊是你

——〈是伊是你〉／洪一峰 詞曲

我在民聲電臺唱了一段時間之後，又到民本、天南、正聲等電臺去唱。洪老師也一樣。後來我去歌廳唱歌、勞軍、做電影幕後主唱（那時臺語電影正多，幾乎多數的電影主題曲、插曲，都請我唱），就漸漸不在電臺了。

電臺時代，洪老師名叫「洪文昌」，是後來到亞洲唱片一段時間以後才改為「洪一峰」的。這跟葉俊麟的一班朋友有關，其中一位萬華書店的老闆❶，懂得姓名學，有一天給他算了姓名筆劃，覺得「洪文昌」這名字氣勢太弱，建議他改名。於是朋友請來一位叫白惠文的算命師給他批八字，最後選定「洪一峰」這個新藝名。「洪一峰」三字聲音響亮，果然一經改名，他的唱片就一直上來。而同時，洪德成也改

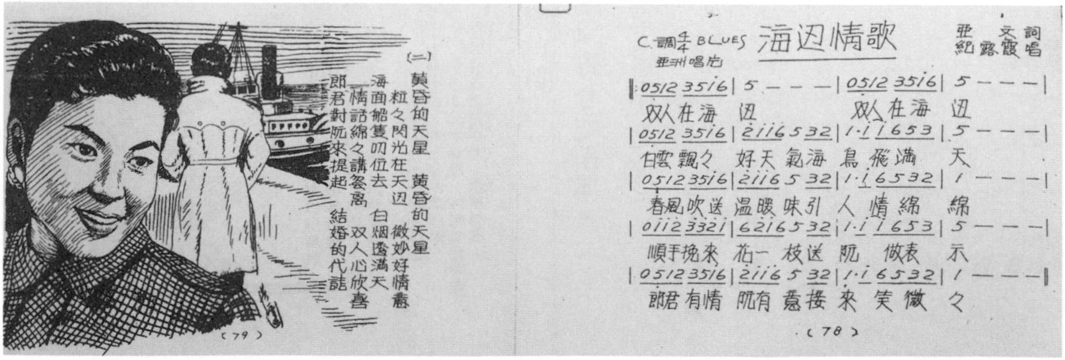

洪一峰插畫、鄭日清刻寫的紀露霞和她主唱的〈海邊情歌〉。

名「洪基華」，葉應麟改為「葉俊麟」。

說到灌唱片（廣告歌唱片），我比洪老師稍早；但灌流行歌，進臺聲唱片，則與洪老師幾乎同步。臺聲唱片流行在北部，所以洪老師在臺北很出名，可以說是「臺北歌王」。等到後來灌亞洲唱片，他的名聲響徹全臺，就變成「寶島歌王」了。

雖然我們在「臺聲」灌了很多歌，不過臺聲唱片品質較差，無法行銷各地。以我來說，像〈長崎姑娘〉、〈港町十三番地〉這些歌我都灌過，但是一般人只知道顏華在亞洲唱片灌的，而不知道我的，原因就在這裡❷。

洪老師情形與我類似，他在「臺聲」灌了而走不出去的更多，非常可惜。現在這些唱片都不見了。其實我也忘了我灌過哪些歌，倒是有一些教授在幫我蒐集。有一天，在臺中的李老師打電話給我，說：「紀老師，我找到你的唱片了，姚讚福的歌詞：『喙齒痛貼下頦／腹肚痛貼肚臍／目睭痛貼目眉……』」就在電話中播給我聽，三葩歌詞，是日本「沙

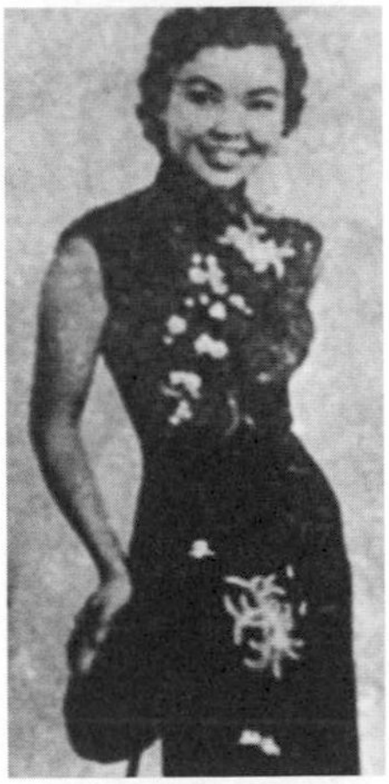

五〇年代的紀露霞。

註—❶葉煥琪先生說，這位萬華書店的老闆是翁志成。

註—❷紀露霞說：「亞洲唱片老闆蔡文華本身是做電器的，唱片品質較佳，又對音樂內行，發行很多西洋唱片，唱片行銷網遍及南北，影響就很大。所以我會紅，人家認識我，完全是拜亞洲唱片的功勞。」

隆巴斯」在臺灣的宣傳歌，我聽了好感動。

那時，我們常借臺北師範學校的禮堂錄音，葉仔（葉和鳴）提著一臺錄音機進去錄，樂師都是交響樂團的。有一次，我一口氣錄了二十一首歌，賺了兩千一百元。樂師們起哄說：「請請請！」我就在西門町的「美觀園」請大家喝麥仔酒，這是我一生的榮耀。

不過，我們那時沒有版權觀念，唱片都是唱斷的，而且唱多了，出版社也沒送你一片。還有，像我灌過「麗歌」一張觀光唱片，一首臺語，一首日語，介紹臺灣的風景。那張唱片賣了很久，銷了三十萬張，但封面照片卻不是我。因為我一錄完馬上回去嘉義，唱片公司也不跟我要照片，變成歌手是我而照片是別人的情形。

結婚後，我淡出歌壇，到嘉義主持正聲嘉義公益電臺的《紀露霞時間》，直到一九八五年才回臺北。二十幾年間，北部的歌迷以為我消失了；而少年人根本不知道有紀露霞這個人。最好玩的是「上揚唱片」的老闆娘，一聽紀利男推薦我錄楊三郎老師的《臺北上午零時》那張紀念專輯，便問：「紀露霞是誰？請她來 Test！」我在錄音室唱時，外面請了一位留德的音樂博士在聽。最後老闆來了，問他們說：「你們知道裡面那一位是誰嗎？」老闆知道，他們卻不知道。

電臺時期，我跟洪老師、小鳳夫婦感情最好。我年紀輕，不懂事，曾在他們家過夜，還跟他們擠在一張床睡覺，洪老師睡裡面，小鳳居中，我睡外面，可知那時我們有多知己。

因此，儘管後來彼此分開，他們的事，我依然非常關心。

小鳳的事起初我不知道。婚後我從嘉義回到臺北，朋友聊起他們，我問：「他們到底怎麼了？」大家說不能只聽一面之辭啦！這事洪老師向來不說，是我後來問他，他告訴我，我才知道。

十幾年後，朋友說洪老師跟洪榮宏的媽媽不在一起了，我很訝異。我見過羅玉帶著孩子來歌廳後臺看洪老師，雖然跟她只是打招呼，沒有深談，不過看人就知道她是怎樣的人。事情怎會變成這樣？洪老師跟我說一個月有給八千元生活費，我還是不以為然。

不過，你說洪一峰是不是風流？我說絕對不是，是環境所致，命中注定。這我可以做證。伊若是風流，歌廳、電臺很多女歌星在追他，他要左擁右抱還不簡單。事實上，他很專情。小鳳離開，他到處找人。小鳳在電臺，他幾次在樓下一守好幾個鐘頭，小鳳不下來，回家就一個人關在樓上，痛苦沒人知道。

洪老師除了專情，事業上更是專業。七〇至八〇年代盛行歌廳，那時，我們常常同臺，晚上唱完，很多人不是在房間打牌就是出去喝酒，他頂多老闆招待時一起去吃宵夜，不然都在房間裡拉琴、練聲，房間裡都是這些聲音。

洪老師在臺語歌壇輩分很高，待人處世總是那麼謙虛，他的風範不做第二人想。雖然他已經離開了我們，我還是永遠懷念著他。

我的救命大恩人

／蔡東華

「誰最會唱歌？」人人告訴我：洪一峰。

一九六三年，我帶東寶歌舞團回國公演，在臺北遠東戲院連演兩個月。當時我在思考，日本戰敗，全國悽慘落魄，但是經過十幾年的努力，已經重建恢復，變得這麼進步，運動、科學、文化、藝術、電影，樣樣令人驚嘆。回頭看咱臺灣，依舊這麼落伍，像個未闢的處女地。電影方面，我已運用所能幫助臺灣發展，有了一點成績；歌唱演藝方面，也希望努力為臺灣做一點事。當時想到的是，請臺灣的一流歌手到日本演唱，見識日本的演藝環境，提升臺灣的歌唱水準。

那時，洪一峰唱歌、演電影，人氣非常高。我回日本後，便以「寶華藝能社」的名義寄邀請函，請他代表臺灣參加「日劇」《世界秀》的演出。這是戰後頭一個臺灣的歌手去日本演唱。

戰後，外國藝人到日本的很少，相對比較稀罕。亞洲方面，日本對香港藝人、音樂較熟；對臺灣則還停留在毒蛇、蕃人與鴉片的印象。既然大家都說洪一峰最會唱歌，我想一定不錯。東寶映畫的社長小林、演藝部長雨宮、「日劇」的導演北川等都是很好的朋友，因此不必試聽就排他上「日劇」，這對日本一般歌手而言，是絕不可能的事情。

「日劇」兩個禮拜換一個節目，彩排一、兩天，有五、六十名的大樂隊伴奏，七、八十名的舞團伴舞。舞團是「日劇」訓練了三、四年的跳舞團女郎。洪一峰，一位歌手，僅憑短短一、兩天的彩排，即能配合舞團和各國明星演出，顯示他在這方面的天分和專業。為了給臺灣面子和塑造洪一峰一流歌手的形象，我替他開車、拿皮包、調整鞋帶、做通譯。日本記者見「蔡桑」必恭必敬地當洪一峰的經紀人，也對洪一峰敬重有加，而在新聞版面報導，加深他在日本觀眾眼中的印象。

洪一峰沒有辜負大家對他的期待，演出非常成功。他扮演著戰後臺灣歌手在日本發展的先鋒角色。

「日劇」演完，我又安排他到赤坂、新宿一帶夜總會去唱。他在日本滯留三、四個月，舊曆年後才回臺灣。

洪一峰回臺灣幾個月後，意外成為我的救命大恩人。

一九五四年開始的亞太影展，到一九八二年為止，我參加了二十二屆，不是擔任臺灣代表團副團長就是顧問。一九六四年六月十五日，第十一屆亞太影展在臺北舉辦，我從東京回到臺灣。藉此機會，洪一峰請我抽空聽他一位學生唱歌，我安排在影展結束那天晚上。當晚，這位學生鄭重其事地準備了樂隊、燈光，借一家歌廳，請我去聽。

本來當天影展幹部要陪馬來西亞代表團團長陸運濤夫婦一行，搭乘專機到臺中霧峰參觀故宮文物的，我改請我東京事務所的許承鑌先生代我陪同前往，我就留在臺北。

第二天消息傳來，訪問團飛回臺北的專機升空五分鐘後，在神岡上空墜毀，機上五十二名乘客和五名機組員，包括陸運濤夫婦、省新聞處處長吳紹璲夫婦、臺製廠廠長龍芳和我的私人代表許承鑌在內，全員罹難。

面對這個噩耗，我感到慶幸卻又極度傷心。若不是洪一峰要我留在臺北，我就在這班飛機上，難逃這場劫難，洪一峰真是我生命的大貴人。傷心的是，許承鑌先生因為替我參加這場活動而不幸踏上這個死亡的航程。

許承鑌是留日學生，滿州人，常來事務所走動，愛上我裡面一位女職員，不久兩人結婚。後來他擔任「新東寶映畫」的臺灣總代理，辦公室設在我事務所內，最後因為參加亞洲影展，受我之託，冤枉喪生，我感覺無上的遺憾、難過與自責。

洪一峰過世第二天，我去北醫靈堂看他，近半世紀前的往事歷歷如繪。告辭時，我走近他的遺像，感覺他仍在那裡唱歌。我對他說：「你做你唱喔！我無共你行禮喔！」

「日劇」時期的回憶

／陳惠珠

陳惠珠在平溪白石腳的日式庭園受訪。

電話中聽蔡桑說洪先生過世的消息，無限傷心。

大約五十幾年前，我應東寶映畫之邀來日本拍電影、做演藝。當時蔡桑擔任東寶映畫的臺灣總代理，知道我來自臺灣，特別關照我，在舞臺、劇場演出時，受他很多的照顧。

我比洪先生早到日本。他來之後，蔡桑介紹我們認識。因為他是歌手，而我是演劇和舞者，分野不同，大家各做各的。不過兩人常在蔡桑的事務所見面，或是大家一起吃飯；公開正式場合，蔡桑也常要我擔任他的翻譯。那時候洪先生很認真地學日語，閒暇就買日文書讀，印象中，他很認真、實在，感覺真不錯。

他在劇場、夜總會表演時，時常跟我聯絡，有事也常請教我。我較早來到日本，蔡桑沒空，就叫我為他帶路，例如他要回臺灣，我就帶他去買一些他要帶回去的東西。

看他站在舞臺，架勢十足，歌聲低沉，好像當時正紅的法蘭克．永井，很有魅力，有夠好聽。蔡桑常在我們面前誇讚他。

蔡桑安排他上舞臺，選曲會考慮日本人愛聽什麼歌，跟大家討論後才決定。但是不管什麼歌，日本聽眾總是聽得如醉如痴，唱完，掌聲不絕。

當初東寶請我來日本，是看我在臺灣常舉辦「陳惠珠舞蹈發表會」，以及我是第一個演出「水中電影」的舞者。事實上我是游泳選手，保持全國六屆游泳冠軍，是游泳和舞蹈雙優的舞者，到日本後參加電影演出，也在「東寶藝能學校」教授舞蹈。

東寶旗下有「東寶藝能學校」，栽培演劇人才；也有「日本劇場」和「駒」等大型劇場。我在「駒」當編導。蔡桑曾安排我去「日劇」演出，不過未曾與洪先生同臺。一個階段後，一方面他自己環境熟了，二方面我也忙著帶空手道的活動，彼此間的接觸，相形就少了。

洪先生人穩重，平時感覺嚴肅，可能與他少講話有關。他不會跟人糾纏，總是專注在藝術上面。這一點我很認同。藝術就是要專注要專業，才能贏得尊敬。

洪先生讓人非常信賴。不過有一次，我卻領受他很嚴肅的教訓。那一次他要回臺灣，我在蔡事務所拜託他帶錢回去給我母親，他一口答應，問我要寄多少。我說多少，就當面點好鈔票裝入信封，再用漿糊把信封封起來。他看我這麼做，對我說：「陳桑，你這樣做，對我很不禮貌。你拜託我，交給我就好了，不應該這樣把它封起來。」我一聽，如夢初醒，羞愧萬分，知道自己做錯了，趕緊向他道歉。我年紀較輕，這樣的人情世故還不太懂，他當面教我，點破我很多道理，我到今天還感謝洪先生。

這是五十年來，他留給我最強烈的印象和回憶。由此看出，他的人格是多麼正派，難怪他會成功，而且聲譽維持幾十年不墜。

洪先生以後，蔡桑不再引薦其他臺灣歌手到日本來。洪先生外，沒有一個人合乎蔡桑的標準；另外，蔡桑事業繁忙也是原因之一。

最後，我要藉此由衷感謝蔡桑的熱心照顧。不只他而已，他事務所上上下下每一位都很好，洪先生和我都領受他們給予的溫暖。

他的細胞裡全部都是音樂

／陳星光

年輕時，我就喜歡聽洪一峰的歌。

六〇年代進入民聲電臺主持《星光之聲》節目，特別喜歡播洪一峰的歌。夜間再開《星光之夜》，禮拜日還有《星光假期》，從早上八點到晚間十二點，全天候。同一首歌，白天播過，晚上可以再播，要聽洪一峰的歌，打開我的節目一定有。

聽洪一峰的歌，都有真實的感情在裡面。他不止音樂「頂真」，做人也很謙虛，令我尊敬，至今不變。

我常感嘆，現在年輕人沒有福氣聽早期洪一峰的歌，只知道他唱〈舊情綿綿〉。其實他真正下工夫的歌是〈男性的意志〉、〈攤販夜嘆〉這些。可惜〈攤販夜嘆〉當時不能播，後來也沒有人翻唱。

陳星光。

六〇年代，洪一峰到鈴鈴唱片灌〈難忘的人〉，這首歌電臺整天在播，非常轟動，那時他已離開「亞洲」，但他在「亞洲」的唱片，我還是優先播出。

較早歌星很可憐，灌唱片待遇沒幾個錢，而且都是「灌斷的」，灌完就沒有收入，甚至有人還要拿錢去灌（這在亞洲唱片絕不可能發生，他看不中意，就不會採用）。不過我們那時播歌，是肯定這個歌手；喜歡，是沒有代價的。有時他們來電臺，我們訪問他，還貼他車馬費。

那時文夏、洪一峰分霸歌壇，各據一方，要將他們拉在一起登臺演唱，沒人有這個能耐，但有一次，我請他們兩人同臺出場，算是一個難得的紀念。雖然他們私下沒有恩怨，不過聽眾分開，你愛聽文夏的，我愛聽洪一峰的，區隔開來。兩人都有聽眾壓力，似乎你歌王，我也歌王，變成臺灣語說的「王不見王」。其實他們各唱各的，歌路不同，並無衝突。

一般來說，歌星對電臺主持人都很尊敬，主持人沒播你的歌，你一定紅不了。我是比較豪爽的人，全國各電臺主持人跟我都很要好。我們在一起的時候聊天，我總跟他們說：「洪一峰的歌，咱節目每天都要播。」所以儘管他到日本去，人不在國內，各地電臺每天照樣在播他的歌。

六〇年代末，洪一峰從北部消失了很長一段時間，聽眾寫信來問消息。我到處打聽，知道他的下落，便聯絡各地電臺主持人到南部去看他。大家約在高雄會合，再轉車去屏東。

我說人情義理重，友情比天高，大家都是稱霸一方的名主持人，工作繁忙，卻還願意迢迢去到屏東看他，實在是基於內心對他的尊敬。

找到他家，他們正要吃飯。洪太太見到我們，非常熱意地招呼我們說：「鬥陣食飯啦！」我看他們桌上一碟味噌，是他們這一餐的配菜，心裡不忍，回答她說：「無喔！阮是欲來請洪先生出去食飯開講的，馬上就欲出去啊。」

來到高雄一家餐廳，我們一邊談到臺語歌曲的處境萬分感慨，一邊鼓勵他要出來，長期避居南部鄉下，不是辦法。

我所知道的，洪一峰對妻兒很疼惜，第一任妻子小鳳離開他，以及他後來離開榮宏的媽媽，都讓他很痛苦。不過人生一念之間，如果小鳳當時不離開洪一峰，後來歌壇就沒有洪榮宏，歷史也就要重寫了。

洪一峰跟我一樣，我一生只做廣播一行，他也只做音樂。他細胞裡全部都是音樂，沒有別的。他從小栽培榮宏，現在榮宏唱歌沒讓他失望，臺語歌曲有榮宏傳承，他應該可以滿足了。

那個時代的聽眾，收音機打開有洪一峰的歌可以聽，鬱卒的心情可以疏透，他對我們臺灣的音樂、社會文化，確確實實是有很大的功勞。

洪一峰與我的演藝人生

／康丁

我十七、八歲從鹿港來到臺北，在「圓環頂」（重慶北路露店）看洪一峰在賣歌簿。歌簿薄薄八頁、十頁，翻一翻，看哪一首歌喜歡，不會唱，他就拉小提琴教你唱。我還記得〈蝶戀花〉那首歌，就是在那裡跟他學的。

聽他唱歌，引起我對音樂的興趣，就在北投邊當學徒邊學打鼓唱歌，不久加入「北投陽光輕音樂團」。當時「小鳳廣播音樂團」來北投公演，露天的，三、四人的樂隊，洪一峰、洪德成、李清風幾個在唱，小鳳主持。小鳳瘦瘦的，穿著樸素，但聲音甜美。她做主持，不像後來的主持人對演員做訪問、打笑詼那樣，是做一個司儀，主導節目的進行。不過她有「變巧」，節目主持得很叫座，很輕鬆。

有一天，不知道是從哪裡聽來消息，說電臺要一位打鼓的，我趕緊跑去長安西路正聲電臺應徵。透過玻璃，見洪一峰在彈鋼琴，小鳳在主持。等節目告一段落，門打開，洪一峰說：「無啦，節目只有兩個人，一人主持，一人彈琴而已。」

這是洪一峰還叫「洪文昌」的時代。

幾年後，小鳳離開他，在華聲電臺主持節目。洪一峰暝思日想，譜成一段〈思慕的人〉，請葉俊麟幫他寫詞，要送小鳳。葉俊麟詞寫好，陪他走到士林華聲電臺。陳三雅通報小鳳：「洪一峰來了！」但是小鳳不願見他。這樣三番兩次，洪一峰猶不死心，直到夏天快過，才去臺南。說來，他是很多情的人啦！

不久，我去當兵，編在軍中康樂隊打鼓。有一天，團裡一位唱西洋歌曲的主唱請假，團長叫我上臺試試。我戴一頂黑色高帽，穿著窄小上衣，寬鬆長褲，唇上留一小撮鬍子，拿一支手杖，倣卓別林式的打扮出場。那種喜感獲得臺下不絕的掌聲，比原來的歌手還受歡迎，從此開啟我的演劇生涯。後來被魏一舟導演（魏少朋的爸爸）請去演臺語電影，走喜劇路線。

一九六〇年代末，臺語電影與臺語歌曲沉到谷底，我到南洋新加坡、馬來西亞跑碼頭。南洋華僑講福佬語的很多，聽到臺灣來的歌手唱臺語歌，感覺很親切，臺語歌曲在那裡有夠轟動，「哈臺」的情形，與現在年輕人「哈日」、「哈韓」一樣狂熱。

演電影時，我跟洪一峰都有隨片登臺的經驗。在電臺「有聽聲無看影」的年代，歌手登臺的轟動，現在很難想像。那時洪一峰在大觀戲院登臺，買票的隊伍快排到龍山寺。後來我登臺，有觀眾拉著我的手，高興得眼淚直流，看到歌手稀罕、歡喜的心情，很難形容。

漸漸地，歌廳起來了，我在高雄「金都樂府」唱歌，洪一峰帶著兒子洪榮宏在另一家「藍寶石」唱。拚臺結果，聽眾都跑到那邊去了。我一個大人輸給一個七、八歲的小孩。

後來，我在歌廳主持節目，榮宏的聲音高到「無人有的」，掌聲「咧咧叫」。隨後洪一峰送他去日本，我們幾年間沒聯絡。八〇年代後期，看他手牽小女兒洪薇婷出來唱歌，他的人生又經歷了一番變化。

歌廳秀時期，上臺唱歌要有歌星證，查無歌星證的，終止表演，歌手、負責人裁處罰鍰或拘留。當年我有演員證，無歌星證。那一次去報考歌星證的，只有兩個人，我跟鄧麗君。二十首指定曲中，一首自選，一首臨時抽籤。我沒唱過國語歌，只準備〈阿里山姑娘〉和〈有情〉兩首。籤一抽，看不是這兩首，隨放回去。他們說：「你怎麼放回去？」我說：「就是〈阿里山姑娘〉啦！」他們沒辦法，就讓我唱。

我面對臺下幾百人，唱歌、主持不緊張，哪知道那三分鐘，手腳不停地發抖，唱得「離離落落」。評審說：「你唱得這樣，怎麼當歌星？」我說：「我不是要當歌星，是我在舞臺上，有時需要唱一、兩首歌，如有歌星證，就免得稽查的說：『你沒歌星證，怎麼可以唱歌？』你們拜託，就發給我嘛！」旁邊鄧麗君一直笑。我說：「你不幫我唱，還在笑！」評審之一的李建和（時任省議員）看我這樣，對其他人說：「好啦，給他啦！」

歌廳秀極盛時，我跟魏少朋在高雄「藍寶石」與臺北「日新」歌廳主持節目，洪一峰與愛玲搭檔唱歌。洪一峰人古意，不會計較，不像文夏來了丟一句：「我唱壓場喔！」講完就出去了，等時間快到了才進來。秀場結束，我有時請文夏、洪一峰夫婦和其他幾位歌手去喝咖啡，文夏就帶一瓶酒，每人咖啡杯裡倒一點。文夏愛喝，也愛講；洪一峰則不愛一大票人在一起，喜歡一個人出去散步或逛書店，翻日文書刊。

秀場趕場時，曾坐過洪一峰的車，主要由愛玲開車。我們坐後座，他要不就沒半句話，要不就是跟你談養生、營養的話題，什麼蒜頭、黑豆之類的。他這方面的書看很多。

他跟愛玲結婚後，只負責唱歌，其他什麼都不管。接檔、開車都是愛玲，好像他的經紀人，全心照顧他，為他打拚，足感心啦！

永遠的「寶島歌王」

／魏少朋

一九六〇年，我自藝專畢業，在臺南市三分仔當預官。到了晚上想家，就聽見周圍民家收音機裡傳來洪一峰、文夏的歌聲。洪一峰的〈舊情綿綿〉、〈男兒哀歌〉、〈悲情的城市〉和文夏的〈媽媽請你也保重〉正流行，當兵的人聽到這些，心裡就感到非常的安慰。

退伍後，我到廣告公司上班，一個偶然的機會，經人介紹在電視公司演電視劇，第一部戲就演男主角。當時，許天賜在臺視製作《寶島之歌》，有時請洪一峰、文夏去唱，偶而也請我去上節目，就在這裡，我認識了洪一峰。我跟他個性蠻投合的，見面常有很多話講。我說：「洪老師啊，當兵時聽你的歌，就想將來有機會見面，一定要跟你抱一下，你知道嗎？」他聽了笑說：「來啊！」那時，我對他的歌聲，實在很羨慕。

有一次，我當著他的面說：「洪老師，我想拜你為師，你看怎麼樣？」洪老師說：「魏先生，你試音試看覓①！」結果我高，高不上去；低，低不下來，氣又接不上。洪老師很

註① 覓（替用字）：māi，動詞後綴表示「試探」之意。

客氣，不敢說我不配當他的學生，只說：「魏先生，我看，你還是主持好啦，不要唱歌。」

七〇年代，我有機會在全國各歌廳，像高雄「藍寶石」啦、「今日」啦，臺中「聯美」等地作秀。當中製作人做了一個「臺灣歌王歌后大會串」的節目（那時候，只要是這一類的節目，都大爆滿），過程中，我對洪一峰印象特別深，因為他非常有修養。俗話說「王不見王」，歌王跟歌王在一起，個個要壓臺，本來就很難排。當中文夏最可愛：「少朋啊，我問你，到底誰是歌王，要介紹清楚喔！」

我實在傷透腦筋，不知道要怎麼介紹。像鄭日清都唱頭一個，他會唱會跳很可愛，能帶動氣氛，但私底下他就抱怨：「魏先生，很不合理，我年歲最大，每次都叫我唱頭一個，我唱時，觀眾都還沒進來，我吃虧啦！」

不過，我這個人很會動腦筋，現在我就一個一個安排：這位鄭日清先生是臺灣老牌歌王，吳晉淮是留日歌王，洪弟七是性格歌王，黃三元是鄉土歌王，黃秋田是民謠歌王，洪一峰是寶島低音歌王，文夏是寶島歌王……。

「寶島歌王」有兩個，洪一峰跟文夏差不多啦，但是王不見王，所以要把兩位喬得皆大歡喜，實在難為。像文夏一定要壓臺，這時洪一峰就說：「魏先生，為著好做人，我清彩②，你清彩跟我排就好。」我這個人做事情卻不能「清彩」，就將他排在兩個鐘頭節目中前半場高潮的時候出來，文夏到後半段最後才出來，結果大家都感覺很好。這時，洪一峰已經是唱過「日本劇場」回來的歌手，在臺灣是獨一無二的，他還是非常低調。不過他

註② 清彩：tshìn-tshái，隨便、不講究。

的歌普遍比較低音，而我們臺灣人很奇怪，比較愛聽中音，像文夏、吳晉淮；無形中，文夏的歌就比較多人唱。

在歌廳，我們這些臺語歌手，個個都很遵守規矩。像洪一峰預定什麼時候輪到他上臺，他就提前十分鐘到後臺。但是國語歌星就比較沒有這個觀念，總是常常遲到，變成要臨時找人上臺頂替，弄得大家都不愉快。因為大家認為越後面唱越大牌。但洪一峰卻不這樣。他不但從不誤場，還隨時ＯＫ，這就是在「日本劇場」歷練過的專業。

秀場主持人訪問，歌手難免要講幾句話。洪一峰是「足古意的人」，你若不在後臺套好，上臺去，他就只望著你笑。秀場主持人要盡量講歌手的優點讓觀眾笑，但當時有一位知名的主持人，卻以專挖歌手的缺點逗觀眾一笑為樂。

有一天，這位主持人在桃園跟洪一峰同臺，就說：「洪老師，你今天穿這件衣服，有夠好看，很有特色。」

洪一峰「憨直憨直」回問：「敢有影？」

「有影啊！這件衣服，我印象很深的。那是阮阿公死的時候，扛到正廳時穿這件衣服啊！」洪一峰聽了接不下去，觀眾已經笑得東倒西歪。洪一峰勉強把歌唱完，退到後臺，血壓直往上衝。

這個年輕主持人為了製造節目效果，不惜對著輩分這麼高的歌手製造笑料。我覺得這一點都不好笑，而洪一峰也不好當場說什麼。

文夏就不簡單。也是同一個主持人訪問。主持人說：「阿文哥啊，你這麼會唱歌，要等到什麼時候才要退休啊？你不退休，我就非得等到你 tshuah 起來（翹辮子），才有辦法當歌王不是嗎？」文夏則是這麼回他：

「誠歹講喔，棺材底死無底老，無的確你比我較代先死嘛無一定！」

觀眾聽了大笑，換主持人不知所措。

從這裡就看出，一個「人古意」，一個「頭殼精」，文夏較會應付。不過這樣的話，洪一峰即使想到，恐怕也說不出口的。

也就因為他古意，所以當初我是他的歌迷，後來變成他的好朋友跟軍師，教他東教他西，怎麼應付都教他。像紀露霞也很古意，也是事先就套好，結果上臺效果好得觀眾掌聲響不停。

只要是我主持、訪問時，我都會花時間做功課。舞臺上主角是歌手，你若不能讓他光彩出場退場，你就等於糟蹋了他一樣。

六〇年代，我演《冰點》男主角。蔡一紅在我的唱片公司灌《冰點》主題曲。我請許天賜在《冰點》播出的前一時段《寶島之歌》裡，讓蔡一紅連續八個禮拜唱這一首歌，結果蔡一紅一砲而紅。

七〇年代臺語被壓制，臺語歌曲相當可憐，幾乎沒有表演的空間，實際上也很遺憾：電視節目一天只能唱兩首臺語，中視《蓬萊仙島》就只能唱一首。

當時新聞局規定，無論如何，臺語節目、臺語歌，就是要限制，所以臺語節目要請洪一峰來的機會本來就不多。每天連續劇的主題曲要唱一首，唱片公司拜託打歌的再唱一首，這一天就不再有臺語歌了。早期許天賜在臺視有兩個節目，一個《綠島之歌》，一個《寶島之歌》，裡面幾乎都可以唱到兩三首臺語，但洪一峰、文夏出現的機會也不很多。

不過，歌廳秀場並無限制。廣電媒體影響力大，電波公開，限制嚴格，歌廳則不一樣。不過歌廳有一個很奇怪的現象，國語檔的，全都是國語歌星；臺語檔的，全都是臺語歌星，分得很清楚，觀眾也分得很清楚。就以當年電視《蓬萊仙島》節目，國語發聲，要請到洪一峰、文夏的機會，也幾乎沒有。在我主持的一兩年當中，好像跟他碰頭，都是在外面的秀場。

那時，洪一峰帶著洪榮宏四處登臺，每次輪到榮宏要出場，洪一峰就蹲下來幫他理理領子、啾啾（蝴蝶結），拉拉西裝下擺，才讓他上臺。洪榮宏在臺前唱歌，他就躲在幕後念念有詞，跟著唱。我說：「洪老師啊，是他在唱，還是你在唱啊！」有時候，洪一峰先唱，唱完介紹洪榮宏出場，他會謙虛地跟觀眾打招呼。他這樣關心、疼愛榮宏的心情，令人感動。

八〇年代中期以後，洪一峰為生活，什麼都做，很久一段時間在遊覽車休息站的「王祿仔團」裡面唱歌。堂堂臺灣歌王淪落到這地步，讓人看了心酸。那時他心情鬱卒，身體不好，在後臺就是數著念珠，一直到信主以後，才看他改讀聖經。我自十歲信仰基督，看洪一峰跟我一樣，我好高興。

一九八二年，洪榮宏被殺，躺在馬偕加護病房。我去，他額頭、耳朵、背部包著層層藥布。洪一峰趕到，洪榮宏看著老爸，哭得很淒慘。你莫怪，那幾年榮宏心情鬱悶，壓力、思念、怨恨，幾乎都用哭發洩出來。

父母離婚、自己遇刺，加上一些風風雨雨難解，其後幾年，榮宏開始酗酒、飆車。媽媽煩惱，有時打電話請我去跟洪榮宏開導，看他能不能打開心結。三十歲以後，洪榮宏有信仰、有方向，開始在教會做志工、傳福音，用他的音樂；也跟愛玲有互動，兩家人開始和好起來。

之前在小巨蛋，看著愛玲跟羅玉抱在一起，我的眼淚忍不住，在場的人應該跟我一樣。女人跟女人是戰爭。臺灣人若都跟她們一樣，不知道有多好。看著這一幕，洪老師在天上，一定非常安慰。

洪老師音樂的一生，有甜有澀，有甘有苦，是一部悲歡歲月人生，代表戰後臺灣流行歌曲發展的歷程。臺語歌在外部的壓迫禁制下，靠著臺灣人愛唱，才得延續至今。

五十年前我愛唱洪一峰的歌，今天，我依然愛唱；五十年後的臺灣人，相信一樣愛唱。他會永遠存在我們臺灣人的音樂心靈裡面，不會消失。

他是永遠的「寶島歌王」，我確信。

蝶戀花，青春夢

／李鴻禧

我是洪一峰的歌迷，想不到有一天會有一群研究洪一峰的人來訪問我，使我感到無上的歡喜與光榮。

洪一峰長我九歲，印象中，他二十歲就走紅了。他一生又是唱歌作曲作詞，又是畫畫演電影，是一位全方位的藝術家。他長於日治時代，而我到終戰時也已十歲，略懂人事，對於那個時代臺灣的音樂環境，還有深刻的記憶，現在就以這個來談一談。

我進小學，已是日本戰局陷入膠著逆轉的時刻，日本傾全國之力在打這場戰爭，唱片公司不再製作流行歌，若干臺語流行歌被改為激昂的曲調以日語演唱，為戰爭服務。小學教的是〈浦島太郎〉、〈桃太郎〉之類的日本童謠，但社會上聽到的卻是〈九段之母〉、〈支那之夜〉之類的愛國歌曲，愛國歌曲就是那時候青少年愛唱的流行歌。洪一峰便是在這樣的音樂氛圍中薰染培養出來的。

那時在我們家，我那些留學日本回來的兄姐，卻不如此。他們每天放的盡是東海林太郎、淡谷のり子這些歌手的唱片。他們的曲調傳達了內心的苦悶、徬徨與生活的艱辛，讓人聽了欲罷不能，深深著迷。我對這些歌手和他們的歌，至今還能如數家珍，哼上一段，可見當時這些旋律給我的印象是多麼的深刻。

歌謠或流行歌是近代都會文明的產物。東方最早接觸西方歌謠的國家是日本，二十世紀以後，透過日本再傳到臺灣，才有三〇年代臺灣流行歌的出現。臺灣人多少有南島系原住民的血統，喜歡唱歌。但在長期移墾的艱辛與外來政權統治的過程中，飽嘗悲苦，不少曲調都很哀傷。像戰前流行的〈心酸酸〉，戰後流行的〈望你早歸〉、〈收酒矸〉、〈補破網〉等，都是臺灣哭調仔的現代流行版。

一九四五年，戰爭結束，日本人走了，中國軍隊來了，一年半後發生二二八事件，隨後是長期的白色恐怖，臺灣人驚恐、鬱卒、悲憤，說不出口，唯一能舒透內心的，只有唱歌。一九四六這一年出現了三首歌：〈收酒矸〉、〈望你早歸〉和〈蝶戀花〉。前二首唱出市井小民生活的困頓、無奈與女性苦苦盼望被徵調到南洋的丈夫、兒子歸來的心情；後一首則比較樂觀。〈蝶戀花〉發表時，洪一峰十九歲，正年輕，抱著美麗的愛情夢、自由夢、青春夢，面對臺灣的未來。「青翠花蕊定定紅，毋驚野蜂弄！」臺灣是一朵青翠鮮紅的花蕊，哪知道野蜂無情，第二年就發生二二八事件了。

仔細來看〈蝶戀花〉這一首歌，表面寫戀愛，內裡則暗喻臺灣這棵青春的花叢，就要長大了，不怕野蜂戲弄，充滿著浪漫無畏的精神。雖然國民黨政府認為〈收酒矸〉、〈望你早歸〉和後來的〈補破網〉有政治意圖，是靡靡之音，要禁就禁，但對〈蝶戀花〉則無可奈何！你看，我這是寫戀愛啊！不過我們唱的人卻都知道，這是一種對青春的期待，對島國臺灣未來的盼望。若非對戰後的臺灣抱著熱情的期待與盼望，是絕對寫不出這樣的作品來的。

五〇年代初，臺灣社會開始瘋日本歌。一九五二年《臺北和約》簽訂，臺日之間又有文化的交流了：電影進來，一些動聽的主題曲、插曲翻作臺語歌，成天在電臺播唱。我小時候聽慣日本歌，現在聽到這樣的臺語歌，倍感親切。後來洪一峰、文夏、紀露霞的唱片大流行，也大約是翻唱日本歌，我愛聽也愛唱，覺得歌曲動聽、歌詞優美，歌手也能貼切詮釋其中的感情。其中洪一峰比較特別，唱低音，很有魅力，連我這種五音不全的人也都敢唱，唱得起來，苦悶時，給我一條通透的路。

五、六〇年代翻唱日本歌，背景和影響都值得嚴肅探討。但日本、中國一開始的時候也都翻唱外國歌曲。就像日本明治維新後，音樂也學西方一樣。伊澤修二（後來擔任臺灣總督府首任學務部長）去美國學了西方教育，回國翻了很多西方歌謠在學校裡教。李叔同，中國現代音樂教育從他開始，他填詞的也全是西方名曲。音樂本無國界，歌曲一經創作、發表，就成為世界文化的一部分了。

最近我愛聽原住民音樂，也喜歡黑人的靈歌，感覺黑人的靈歌，是從心底吶喊出來，用性命在唱，唱給他所信的上帝聽，聽了讓人要掉眼淚的。它們是世界音樂文化很重要的資產。回頭看洪一峰的音樂也一樣，他除了唱過無數動人的日本曲臺語歌外，也跟葉俊麟合作了〈舊情綿綿〉、〈男兒哀歌〉、〈淡水暮色〉、〈思慕的人〉等許多永垂不朽的名曲，貼近了土地的脈動，豐富了臺灣音樂，也回饋了世界文化，這是我認為他最了不起的地方。

臺灣爵士年代的傑出作曲家

／金澎

洪一峰老師過世，臺語歌壇失去了一位值得尊敬的前輩。他是四、五〇年代一位先驅性的男性歌手。他的低音魅力，留給臺灣人永遠的感動與懷念。

過世前幾年，洪老師罹患巴金森氏症。我請愛玲帶他到我教室，我教他自發功。中間，我也去他府上帶他做，可惜洪老師沒耐性，也就沒什麼進展。

我是聽西洋歌曲長大的。小時候，屏東空軍基地有美軍駐守，中廣《美國熱門歌曲排行榜》節目播送西洋歌曲，我每天收聽。越戰期間，家裡隔壁一間酒吧，每天放西洋老歌，我耳濡目染的都是這些旋律。當時文夏正紅，唱的都是翻唱日本歌的臺語歌曲，我想要聽就聽日本歌好了，何必聽臺語翻唱的，也就沒去注意。那時年輕人讀中學的，聽歌，首先聽西洋歌曲，其次國語歌，最後才是臺語歌曲。

我當兵時，在藝工隊接觸表演。退伍後進入歌壇，以唱西洋歌曲為主，開始我「小黑人」

的歌舞生涯。七〇年代後期在歌廳，加唱國語歌曲，直到一九八四年赴美遊學十個月才改觀。

在紐約學百老匯歌劇，導演要求我的不是西方經典，而是自己母語的歌舞。這讓我驚省，母語才是文化的根；而且我發現，三〇年代以來的臺語歌曲是如此的優美，自此改唱臺語歌曲。而在一窩蜂翻唱東洋歌曲的風潮中，堅持創作的寶島低音歌王洪一峰，這時引起我很大的注意和尊敬。

洪一峰是歌唱家，也是作曲家，寫過曼波和許多爵士節奏的作品，因此談他之前，想先談談拉丁節奏。

拉丁節奏從加勒比海、古巴、牙買加、拉丁美洲一帶起源，後來傳到美國。三〇年代美國流行倫巴（runba）、森巴（samba）、康加（conga）；四〇至五〇年代流行曼波（manbo）、恰恰（chacha）、加力騷（calypso）；六〇年代流行 latin-soul、limbo；八〇年代就是黏巴達（lambada）、索沙（salsa）等，這些都與黑人有關。在美國，黑人被人從非洲賣到那裡做奴隸，比牛馬還不如，任人打罵、苦毒。吃飯休息時，想念非洲家鄉，就邊哭邊唱家鄉的曲調。這就是黑人的靈歌，唱出內心的苦哀、悲情。

六〇年代以前，美國黑白種族歧視嚴重，但白人少年著迷黑人的音樂，也唱他們的歌，發展到後來的搖滾，有貓王等白人歌手帶領風潮，成為美國代表性的流行音樂。而從搖滾到靈魂舞、阿哥哥、迪斯可，一個時代有一個時代的潮流、節奏，這些節奏一波波影響臺灣的音樂。

五〇至六〇年代，臺灣流行一陣曼波歌舞，臺聲唱片、亞洲唱片就錄過不少曼波的歌。紀露霞的〈飲淡薄〉（鼓霸樂隊伴奏）最轟動，是西洋歌翻唱的。廖欽崧的〈看牛曼波〉跟洪一峰的〈寶島曼波〉，是本土創作的曼波歌曲，其中以〈寶島曼波〉最流行，也最有名，風行至今不衰。

洪一峰的〈寶島曼波〉，似乎沒有唱出太多曼波的節奏，就像他很多爵士的作品都唱成演歌一樣。這其中有臺灣聽眾收聽習慣的因素。

除了曼波，臺灣更出現不少優秀的爵士作品，但臺灣聽眾不習慣聽西洋歌曲，更不能接受爵士這樣的節奏。所以洪一峰一貫用演歌的唱腔唱他自己的〈舊情綿綿〉。等到晚年，他用爵士唱這首歌時，才真正把歌裡的神韻唱出來。

我回頭來唱臺語歌後，最喜歡唱本土創作中較有爵士味的歌曲，像楊三郎與洪一峰的作品。他們是戰後臺灣爵士年代的傑出作曲家。

這段期間，我時常在大型演唱會上與洪老師同臺，相處的機會也多。他知道我跟蔡東華有接觸，每次我參加亞東關係協會的雙十節演唱活動從東京回臺，就問我說：「蔡桑好否？」

蔡東華在日本很受敬重，東寶映畫的幹部見到他，都跟他行鞠躬禮。跟他去東寶的劇場、戲院看秀、看電影，都不需要買票。我們去表演，不是在東寶的「日本劇場」、「駒」（KOMA），就是在松竹的「國際劇場」。

一九六三年，蔡東華率領東寶歌舞團到臺灣公演兩個月，公演結束，成立「寶華歌舞劇團」，網羅臺灣歌舞高手去日本表演。從那時開始，我跟蔡東華有了接觸；受他賞識，每年雙十節都受邀參加東京的表演，對蔡東華愛鄉愛土不求回報的精神，非常感佩。跟洪一峰在一起，就有說不完的蔡東華的故事，非常懷念。

洪一峰的歌好不用說，歌聲更有特色，像他那樣突出的低音魅力，當時歌壇是無人能夠取代的。以我觀察，洪一峰晚年唱得更好，只是中氣較為不足，這是沒有辦法的事情。他在舞臺灌注感情、生命，不耍技巧，實實在在，是一位很誠懇的歌唱家、藝術家。

二〇〇〇年，「歌謠百年臺灣」活動票選洪一峰的〈舊情綿綿〉、〈思慕的人〉、〈寶島曼波〉三曲分列一九四五至一九八〇年間臺語歌曲第一、第二及第九名。作品不朽，值得驕傲了。

「低音歌王」專稱洪一峰

／陳和平

我自十五歲起就當記者，專門報導臺語影歌星動態。當時臺語歌完全沒有地位，一些報紙批評臺語歌沒水準，我不服氣，寫文章反擊。我擔心自己勢單力薄，便一人化做七個筆名，在不同報紙跟他們筆戰。

有一天，周添旺寄一封信託報社轉交給我，請我北上，要認識我。我在臺北沒有親友，高鵬知道了，介紹我到臺北去找烏金（蘇南竹），說可以在他那邊住。高鵬晚上在臺南中正路、國華路口擺擔仔麵，我常在那裡出入，寫了很多報導。

到臺北後，周添旺看見我，嚇一跳。「你怎麼這麼年輕？你有辦法寫喔？」我說，那些都是我寫的啊！他很感動，給我一些資料，鼓勵我說：「佮伊戰！看咱臺灣人真無起！」說完，帶我去見林禮涵、姚讚福、陳達儒、楊三郎、葉俊麟這幾位歌壇大前輩，也提到洪一峰。

周添旺家過去不遠，就是烏金的「寶島音樂教室」。晚上，我跟烏金睡在教室地板，天亮再跟他到拍片現場採訪。他的《歌星淚》正在北投拍外景，我便就近採訪洪一峰。洪一峰這時在「寶島音樂教室」任教，跟他接觸的機會，自然更多了。

那時洪一峰、文夏、葉啟田、黃西田、洪第七這些歌星正紅，報社指定一定要寫他們。寫什麼都好，像洪一峰，看是拍電影啦，錄唱片啦，或是唱歌廳，去日本等等，都不要緊。當然他去日本，臺灣就比較沒什麼消息，不過日本回來，就一定會來找我。有一次他帶來一張唱片和幾張相片，相片裡幾個黑人繞著他唱和聲，後面一排跳舞女郎在伴舞。臺灣歌星有這架式的，就他一個。他說日本的歌星多好，日本環境多麼可以發揮等等，使他得到很大的滿足。我用這些資料寫了一篇專稿登在《徵信新聞報》，全版的，引起不小的迴響。

當然，洪一峰是有他的實力。他的歌聲，他的作曲，他的樂器，環顧當今歌壇，還沒有一個比得上他的。他的小提琴、鋼琴固然厲害，手風琴尤其迷人，他一彈，臺下聽眾的心肝好像整個被他掏走了。而他樂理的深，作曲手法的好，還有他藝術涵養的謙和，處處不輸日本人，難怪他在日本能夠那麼紅，那麼受歡迎。

有人問我，「寶島低音歌王」的稱號是怎麼來的？我說是廣播界喊出來的，特別是陳星光，在民聲電臺主持《星光之聲》，專播洪一峰的歌，跟華聲電臺陳三雅專播文夏的節目打對臺。那時文夏人稱「寶島歌王」，陳星光為跟文夏區隔，就稱他「低音歌王」。其實他們兩個都是「寶島歌王」，不過洪一峰專唱低音，「低音歌王」喊出聽眾的感受，就成為洪一峰的專稱了。事實上，郭金發出來之前，臺灣歌壇只有洪一峰唱低音；就是後來唱低音的，也是洪一峰唱最好。「低音歌王」到今天，也專稱洪一峰一個，不指別人。

陳和平製作，海山唱片發行的《鐵金剛唱片第一集》封面。

我報導洪一峰最多，後來轉入唱片界，在鐵金剛唱片和海山唱片時，他已回到臺南，住在青年路。我家就在青年路鐵路邊，距離他家最近。葉俊麟寫〈純情的人〉，要請他唱，我拿去臺南找他，這是我頭一回製作他唱的歌。第二張唱片，葉俊麟做了一首〈聲聲怨嘆〉，也是我拿去臺南請他作曲的。

洪一峰為人不計較。請他作曲、灌唱，

問要多少，他總是說：「你找我，我就很歡喜了。」當時我給他兩百元。但是另外一位就說：「五百元！無，免講。」風格截然不同。

洪一峰到亞洲唱片時還叫「洪文昌」。後來改名洪一峰時，坊間盛傳，亞洲唱片為此擇吉問卜祭拜一番。我說，蔡文華是虔誠基督徒，不信這一套的。

洪一峰在亞洲唱片的五、六年間，是他唱片生涯的全盛期。離開亞洲唱片之後灌的，有新曲，有舊作，也有翻唱其他歌手的歌曲。一般重量級歌手多半不願翻唱他人的歌，尤其像洪一峰這種歌王級的。但是，他陸續灌了吳晉淮的〈五月花〉，文夏的〈悲戀公路〉、〈男性的苦戀〉，郭金發的〈溫泉鄉的吉他〉、〈迌迌人的目屎〉，洪第七的〈懷念的播音員〉等；其他像〈最後火車站〉、〈彼個小姑娘〉、〈為伊走千里〉等，唱片公司要他唱他就唱，說來全為了錢，不得已的。從專業角度，他唱這些歌是比原唱者唱得更好沒錯，不過人家一聽就想起原唱者，先入為主嘛，實在可惜。

洪一峰的低音「真飽」，音域也寬；高，高得起，低，低得下，勝過永井。他喜歡永井，兩人身世相似：小時候沒有父親，長大婚姻遭遇雷同；只是洪一峰低，低得會震，也較圓潤，比永井更好。而且他什麼歌都能唱，小林旭的〈アキラのツ〜レロ節〉本來不是他的歌路，經過葉俊麟填為〈心心相愛〉，卻成為他代表性的一首歌。

葉俊麟和洪一峰的合作，跨越五〇至八〇年代，從日曲臺詞的臺語歌到創作，題材不拘，卻都風行不衰。最先灌成唱片的是〈相逢有樂町〉、〈攤販夜嘆〉、〈可憐戀花再會吧〉、〈再會夜都市〉、〈悲情的城市〉這些日本曲。日本曲轟動了，再要求亞洲唱片灌錄創作，才有〈舊情綿綿〉這些經典出版。日曲臺詞的臺語歌，就是所謂的「混血歌曲」，造就了洪一峰「寶島歌王」的地位，但他自始自覺要走創作的路，而且成就非凡，這是他與同時代歌手（吳晉淮除外）不同的地方。

洪一峰的作品流傳迄今，一般認為與十足的鄉土味有關，因為他用的是臺灣傳統的五聲音階。我倒不認為如此。日本曲調有含 Fa（4）Si（7）兩個半音的「大和短調」和不含 Fa、Si，即所謂「ヨナ抜キ」（YONA NUKI）的「五聲音階」。〈可憐戀花再會吧〉、〈悲情的城市〉、〈再會夜都市〉、〈母親請安〉這些，都是演歌類的五聲音階，你可能因此說這些日本歌是五聲音階，所以幾分接近臺灣鄉土味而引起廣泛的迴響。其實他作品稱得上有鄉土味的，大概只有鐵金剛唱片第二集那首〈聲聲怨嘆〉（葉俊麟作詞），它跟陳秋霖的〈心慒慒〉、姚讚福的〈心酸酸〉一樣，是臺灣自然小調作品。此外還有哪一首？我看是沒有了。倒是洪一峰在臺北出生、長大，他的主唱歌曲和創作，基本上都是「都會調」的。

洪一峰的歌聲感人，那麼他作品裡面的感情是否全是他的？我說不一定，至少詞的感情是葉俊麟的。

就以〈舊情綿綿〉為例，〈舊情綿綿〉，是葉俊麟愛上了一個茶室女人，沒有結局，於是自己寫詞、作曲，認識洪一峰以後，想請他唱的。洪一峰看了譜，對他說：「唉，葉仙，這是要怎麼唱啦？」他彈了彈，請「涵仙」過來評鑑。林禮涵指出這個 key 應該這樣，那個 key 應該那樣，三個人就這樣認真地「切磋」起來，弄到最後，葉俊麟對洪一峰說：「不能唱，那你處理啊！」這就是〈舊情綿綿〉誕生的由來。

〈舊情綿綿〉的感情如此，〈放浪人生〉、〈男兒哀歌〉、〈淡水暮色〉也大約如此。不過，洪一峰與葉俊麟也的確是絕配。葉俊麟作品的神髓，只有洪一峰能詮釋得這麼真切；而葉俊麟的感情，也只有洪一峰能表達得如此動人；加上林禮涵的編曲和樂隊，洪一峰名曲的背後，少了哪一位都不行。

我上臺北後，把握機會跟葉俊麟學作詞，跟林禮涵學鋼琴，跟姚讚福學唱歌，跟楊三郎學作曲。洪一峰沒教過我，我不是他的學生，但是他對我很好，不當我是記者，說了很多心事給我聽，亦師亦友，也算是忘年之交。

晚年，三重市公所舉辦的「三重演藝史座談會」，我們都去了。座談會結束，他對我說：「和平啊！咱早期的剩沒幾位了，你要來吉林路找我！」我說：「好好！」我跟他到樓下，送他上車，他又說：「一定要來喔！」

很遺憾，我一直沒空去找他，就這樣永遠失約了。

跋

／李瑞明

二〇〇九年三月，文化公益信託葉俊麟臺灣歌謠推展基金開始對洪一峰和他的家人、友人，進行一系列的口述訪談。他們從各個不同角度憶述洪一峰和他的音樂。這本傳記，便是根據這個訪談的八十幾萬字逐字稿、筆記和歷來八百多筆新聞報導撰著而成的。

這本傳記寫洪一峰輝煌的音樂生涯，也寫他在困苦的環境中如何成長，如何為純粹的臺語歌努力創作、堅持，以及他在家變中身心歷經的淬煉等等。寫作過程，考慮段落的精簡可讀，並極力避免精采的內容被寫成嚴肅的報告，因而行文之際，也嘗試隨筆、報導或小說之類的輕鬆筆觸。倘如大家讀來，覺得本書還有一點趣味，因而願意把它讀完，從而體認洪一峰的音樂和臺灣歌謠的歷史，就是作者最大的安慰了。

本書分「序曲」和「內文」兩部。「內文」第一到第十一章，寫洪一峰的生平與重大經歷；第十二章，則談洪一峰的歌唱、作曲、唱片、著作權，也談他的創作理念、「舞臺精神」及其他，算是一篇粗淺的「洪一峰論」，是作者透過訪談獲致的初步認知，提請大家參考。洪一峰藝術的多元面向，值得學者進一步探討研究。邱婉婷的《「寶島低音歌王」

之路：洪一峰創作與混血歌曲之探討》與張喻涵的《洪一峰之音樂藝術研究》兩本學位論文，已為學界開了新路，本書某些觀點便引自她們研究的成果。

本章結束時寫了另一位「寶島歌王」文夏，並拿他和洪一峰做種種的對比。這是應熱愛洪一峰也熱愛文夏的朋友們的要求而寫的，反應兩位歌王主宰一代臺語歌壇的現象。本書如果不做這樣的安排，而讓兩人始終「王不見王」，或許會使某些歌迷讀者感到「若有所失」也說不定。

最後一章「思慕的人」，收納一些擠不進前述章節裡的重要內容，表現受訪前輩與洪一峰之間的珍貴情誼。這裡整理了十二篇，是作者認為本書最溫馨動人的部分。如果你是忙碌的讀者，讀了這一章，可說已經讀到本書的精華了。

本書脫稿迄今，轉眼四年過去了。其間繼續從受訪前輩那裡得到許多寶貴資料，出土照片也透露新的訊息，文稿因而數度增刪，務求翔實完備。例如一九六三年十月，洪一峰應在日僑領蔡東華之邀，躍登「日本劇場」，一般以為是洪一峰首度赴日。但是根據同年六月五日花蓮塗信雄先生寄給洪一峰「祝赴日一路順風」的合照題字，以及七月十五日日本僑界在神戶神仙閣大飯店舉行「歡迎洪一峰先生晚餐會」的照片發現，洪一峰在登上「日本劇場」之前三、四個月，已經來過日本演唱了，而邀請他來的，極可能是大阪僑界領袖張文隆。可惜這些照片在訪問當時還沒出現，而洪一峰也未主動提及，以致有此誤判。合理推測，本書類似的疏漏應該還有不少，而這只有期許知情的讀者與後續研究者的指正與發掘了。

遺憾的是，洪一峰在接受訪談的次年二月，即因病逝世離開了我們；而受訪前輩鄭日清、黃敏、陳星光、康丁、魏少朋、蔡東華等，也在隨後幾年次第凋零，留下無限追思。如果當時晚個幾年才做這個訪談，那確定已是不可能的事了，至少不知道要困難幾倍。一位重要人物的離開，往往意味一段歷史記憶、一個文化資產的永恆消失而難以彌補。臺語歌謠與臺語影藝前輩身上承載的歷史與有形無形的文化資產，已經迫切需要社會關注與國家力量的搶救了。

本書得以完成，得力於若干機緣的促成與許多為臺灣歌謠無私奉獻的前輩與愛好者的協助。現在容我把他們的名字列在後面，敬表我由衷的謝意。

一、接受訪談的洪一峰先生、歌壇前輩（如附錄三）和洪家每一個人。

二、文化公益信託葉俊麟臺灣歌謠推展基金捐助人葉吳秀鑾女士、葉賽鶯法官、葉煥琪先生和全體諮詢委員。

三、協同訪問的洪榮良、孫德銘、吳國禎諸兄；導演章蓁薰小姐、錄影尹小明先生、譯逐字稿紀佑明先生。

四、提供歌簿的黃敏老師、郭一男老師、陳和平老師、葉煥琪先生，與提供歌謠諮詢的家兄李瑞源先生。

五、提供唱片的徐登芳醫師、愛玲師母和張喻涵小姐。

六、協助整理「洪一峰年表」及內文打字的邱婉婷小姐，和提供「洪一峰歌唱與創作歌曲一覽表」及內文打字的張喻涵小姐。

七、協助報紙全文檢索和聯合知識庫數位檢索、下載的林聰明兄。

此外，撥冗為本書作序鼓勵的葉賽鶯法官、李筱峰教授、鄭邦鎮教授、洪榮良先生，和具名推薦的紀露霞老師、莊永明老師、呂興昌教授、李鴻禧教授和洪榮宏、洪敬堯、洪榮良三位賢昆仲，更令人感激。而林社長與鄭清鴻先生、張怡寧小姐的費心編輯，終使本書能在前衛出版，除了備感榮幸，也要在此致謝。

附錄一　洪一峰年表

歷史背景與臺灣歌謠紀事	年（歲）	洪一峰生平紀事
● 臺灣文化協會分裂。 ● 臺灣民眾黨成立。 ● 《臺灣民報》在臺灣發行。 ● 臺灣人口四百萬。	一九二七年 0歲	● 原籍臺南州新營郡鹽水街鹽水五四一番地。 ● 三月，父親洪文權過世，母親洪蘇治攜兄姐返回臺北市堀江町三三五番地生家（現在萬華區大理街、龍山國小一帶），十月三十日生下洪一峰（本名洪文路，乳名戊福）。
● 二月一日，臺北帝國大學創立。 ● 二月十九日，蔣渭水組臺灣工友總聯盟。 ● 十二月十二日，臺北放送局開局。 ● 陳植棋入選日本帝國美術展覽會。 ● 伊能嘉矩《臺灣文化志》出版。	一九二八年 1歲	● 在艋舺度過貧困的童年。
● 三月二十九日，《臺灣民報》改名《臺灣新民報》。 ● 世界經濟大恐慌開始。 ● 矢內原忠雄《帝國主義下的臺灣》出版。	一九二九年 2歲	● 在艋舺度過童年。
● 十月二十七日，爆發霧社事件。 ● 嘉南大圳竣工。	一九三〇年 3歲	● 在艋舺度過童年。
● 二月十八日，臺灣民眾黨被勒令解散。 ● 六月一日，張維賢、楊木元創立「民烽劇團」。 ● 八月五日，蔣渭水歿。 ● 九月十八日，滿州事變。	一九三一年 4歲	● 隨外婆看廟宇演出酬神戲，對傳統戲曲留下深刻印象。
● 王雲峰、詹天馬作〈桃花泣血記〉。 ● 鄧雨賢作〈大稻埕行進曲〉。	一九三二年 5歲	● 在艋舺度過童年。

● 臺北菊元百貨、臺南林百貨相繼開幕。		
● 鄧雨賢、李臨秋作〈望春風〉。 ● 陳君玉任古倫美亞唱片文藝部主任，發行〈月夜愁〉、〈紅鶯之鳴〉、〈老青春〉、〈怪紳士〉等曲。	一九三三年 6歲	● 在艋舺度過童年。
● 八月十一日，東京臺灣同鄉會舉辦「鄉土訪問演奏會」。 ● 臺灣文藝聯盟成立，賴和擔任委員長。 ● 楊逵《送報伕》入選東京《文學評論》。 ● 周添旺、愛愛進入古倫美亞唱片。 ● 「古倫美亞」發行〈雨夜花〉、〈河邊春夢〉、〈望春風〉、〈滿面春風〉、〈春宵吟〉、〈碎心花〉等曲。 ● 郭博容組博友樂唱片，發行〈人道〉、〈籠中鳥〉、〈逍遙鄉〉、〈一心兩岸〉等曲 ● 「臺灣議會請願運動」活動終止。	一九三四年 7歲	● 全家隨繼父遷居北港。（昭和十二年「寄留地臺南州北港郡北港街北港一〇三五番地」） ● 四月一日，就讀北港公學校，大姊洪鳳讀三年級，二哥戊己升高等科。
● 舉行「始政四十年臺灣博覽會」。 ● 臺中州、新竹州大地震。 ● 首屆地方議員選舉。 ● 勝利唱片錄製臺語流行歌，張福興爲文藝部長，發行〈路滑滑〉、〈海邊風〉等曲。 ● 泰平唱片開始錄製臺語流行歌，發行〈美麗島〉、〈失業兄弟〉等曲。 ● 古倫美亞唱片錄製〈落花吟〉、〈巷仔路〉、〈花前秋月〉；發行〈南風謠〉、〈一個紅蛋〉、〈自由船〉、〈南國花譜〉等曲。	一九三五年 8歲	● 就讀北港公學校二年級。

一九三六年 9歲	● 就讀北港公學校三年級。	● 王福接掌勝利唱片文藝部，發行〈雙雁影〉、〈白牡丹〉、〈日日春〉、〈心酸酸〉、〈三線路〉、〈窗前小雨〉、〈我的青春〉、〈悲戀的酒杯〉、〈青春嶺〉、〈欲怎樣〉等曲。 ● 文聲唱片發行〈簷前雨〉。 ● 吳德貴臺華唱片發行〈薄情花〉、〈月月紅〉、〈賣雜貨〉等曲。 ● 古倫美亞唱片發行〈風微微〉、〈異鄉之夜〉等曲。 ● 松山機場、新公園、臺北公會堂等完成啓用。
一九三七年 10歲	● 就讀北港公學校四年級時，野世先生教以歌唱技巧及樂理。 ● 洪鳳遷回艋舺。	● 七七事變，軍伕應召。 ● 臺灣進入戰時體制，地方組成青年團；推行「臺灣新音樂」，臺灣曲調改日語演唱。 ● 泰平唱片易主，改名「日東」，發行〈農村曲〉、〈雨中鳥〉、〈新娘的感情〉等曲。 ● 鄧雨賢、純純進入「日東」。日東發行〈送君曲〉、〈賣花曲〉等曲。 ● 博友樂唱片結束營業，唱片讓渡「日東」販售。 ● 古倫美亞發行〈請你想看覓〉、〈風中煙〉、〈青春日記〉等曲。
一九三八年 11歲	● 四月一日，母親洪蘇治遷回艋舺，轉寄留於臺北市堀江町三三五番地。 ● 就讀北港公學校五年級。 ● 洪鳳畢業於艋舺公學校。	● 五月三日，實施國家總動員法。臺灣燈火管制。 ● 陳秋霖在東亞唱片發行〈夜半酒場〉、〈可憐的青春〉、〈戀愛的列車〉、〈終身恨〉等曲。 ● 周添旺在古倫美亞作歌十餘首，只發行〈春宵夢〉、〈噫，故鄉〉兩曲。 ● 日東唱片發行〈四季紅〉、〈對花〉等曲。
一九三九年 12歲	● 遷回艋舺，入龍山公學校六年級下期，級任老師爲渡邊先生。	● 五月十九日，總督府確立臺灣工業化、基地化、皇民化三大方針。

	●東亞唱片改名「帝蓄」，發行〈心懵懵〉、〈滿山春色〉、〈什麼叫做愛〉等曲。 ●鄧雨賢東京歸來。 ●開始皇民化運動，唱片公司紛紛歇業。 ●二次大戰開始。	
一九四〇年 13歲	●九月二十七日，德義日締結三國軍事同盟。 ●十一月二十七日，長谷川清就任第十八任總督。 ●禁陰曆，鼓勵改日本姓名。 ●陳秋霖、蘇桐加入日本勞軍團。 ●鄧雨賢任芎林公學校訓導。 ●葉俊麟結識淺口一夫，學習作曲。	●三月十五日，畢業於龍山公學校，爲本科第二十回卒業生，「書法」、「唱歌」、「圖畫」等科表現傑出。 ●四月一日升讀同校高等科。在學期間到「新高堂」購讀音樂及其他課外書自修。 ●買了生平第一把吉他。
一九四一年 14歲	●日本偷襲珍珠港，太平洋戰爭開始。 ●《臺灣新民報》改名《興南新聞》。 ●鄧雨賢指導「竹東交響樂團」。 ●皇民奉公會成立。	●龍山國民學校高等科二年級。 ●參加臺北公會堂〈現中山堂〉青年團活動上臺唱〈支那の夜〉（一九四〇年發行），是第一首愛唱的流行歌曲。 ●與朋友在外切磋，練習各種樂器。
一九四二年 15歲	●四月一日，臺灣志願兵入伍。 ●五月八日，「大洋丸」被擊沉，八田與一歿。 ●高砂義勇隊派至菲律賓。	●三月，龍山國民學校高等科畢業，旋就職製糖會社所屬蔗渣加工廠，未及一年即離職。
一九四三年 16歲	●一月八日，純純歿。 ●一月三十一日，賴和歿。 ●四月一日，實施六年義務教育。 ●呂泉生返臺擔任「臺灣放送局」演藝股長，與張文環等組成「厚生演劇研究會」。	●在新高堂購書自學手風琴和吉他，創作意欲逐漸萌芽。
一九四四年 17歲	●四月一日，全臺六家報紙停刊，合併爲《臺灣新報》。 ●六月十一日，鄧雨賢歿。	●開始在街頭、食堂、酒家那卡西走唱，有時爲人畫像維生。 ●參加公會堂音樂會活動，見岡晴夫演唱而心生嚮往，自此立志成爲一流歌手。

	● 獎勵改日本姓名。 ● 開始臺灣徵兵。	
一九四五年 18歲	● 五月三十一日，臺北大空襲，死三千餘人。 ● 八月十五日，日本無條件投降。 ● 十月二十五日，陳儀代表盟軍受降，日本統治結束。 ● 呂泉生作〈搖嬰仔歌〉。 ● 吳濁流作《亞細亞的孤兒》。 ● 吳成家成立「興亞管絃樂團」。	● 五月三十一日，美軍轟炸臺北中，躲進總督府外防空壕逃過一劫。 ● 戰爭結束，罹患瘧疾，睡夢中遇惡徒搶劫。
一九四六年 19歲	● 四月二日，成立「國語推行委員會」。 ● 八月起，取締日本唱片。 ● 楊三郎、那卡諾作〈望你早歸〉，並組樂隊加入「臺北放送局」。 ● 張邱東松作〈收酒矸〉，唱遍大街小巷。 ● 陳達儒由「新臺灣歌謠社」發行歌簿。	● 短期擔任萬華分局雇員，擔任警察。 ● 取藝名洪文昌，發表成名曲〈蝶戀花〉。 ● 與洪德成、鄭日清等組小型歌唱團，在第一、第二水門間淡水河邊舉辦露天音樂會，推展臺語歌曲。
一九四七年 20歲	● 爆發二二八事件。 ● 楊三郎、那卡諾作〈苦戀歌〉。 ● 陳秋霖成立「新臺灣研究社」。 ● 中央出版社出版周添旺《臺灣流行歌集》。 ● 李萬居創刊《公論報》。	● 目睹二二八事件慘劇，小型歌劇團易遭忌，宣告解散。 ● 八月五日，母親洪蘇治病逝，自此走唱南北各地，而在臺南邂逅後來的第一任夫人小鳳。 ● 與翁志成開設「天聲音樂研究社」，開始教學生涯；並組「天聲音樂團」在喜慶或商店開幕場合演唱。
一九四八年 21歲	● 五月二十日，蔣介石就職總統。 ● 大批中國難民來臺。 ● 實施《動員戡亂時期臨時條款》。 ● 李臨秋作〈補破網〉。 ● 楊三郎作〈異鄉夜月〉，並在圓環舉辦「楊三郎歌謠發表會」，結識周添旺。	● 天聲音樂團活動與教學。 ● 開始那卡西走唱，有時上電臺客串。

● 五月十九日，發布戒嚴令。 ● 舊臺幣四萬元換新臺幣一元。 ● 呂泉生作〈杯底毋通飼金魚〉。 ● 許石作〈風雨夜曲〉。 ● 張邱東松作〈賣肉粽〉。 ● 楊三郎、林天津作〈黃昏再會〉。 ● 中華人民共和國成立。 ● 中華民國政府遷臺。 ● 雷震創辦《自由中國》半月刊。	一九四九年 22歲	● 天聲音樂團活動與教學。 ● 那卡西走唱。
● 發行「愛國獎券」。 ● 舉行地方自治選舉。 ● 韓戰爆發。 ● 蘇桐作〈母啊喂〉、〈青春悲喜曲〉。	一九五〇年 23歲	● 三月十二日，與小鳳結婚。年底收彰化縣（本年由大臺中縣分出）許添福之女素珍爲養女。 ● 天聲音樂團因團員各有生涯規畫，宣告解散。 ● 那卡西走唱。
● 美援開始。 ● 此年前後出現家庭式唱片工廠。 ● 許石、陳達儒作〈安平追想曲〉。 ● 楊三郎、呂傳梓作〈港都夜雨〉（原曲〈雨的布魯斯〉）。	一九五一年 24歲	● 那卡西走唱。
● 十月三十一日，「中國青年反共救國團」成立。 ● 許石創「中國唱片」（後改名女王唱片、大王唱片）。 ● 唱片公司紛紛設立，以翻刻日本、香港唱片爲主。 ● 陳秋霖創設「勝家唱片」出版江中清〈春花望露〉。 ● 楊三郎與周添旺作〈孤戀花〉；組「黑貓歌舞團」。 ● 《臺北和約》簽訂。	一九五二年 25歲	● 加入結晶味寶宣傳隊擔任樂師。 ● 那卡西走唱。

一九五三年	26歲	● 那卡西演唱中應邀至中廣臺南電臺駐唱，歌聲藉電波傳送，廣為世人所知。期間結識黃敏並搭檔創作。	● 韓戰結束。 ● 李山珍創麗歌唱片。 ● 楊三郎、周添旺作〈秋風夜雨〉、〈思念故鄉〉。 ● 勝家唱片發行〈獎券小姐〉。 ● 汪思明唱片發行〈心憂憂〉、〈青春悲喜曲〉。 ● 葉俊麟開始填日曲臺詞。 ● 日本電影主題曲譯詞為臺語歌，大為風行。
一九五四年	27歲	● 受邀回臺北民聲電臺駐唱。旋與洪德成洽租電臺時段製作現場歌唱節目，自兼歌手、樂師與指揮，結束那卡西演出。隨後亦在民本、天南、正聲等電臺演唱（民聲電臺位於成都路；正聲電臺位於長安西路；天南電臺位於金山南路；民本電臺位於杭州南路），為「電臺肉聲時代」。 ● 作〈女性的復仇〉（洪德成詞）、〈邊海角〉、〈海邊月〉（洪德成詞）、〈幸福的歌聲〉等曲。 ● 持續在圓環天水路指導學生。	● 三月五日，張福興歿。 ● 四月，新劇作家簡國賢被槍決。 ● 十二月二日，簽署《中美共同防禦條約》。大學聯招開始。 ● 許石、林天來作〈鑼聲若響〉。 ● 林來籌設歌樂唱片，聘周添旺掌文藝部。 ● 陳達儒擔任味全經理。 ● 大學聯招開始。
一九五五年	28歲	● 電臺樂師兼歌手。 ● 致力作曲與教學。	● 懷日風潮中盛行日曲臺語歌。 ● 邵羅輝拍首部臺語片《六才子西廂記》。 ● 天花絕跡。
一九五六年	29歲	● 錄七十八轉歌樂唱片（約一九五六至一九五七年之間），開始唱片歌手生涯。	● 九月八日，林獻堂歿於日本。 ● 臺灣成功研發三十三又三分之一轉唱片。 ● 歌樂唱片發行〈臺北上午零時〉（楊三郎、周添旺）、〈碧潭悲喜曲〉（陳秋霖、周添旺），以及周添旺〈黃昏嶺〉（日本曲）等。 ● 楊三郎、周添旺作〈春風歌聲〉。 ● 呂泉生、王昶雄作〈阮若打開心內的門窗〉。

一九五七年 30歲	● 十月，結識葉俊麟，繼〈舊情綿綿〉後，陸續合作〈男兒哀歌〉、〈淡水暮色〉、〈寶島四季謠〉、〈寶島曼波〉、〈浪子回頭〉等經典。 ● 錄三十三又三分之一轉女王唱片〈寶島蓬萊謠〉、〈我猶原等著你〉，臺聲唱片〈山頂的黑狗兄〉、〈攤販夜嘆〉、〈相逢有樂町〉、〈生鏽的小刀片〉與南國唱片〈男性勃露斯〉、〈深更的吉他〉等數十曲。 ● 遷居三重。 ● 「電臺肉聲時代」漸次結束，改放唱片為主。	● 四十五轉、三十三又三分之一轉唱片問世。 ● 葉進泰設計四十五轉與三十三又三分之一轉轉速調整器。 ● 李臨秋補〈補破網〉第三段詞。 ● 《文星》雜誌創刊。 ● 《徵信新聞報》舉辦首屆臺語影展。 ● 楊三郎、鄭志峰作〈秋怨〉。 ● 吳晉淮、葉俊麟作〈暗淡的月〉。 ● 蘇聯人造衛星升空。
一九五八年 31歲	● 八月，葉俊麟自基隆遷居三重，彼此密切往來。 ● 巡迴臺北、臺中、臺南、高雄等地演唱，並於各地開班授課。 ● 加入亞洲唱片，灌錄〈再會夜都市〉、〈悲情的城市〉、〈可憐戀花再會吧〉等曲。後改藝名為「洪一峰」。	● 五月十三日，警總成立。 ● 金門八二三砲戰。 ● 臺灣人口逾一千萬。 ● 郭芝苑作臺語電影《阿三哥出馬》、《嘆煙花》主題曲。
一九五九年 32歲	● 十月五日，自三重遷居臺北市延平北路（第一劇場斜對面）。 ● 十二月，與許石、周添旺、林禮涵、葉俊麟、紀露霞等擔任中華廣播電臺「聽眾自由歌唱」總決賽評審。	● 八七水災。 ● 臺灣研發賽璐璐薄片唱片出版。 ● 張邱東松歿。 ● 芸霞歌舞團成立。 ● 歌樂唱片結束營業。
一九六〇年 33歲	● 組「洪一峰歌舞劇團」全臺公演。 ● 在亞洲唱片出版〈男兒哀歌〉、〈寶島四季謠〉、〈舊情綿綿〉、〈淡水暮色〉大轟動，開始歌壇「洪一峰時代」。	● 六月十八日，美國總統艾森豪訪臺。 ● 八月四日，鍾理和歿。 ● 九月六日，楊傳廣獲羅馬奧運十項全能銀牌。 ● 十月，《自由中國》半月刊停刊，雷震入獄。 ● 姚讚福遷居臺中。
一九六一年 34歲	● 「洪一峰歌舞劇團」解散。 ● 二月二十八日，與小鳳離婚。	● 十一月二十九日，東寶歌舞團來臺表演。 ● 《公論報》易手。

	●錄音帶開始發展。 ●海山唱片成立。 ●東德築柏林圍牆。	●夏末應邀至臺南錄製中廣《臺灣歌謠演唱時間》節目，並於「南星音樂教室」任教。 ●年底舉辦「洪一峰歌舞明星大公演」（一般仍稱「洪一峰歌舞團」），於南部各縣市鄉鎮演出。
一九六二年 35歲	●八月七日，文夏《臺北之夜》上映。 ●十月十日，臺視開播，闢《群星會》歌唱節目。 ●實施《國語影片獎勵辦法》，設「金馬獎」。 ●吳濁流《亞細亞的孤兒》中文版問世。 ●《梁祝》上映，黃梅調盛行。 ●日本寶塚少女歌劇團風靡全臺。	●二月十八日，與羅玉結婚。 ●六月二十日，主演電影《舊情綿綿》上映，永達電影公司安排隨片登臺，造成臺語文藝歌唱片熱潮。 ●「南星音樂教室」教學。 ●「洪一峰歌舞明星大公演」活動結束。
一九六三年 36歲	●身歷聲唱片問世。 ●北美飛利浦攜帶式錄音機問世，進入錄音帶時代。 ●葉進泰改良機器，國內自製立體聲唱片。 ●郭金發唱〈燒肉粽〉走紅。 ●學生「五不運動」：不買日貨、不聽日本音樂、不講日語、不看日片、不讀日文書刊。	●三月二十日，主演電影《何日再相逢》上映。 ●六、七月間，應日本僑界邀請赴神戶演唱。 ●十月由蔡東華引薦，在東京「日本劇場」與各國明星同臺演出《世界秀》大型歌舞節目。 ●長男洪榮宏出生。 ●灌錄鈴鈴唱片，年底離開「亞洲」。
一九六四年 37歲	●彭明敏與學生魏廷朝、謝聰敏三人因起草〈臺灣人民自救運動宣言〉被捕。 ●民航C-46型客機於神岡上空墜毀，全員罹難。	●十月十五日，主演電影《祝你幸福》上映。 ●藉走路、散步啓發洪榮宏音樂潛能。 ●往來臺、日之間演唱。
一九六五年 38歲	●十月二十八日，美空雲雀來臺演唱。 ●美援停止。 ●美國大舉投入越戰。 ●設高雄加工出口區。 ●熱門音樂引進臺灣。 ●「黑貓歌舞團」解散。 ●臺視《五燈獎》節目開播。	●四月，應蘇南竹之邀 教「寶島音樂教室」，舉家遷往臺北。 ●四月十七日，《徵信新聞報》「東京航訊」報導：「洪一峰迷人歌聲，陶醉了東京歌迷。」 ●六月二十二日，主演電影《無情的夢》上映。 ●任中光影業公司影劇人員訓練班「歌唱課程」講師。 ●在臺南遠東餐廳駐唱兼奏小提琴、手風琴，極受歡迎。 ●新竹黃某買下「洪一峰歌舞團」執照，藉其名號大演黃色歌舞。 ●臺語歌曲空間受限，演唱重心移往日本。

一九六六年 39歲	● 三月，長女洪鶯娥出生。 ● 客串演出電影《流浪到臺北》。	● 中國文化大革命開始。 ● 美國青年反戰。 ● 余光闢西洋歌曲節目《青春之歌》。 ● 葉和鳴白金錄音室成立。 ● 流行阿哥哥舞。
一九六七年 40歲	● 八月五日，電影《歌星淚》在臺南首映，隨片登臺。 ● 十一月，次男洪敬堯出生。 ● 十一月，在高雄體育館「十大臺語歌星演唱大會」中演唱。（此演唱會被譽爲「臺語歌壇」前所未有的強大表演陣容。） ● 洪榮宏四歲，開始音樂培育訓練。 ● 鐵金剛唱片出版《洪一峰作曲全集》。 ● 〈聲聲無奈何〉（葉俊麟詞、鐵金剛唱片出版）獲嘉義正聲公益電臺「最受歡迎的臺語歌曲選舉大會」聽眾票選爲亞軍。冠軍爲〈你是我愛的人〉，莊啓勝曲；季軍爲〈小姐等何人〉，黃敏曲。 ● 往來臺日之間演唱。	● 臺北市改制院轄市。 ● 以阿六日戰爭。 ● 臺語歌曲漸次沒落。
一九六八年 41歲	● 六月九日，在許石「難忘臺語歌曲歌星聯誼演唱會」中演唱，由楊三郎十一人樂隊伴奏。 ● 九月四日，在眞善美歌廳客串演唱十天。 ● 十月十六日，在金都樂府爲日本歌后二葉あき子助陣。 ● 十二月十六日，在鳳山中華商場開幕歌唱大會中演唱。 ● 應聘在「金馬歌唱訓練班」任教，舉家遷回臺南，賃居青年路。 ● 每週巡迴臺南、臺中、高雄、嘉義等地教學。 ● 在臺南歌廳獻唱五天。 ● 在臺視《寶島之歌》節目中演唱。 ● 擔任金馬唱片電影公司歌謠電影研究社「影歌星速成訓練班」講師，指導基本樂理、歌唱法、發聲法、現場演唱與歌曲分析。	● 十月，臺視取消《寶島之歌》、《綠島之夜》兩節目，臺語歌曲失去電視舞臺。 ● 實施九年國民教育。 ● 紅葉少棒擊敗日本和歌山隊引領棒球熱潮。 ● 臺北市政府發歌星證、演員證，取締無照歌星、演員及演藝場所負責人。 ● 臺語唱片、電影對國語唱片、電影，出現黃金交叉，臺語市場遭到嚴重壓縮。 ● 《大學雜誌》創刊。

		●數年間與日本歌壇巨星橋幸夫、北島三郎、森進一、法蘭克・永井、水原弘等交好，並與文藝家川內康範建立長期友誼。 ●愛玲到府學歌。
●七月一日，規定電視臺一天只准演唱兩首臺語歌。 ●八月二十三日，金龍青少棒隊獲世界冠軍。 ●人類登陸月球。 ●彩色電視機在臺問世。 ●省新聞處開始「清除文化毒素運動」。 ●中視開播。 ●郭芝苑、周添旺作〈心內事無人知〉。 ●王雲峰歿。 ●增額中央民代選舉。	一九六九年 42歲	●首次帶洪榮宏登臺。 ●往來臺日之間演唱。
●布袋戲《雲州大儒俠》登場。 ●呂訴上歿。 ●保釣運動開始。	一九七〇年 43歲	●三月，三男洪榮良出生。 ●客串演出《金龍一號》。 ●往來臺日之間演唱。
●米價飆漲。 ●蔣介石政權代表被逐出聯合國。 ●洪小喬主持《金曲獎》節目。 ●楊三郎經營「尚大農牧場」。 ●華視開播。	一九七一年 44歲	●洪一峰、洪榮宏父子參加金都樂府及葉啓田「臺語歌星演唱會」中演唱。 ●往來臺日之間演唱。
●臺日斷交，禁播日本電影、歌曲，臺語歌曲受波及。 ●尼克森訪問中國，發表《上海公報》。 ●美和青少棒獲世界冠軍。 ●高速公路動工。 ●葉俊麟致力《寶島風情畫》系列創作。	一九七二年 45歲	●六月十六日，戶籍遷出日本國；十月六日，再自日本國遷入。●愛徒李昭男受其影響赴日，洪一峰介紹東京劉通夫、大阪張文隆等友人給予照顧。 ●往來臺日之間演唱。（臺灣電視進入臺語禁歌時期）

一九七三年 46歲	● 首次石油危機。 ● 新聞局成立「出版品出版小組」蒐集流行歌曲約八千首。 ● 「原野三重唱」走紅。	● 與洪榮宏合錄中外唱片《孤兒淚》、《送你一首輕鬆歌》兩張專輯。 ● 在高雄金都樂府「懷念臺灣歌星演唱大會」（葉啓田主辦）連唱十天，盛況空前；之後巡迴桃園、臺中、臺南等地。
一九七四年 47歲	● 十一月二十六日，蘇桐歿。 ● 石油危機。 ● 新聞局成立「廣播電視歌曲輔導小組」規定申請歌唱演員證，必需面試。 ● 臺灣獲世界少棒、青少棒、青棒三冠軍。 ● 新聞局甄選「優良歌曲」。 ● 歌林公司成立音樂出版部。 ● 臺日斷航。	● 攜洪榮宏赴日深造音樂，陪伴六個月中三次往來。
一九七五年 48歲	● 八月，《臺灣政論》創刊，十二月遭查禁。 ● 蔣介石歿，嚴家淦繼任總統，蔣經國繼任中國國民黨主席。 ● 校園民歌時代開始。 ● 新聞局「淨化」歌曲四千餘首，禁唱五、六百首。	● 愛玲以應聘名義赴日，隨洪一峰巡迴各地。
一九七六年 49歲	● 十月七日，吳濁流歿。 ● 十月二十三日，著作權人協會成立。 ● 十二月三日，李雙澤疾呼「唱自己的歌」掀起校園民歌熱潮。 ● 毛澤東歿，四人幫垮臺，十年文革結束。 ● 公布《廣播電視法》，規定「廣播電視使用方言應逐漸減少」。 ● 洪通畫展。	● 與愛玲、洪榮宏先後返臺，結束日本十三年演唱活動，自此與愛玲隨脫線王祿仔團康樂隊巡迴全國庄頭、廟宇、戲園，前後數年。 ● 八月十六日，與羅玉正式離婚。 ● 九月九日，與愛玲在臺北地方法院公證結婚。

● 三月三十一日，陳達到臺北演唱。 ● 七月十九日，許丙丁歿。 ● 飛利浦發展出CD。 ● 李泰祥《鄉》專輯賣出二十萬張。 ● 鄉土文學論戰。 ● 發生中壢事件。	一九七七年 50歲	● 洪榮宏在蔡信淑傳道的引介下就讀淡江中學，接受陳泗治校長的指導栽培。 ● 海山唱片以唱片送審爲由，與其簽下「讓渡書」，取得〈舊情綿綿〉等多首作品的著作權。 ● 創作〈愛妻請原諒〉。 ● 在中和購屋。次女洪千惠出生。
● 南北高速公路全線通車。 ● 蔣經國、謝東閔任第六屆總統、副總統。 ● 錄影帶盛行。 ● 中央民代選舉因臺美宣布斷交中止。 ● 作家張文環歿。	一九七八年 51歲	● 與愛玲搭檔秀場演出。至九〇年代，歷經歌廳秀、餐廳秀、廟會、晚會與工地秀時期。 ● 洪榮宏離開淡江中學，在餐廳彈奏鋼琴或代班唱歌，並在陳木安排下灌錄皇冠唱片。
● 一月一日，美中建交；臺美斷交。 ● 一月九日，開放國外觀光。 ● 一月二十二日，黨外聲援余登發，橋頭示威遊行。 ● 二月十二日，李臨秋歿。 ● 二月二十六日，中正機場落成啓用。 ● 六月一日，《八十年代》創刊，十二月遭查禁停刊。 ● 八月十五日，《美麗島雜誌》創刊。 ● 十二月十日，美麗島事件。 ● 省政府令：演唱〈燒肉粽〉應說明時代背景。	一九七九年 52歲	● 秀場演出。
● 二·二八林宅血案。 ● 美麗島軍法大審。 ● 新竹科學園區揭幕。 ● CD唱片問世。 ● 語言錄音帶大賣。 ● 許石歿。 ● 中正紀念堂落成。	一九八〇年 53歲	● 在桃園世紀歌廳演唱時昏倒舞臺，住院半個月。 ● 與葉俊麟合作〈空思戀〉、〈見面三分情〉等曲。

	● 北迴鐵路竣工通車。	
一九八一年 54歲	● 一月七日，吳成家歿。 ● 四月十一日，陳達歿。 ● 七月三日，陳文成命案。 ● 文建會成立。 ● 隨身聽、耳機、卡帶銷售激增。	● 秀場演出。 ● 洪榮宏加入光美唱片，躍上電視螢幕，成為臺語歌壇新偶像。 ● 此年前後加入「日本作曲家協會」成為會員。
一九八二年 55歲	● 七月，蔣經國提出不接觸、不談判、不妥協三不政策。 ● 八月十七日，美中發表《八一七公報》。 ● 墾丁國家公園公告成立。	● 在桃園演出時，接受學者黃美英專訪，大篇幅報導刊登《民生報》。 ● 十月接受蔡琴《日正當中》廣播節目專訪，暢談臺語歌曲前途。 ● 十月二十四日，洪榮宏遇刺重傷。
一九八三年 56歲	● 一月四日，蔡培火歿。 ● 二月六日，李梅樹歿。 ● 八月七日，「鍾理和紀念館」落成。 ● 十月二十四日，江文也歿。 ● 海山唱片結束營業。	● 秀場演出。 ● 么女洪薇婷出生。
一九八四年 57歲	● 五月二十日，公共電視開播。 ● 六月一日，龍潭鄧雨賢銅像揭幕。 ● 十月十五日，江南命案。 ● 十一月，王詩琅歿。 ● 藝霞歌舞團解散。 ● 蔣經國、李登輝連任總統副總統。 ● 勞基法通過。 ● 麥當勞入臺。	● 秀場演出。
一九八五年 58歲	● 三月十二日，楊逵歿。 ● 修正《著作權法》。 ● 實施電影分級制。 ● 六十名歌手合唱〈明天會更好〉。	● 秀場演出。 ● 十一月七日，與洪榮宏參加中華體育館「青春之夜」義演。

●二月二十五日，杜聰明歿。 ●九月二十八日，民主進步黨成立。 ●舊臺北火車站拆除。 ●大家樂盛行。 ●李遠哲獲諾貝爾化學獎。	一九八六年 59歲	●心臟病發，住進國泰醫院加護病房，十二月底病癒出院，灌錄《作曲四十週年紀念唱片》。
●七月十五日，解除戒嚴。 ●十一月二日，開放民眾赴中國探親。	一九八七年 60歲	●與女兒洪薇婷環島演出，獲廣大迴響。 ●爲方便南北作秀，賃居臺中一年。
●一月十三日，蔣經國歿，李登輝繼任總統。 ●四月二十一日，周添旺歿。 ●五二〇農民運動。 ●楊三郎賣「尙大農牧場」償債。 ●解除報禁。 ●淡水線鐵路拆除。	一九八八年 61歲	●四月五日，參加新店龍舟邀請賽演唱，並於中視《舊情綿綿》節目中演唱老歌。 ●十二月十八日，參加臺北新公園音樂臺「聯合慶祝耶誕佈道音樂晚會」。 ●英倫唱片出版《洪一峰專輯系列》。
●四月七日，鄭南榕爲百分之百言論自由自焚身亡。 ●五月二十五日，楊三郎歿。 ●解除黨禁。 ●中國發生天安門事件。 ●侯孝賢《悲情城市》獲威尼斯影展金獅獎。	一九八九年 62歲	●三月二十六日，在劍橋教會由蔡加發牧師領洗爲基督徒。 ●在臺視節目《綜藝一〇五》中受訪、演唱。 ●在宜蘭市志清堂參加「爲基督而唱」活動。 ●秀場演出。 ●攜妻女赴日賞櫻。
●三月，野百合學運。 ●五月二十日，李登輝任第八任總統。 ●陳達儒獲頒第一屆金曲獎「特別貢獻獎」。 ●東西方冷戰結束，東西德統一。	一九九〇年 63歲	●一月六日，與吳靜嫻共同擔任金曲獎「新人獎」頒獎人。 ●三月十七日，在鳳山體育館演唱。 ●五月二十日，在總統就職晚會「淳樸之音」中演唱。 ●九月十五日，應邀在《臺灣音樂》節目中演唱。 ●秀場演出。 ●爲洪榮宏創作〈見面三分情〉、〈空思戀〉、〈愛情一斤值多少〉、〈港都夜曲〉、〈若無你怎有我〉、〈你著不通忘記〉等曲。 ●洪榮宏以《風風雨雨這多年》獲得第二屆金曲獎「最佳男演唱人獎」，於國語歌手中脫穎而出。

● 五月十七日，立法院通過廢止《懲治叛亂條例》。 ● 五月二十一日，吳晉淮歿。 ● 十二月三十一日，終結萬年國會。 ● 國大臨時會通過憲法增修條款。 ● 發佈《國統綱領》。 ● 廢止《動員勘亂臨時條款》，終止動員戡亂時期。 ● 陳秋霖獲第二屆金曲獎「特別貢獻獎」。	一九九一年 64歲	● 五月二十八日，在臺北社教館「臺灣歌謠演唱會」中演唱。 ● 七月十三日，在仁愛路吸引力畫廊「淡水美術記事一九一〇—一九九一」畫展揭幕式中演唱。 ● 開始創作臺語詩歌。 ● 參加「感性歌聲，頌讚淡水」揭幕典禮。 ● 與紀露霞等十餘名老中青三代歌手演出中廣「咱的鄉情咱的歌」。 ● 在中視新春特別節目《歡樂一百點》中演唱。 ● 擔任金曲獎頒獎人與演唱貴賓。
● 七月十四日，「鄧雨賢作品音樂會」於國家音樂廳舉行。 ● 十月二十四日，陳達儒歿。 ● 臺北市中華商場拆除。 ● 南迴鐵路通車。 ● 陳秋霖歿。 ● 臺北縣立文化中心舉辦楊三郎逝世三週年紀念音樂會。 ● 臺韓斷交。	一九九二年 65歲	● 一月六日，在臺視《鄉土情》節目中演唱。 ● 十月二十六日，在宜蘭區運之夜「臺語歌曲六十年」中唱壓軸。 ● 在臺視三十週年臺慶「回首三十」中演唱。 ● 參加陳芬蘭《楊三郎臺灣民謠交響樂章》專輯發表會。 ● 參加寶現建設工地秀藝術季演唱。 ● 參加中視《閩南語歌謠一甲子》節目演唱。 ● 擔任第四屆金曲獎頒獎人。 ● 在臺大耶誕音樂會演唱。
● 二月二十一日，那卡諾歿。 ● 宋楚瑜出任省主席。 ● 立法院通過《廣播電視法》新條文：「保障少數民族語言或其他族群語言之播出，不得限制特定語言播出之機會。」	一九九三年 66歲	● 一月二十三日，在臺視《龍兄虎弟賀新春》中演唱。 ● 四月二十六日至五月二十九日，與愛玲、洪薇婷在太陽城餐廳「臺語老歌星」節目演唱。 ● 九月，在臺中縣藝術歸鄉系列活動——「臺灣歌謠演唱會」中演唱。 ● 九月二十九日，在臺北縣仁愛之家「中秋節懷念老歌演唱晚會」中演唱。 ● 參加立法院「如何保障著作權人公聽會」。 ● 與洪薇婷在中視《香蕉新樂園》中演唱。

一九九四年 67歲	● 二月十二日，與洪榮宏在「淡水暮色臺灣歌謠演唱會」中演唱。 ● 二月十七日，華視綜藝節目《夜未央》播出「洪一峰特輯」。 ● 二月二十一日，在中視《超級拍檔》節目中演奏小提琴，全家合唱。 ● 四月十七日，與愛玲、洪薇婷在國際會議廳「寶島歌聲」中演唱。 ● 五月七日至八日，參加中正紀念堂廣場「溫馨情慈母恩」露天演唱會。 ● 五月十六日至二十六日，與顏華、紀露霞、文夏、林秀珠、鍾瑛等錄製《古早戀歌》紀念專輯，並南北巡迴舉辦五場演唱會。 ● 五月二十一日，參加中視《香蕉新樂園》懷舊老歌演唱會。 ● 五月二十八日，在中視《香蕉新樂園》中演唱。 ● 六月二十六日，在國際會議中心，臺視「攜手同心飛向未來」演唱會中演唱。 ● 七月十八日，在中視《歡樂傳真》節目中與鄭日清、蔡一紅同臺演唱。 ● 八月二十七日，在中視《香蕉新樂園》節目中演唱。 ● 十月二十五日，在華視臺灣光復節特別節目《春風歌聲——閩南語歌謠》中演唱。 ● 十一月十日至十二日，在國父紀念館，中廣「牽咱的手唱咱的歌」音樂會中演唱。 ● 十二月二日，在陳水扁市長選舉「選前之夜」中演唱。 ● 在謝長廷「臺北追想曲」音樂會中演唱。 ● 在陳定南競選總部「望春風音樂會」中演唱。 ● 洪榮宏〈空思戀〉（洪一峰曲、葉俊麟詞）一曲獲排行榜冠軍，洪榮宏並獲第五屆金曲獎「最佳方言歌曲男演唱人獎」。	● 宋楚瑜、陳水扁、吳敦義分別當選首屆民選臺灣省長、臺北市長、高雄市長。 ● 哥巴契夫訪臺。 ● 葉俊麟獲第六屆金曲獎「特別貢獻獎」。 ● 郭芝苑獲第十四屆「國家文藝獎」。
一九九五年 68歲	● 三月二十九日，在臺視《彩虹假期——鄉親大家好》節目中演唱。	● 李登輝總統訪問美國，中國抗議。 ● 蘭嶼居民抗議核廢料貯存場。

	●實施全民健保。 ●通過二二八事件補償條例，李登輝總統代表政府向二二八受難者家屬致歉。	●擔任第六屆《金曲龍虎榜》頒獎典禮頒獎人（頒給臺語歌后江蕙、龍千玉）。 ●與洪榮宏聯手主持華視《金曲龍虎榜》節目。
一九九六年 69歲	●臺灣首屆民選總統選舉，中國對基隆、高雄外海發射飛彈恐嚇。 ●李登輝、連戰當選首任民選總統、副總統。 ●臺北捷運木柵線通車。 ●尖山埤水庫風景區吳晉淮紀念雕像落成。 ●賀伯颱風造成嚴重土石流災害。	●八月二十二日，洪一峰夫婦與文夏文香夫婦同臺參加臺視《週末滿點秀》節目。 ●十月，參觀「世紀容顏海報展」（展出陳子福所繪製的老電影海報）。 ●十二月八日，在華視《亞太之星——往日情懷》中彈手風琴，並與洪榮宏合唱〈思慕的人〉、〈淡水暮色〉、〈一支小雨傘〉等曲。 ●十二月十四日，在「金馬獎頒獎典禮」中彈手風琴並與齊秦同唱〈港都夜雨〉。 ●參加華視《著作權之夜》特別節目。 ●在臺中亞哥花園中秋節聽友聯歡晚會中演唱。 ●洪榮宏以〈若是我回頭來牽你的手〉（東達唱片）獲第七屆金曲獎「最佳方言歌曲男演唱人獎」；並與洪敬堯以〈愛的一生〉（東達唱片）獲「最佳演唱專輯製作人獎」。
一九九七年 70歲	●六月十一日，民視開播。 ●九月二十四日，工藝美術家顏水龍歿。 ●達賴訪臺。 ●開始雙週週休二日。 ●捷運淡水線通車。 ●各級學校紛紛慶祝百年校慶，校史溯自日治時期。	●一月五日，擔任第八屆《金曲龍虎榜》頒獎人，與庾澄慶歡唱〈山頂黑狗兄〉。 ●二月二十二日，在臺北市「春回臺北——紀念二二八歌謠演唱會」中演唱〈淡水暮色〉、〈思慕的人〉等，回憶二二八往事。 ●七月八日，參加洪榮宏《勁歌金曲五十年》節目，全家到場打氣。 ●在地方慶典與晚會中演唱。
一九九八年 71歲	●八月十二日，葉俊麟歿。 ●八月十三日，布袋戲演師李天祿歿。 ●馬英九、謝長廷當選北、高市長。	●八月十四日，受訪指稱葉俊麟是他「永遠思慕的人」。 ●九月十三日，出席「重陽敬老，舊情綿綿——向葉俊麟致敬音樂會」。

	● 畫家陳進歿。 ● 臺灣凍省。	● 洪榮宏主持的八大音樂節目《阿嬤的歌》，由洪榮良製作，洪敬堯擔任節目總監，開展洪家音樂版圖。
一九九九年 72歲	● 一月二十四日，黃三元歿。 ● 二月十八日，黃得時歿。 ● 九二一大地震。 ● 十二月十日，綠島人權紀念碑揭幕。 ● 歐元誕生。 ● 郭芝苑獲「文化榮譽博士」。	● 亞洲唱片出版《臺語老歌典藏集》第五十九集，內含洪一峰五集共八十首經典歌曲，為臺語文化界一大盛事。
二〇〇〇年 73歲	● 三月十四日，客籍作曲家涂敏恆歿。 ● 政黨輪替，陳水扁、呂秀蓮當選第十屆總統、副總統。 ● 九二一重建開始。 ● 王昶雄歿。	● 四月，在公視《臺語歌謠輯》節目中演唱。 ● 五月二十日，在陳水扁總統就職晚會中演唱。 ● 九月十一日至十二日，在高雄縣政府「中秋月光晚會」中演唱。 ● 十月二十二日，「歌謠百年臺灣」活動票選百年來歌迷永留記憶的歌曲，〈舊情綿綿〉、〈思慕的人〉、〈寶島曼波〉三曲，分獲「一九四五—一九八〇臺灣歌曲類」第一名、第二名、第九名。 ● 十一月九日，與洪榮宏參加三腳渡揭幕音樂祭「說唱基隆河」並於活動中演唱。 ● 十一月二十六日，在臺北市社教館「懷念的歌聲、懷念閩南語老歌之夜」中演唱。 ● 十二月二十六日，與愛愛出席秀蘭瑪雅《心故事》專輯發表會。 ● 十二月三十日，在玉山銀行「For Formosa關愛臺灣音樂會」中演唱。 ● 開始詩歌創作。 ● 與彭靖惠、吳景中及某音樂網站共同發表捍衛網路著作權聲明。 ● 與洪榮宏在宜蘭長老教會「平安七月暝」中演唱。 ● 參加《臺灣最美麗的聲音》一百集特別節目，與主持人葉璦菱同遊淡水。 ● 開始與洪榮宏在教會獻唱詩歌。

年代	紀事	時事
二〇〇一年 74歲	● 一月三十一日，在臺北市文化局「薪火相傳，新春請益茶會」中演唱〈思慕的人〉。 ● 三月二十四日，與洪榮宏參加八大電視「春風花月夜經典音樂會」。 ● 七月十四日，在臺中市政府舉辦的敬老園遊會中演唱。 ● 九月，在宜蘭縣政府表揚模範夫妻大會中演唱。 ● 十月六日，在社教館「老歌聲新感情——懷念的臺語老歌演唱會」中演唱。 ● 十一月三十日，與洪榮宏、秀蘭瑪雅在立委候選人周慧瑛造勢晚會中演唱。 ● 參加「葉俊麟逝世三週年紀念音樂會」（基隆市政府主辦）。 ● 永樂扶輪社頒贈「臺灣歌謠貢獻獎」。 ● 聖樂作品交予淡江高中音樂班演唱。 ● 洪榮宏主持的八大電視節目《臺灣紅歌星》獲二〇〇一年金鐘獎「最佳歌唱綜藝節目獎」，入圍「最佳歌唱音樂綜藝節目主持人獎」。	● 九二一災區重建。 ● 郭芝苑獲靜宜大學臺灣名譽博士學位。 ● 作詞家林天津歿。
二〇〇二年 75歲	● 三月十四日，與洪榮宏在港都電臺《三一四春天聽好歌》節目中演唱。 ● 三月十六日，與文夏、鄭日清等在新港奉天宮「媽祖文化之夜」中演唱。 ● 十二月，在臺北市文化局「臺語老歌演唱會」中演唱，重回中山堂。 ● 十二月三十日，在臺北市文化局「再見中山橋」音樂會中演唱。 ● 在臺北市國樂團「溫馨情，慈母恩」母親節音樂會中演唱。 ● 參加金門王追思音樂會。 ● 洪榮宏《臺灣紅歌星》節目獲二〇〇二年金鐘獎「最佳歌唱音樂綜藝節目主持人獎」。	● 臺灣以「臺澎金馬獨立關稅領域」名稱加入世界貿易組織。 ● 金門王歿。

●爆發SARS疫情，經濟重挫。	二〇〇三年 76歲	●二月二十八日，獲中華民國社區廣播電臺首屆廣播金音獎之「本土文化貢獻獎」。 ●七月，在羅東運動公園「臺灣流行音樂時光廊——懷舊老歌唱給你聽」活動中演唱。 ●十一月二十九日，淡水漁人碼頭「淡水暮色歌碑」揭幕，獲邀見證並演唱。 ●洪榮宏《臺灣紅歌星》節目獲二〇〇三年金鐘獎「最佳歌唱音樂綜藝節目主持人獎」；專輯《洪樓夢》入圍金曲獎「最佳臺語男演唱人獎」（得獎獎項從缺）。
●二月二十八日，「二二八牽手護臺灣」，從和平島到鵝鑾鼻，超過二百萬人站出來「反飛彈反併吞」。 ●三月二十日，陳水扁、呂秀蓮連任總統、副總統。對手陣營提當選無效之訴，占據凱道，政局動盪。	二〇〇四年 77歲	●一月九日，首屆「臺灣之歌」頒獎典禮，獲陳水扁總統頒贈獎狀表揚。 ●二月三日，參加臺灣文化演藝推展協會「臺灣群星燦爛百年歌謠大賞演唱會」，與七十位歌手同臺開唱。 ●二月二十七日，獲臺北圓環扶輪社頒贈「臺灣國寶——終身成就獎」。 ●五月二十日，參加陳水扁總統就職音樂會演唱。 ●受聘爲「臺灣演藝協會」顧問。 ●父子慈善義演「驚洪一瞥，把愛找回來」演唱會，票房所得悉數捐贈「世界展望會」和「新希望基金會」。
●中國制訂《反分裂國家法》。 ●連戰訪中，聯中制臺。	二〇〇五年 78歲	●八月一日，心肌梗塞進行心導管手術，癒後減少演出；「臺灣洪聲演唱會」因此暫緩。 ●罹患巴金森氏症。
●五月三十一日，臺北捷運板橋線第二階段及土城線正式通車。 ●紅衫軍活動。	二〇〇六年 79歲	●三月二十二日，參加三重市公所「三重演藝史座談會」。 ●五月十二日至十三日，在國父紀念館「洪榮宏臺語金曲演唱會」中演唱。 ●十一月，參加新聞局「臺語電影五十週年慶祝晚會」唱壓軸。 ●擔任臺灣電影五十週年金馬獎頒獎人。

二〇〇七年 80歲	● 六月十三日，參加三重「懷舊唱片展」。 ● 九月二十七日，晚上在家滑倒撞傷後頭部，幸無大礙。 ● 十二月十一日，在新聞局「解嚴二十週年系列活動——禁歌禁曲演唱會」中演唱。 ● 十二月二十四日，參加「風華再現代代相傳臺語電影晚會」。 ● 受聘爲葉俊麟臺灣歌謠推展基金諮詢委員。	● 十月二十四日，文化公益信託葉俊麟臺灣歌謠推展基金設立。
二〇〇八年 81歲	● 一月二日，參加石牌福興宮「禁歌演唱會」、王世堅「臺灣禁歌演唱會」。 ● 二月二十八日，在高雄燈會藝術節「阿爸的黃襯衫——懷舊臺語老歌主題之夜」中演唱。 ● 八月十二日，在「葉俊麟逝世十週年紀念音樂會」中演唱。 ● 十二月，參加「二〇〇八歲末感恩群星耀紅樓」演出。	● 馬英九、蕭萬長當選第十二屆總統、副總統。 ● 金融風暴。
二〇〇九年 82歲	● 四月底，得尿道炎，住三總、新光等醫院，療養三個月。 ● 五月五日在創世基金會基隆分院「把愛秀出來——懷舊感恩茶會」中演唱。 ● 三月至七月，接受葉俊麟臺灣歌謠推展基金「洪一峰口述歷史計畫」小組訪談。 ● 十月十六日，「向寶島歌王・名作曲家洪一峰致敬音樂會」於在國立成功大學舉行，十二月十二日在三重小巨蛋盛大舉辦。 ● 十二月，發現罹胰臟癌。 ● 十二月二十六日因吸入性肺炎陷入昏迷，住新光醫院加護病房。	● 七月，高雄世界運動會。 ● 八八水災造成小林滅村與南部重大災害。 ● 九月，臺北聽障奧運。 ● 經濟蕭條，發消費券。
二〇一〇年 83歲	● 一月，轉入臺北醫學院附設醫院。 ● 二月二十四日逝世，享壽八十三歲。 ● 三月十三日，於臺北士林靈糧堂舉行告別追思禮拜，總統頒贈褒揚令，靈骨安奉萬里「福田妙國」墓園。	● 八八災區重建。

附錄二　洪一峰演唱與創作歌曲一覽表

張喻涵製表，原載《洪一峰之音樂藝術研究》頁六二～七二

序號	曲名	作曲者	作詞者	演唱者	年代
1	蝶戀花	洪文昌	洪文昌	王蓮舫、紀露霞、楊富美	一九四六
2	幸福的歌聲	洪文昌	洪文昌	不詳	一九五四
3	天邊海角	洪文昌	蔡啓東	洪文昌	一九五六
4	港都夜曲	洪文昌	洪德成	不詳	一九五六
5	愛的聖典	洪文昌	洪德成	不詳	一九五六
6	臺北春宵①	洪文昌	洪德成	洪文昌	一九五六
7	花香白蘭	洪文昌	洪德成	不詳	一九五六
8	花香美人	洪文昌	洪文昌	不詳	一九五六
9	春來何處	洪文昌	洪文昌	不詳	一九五六
10	南都夜月	洪文昌	洪德成	不詳	一九五六
11	臺北是樂園	洪文昌	洪德成	不詳	一九五六
12	秋夜的孤兒	洪文昌	洪文昌	不詳	一九五六
13	眞情	不詳	不詳	洪文昌、張美雲	約一九五七
14	懷鄉	不詳	不詳	洪文昌	約一九五七
15	港邊月	洪文昌	洪德成	不詳	一九五七
16	青春嘆	洪文昌	洪德成	不詳	一九五七
17	秋風嘆	洪文昌	洪德成	不詳	一九五七
18	搖子調	洪文昌	蔡啓東	洪文昌	一九五七
19	雷鳴風雨	洪文昌	洪德成	不詳	一九五七
20	臺北春天	洪文昌	洪德成	不詳	一九五七

註①—〈臺北春宵〉：曲同〈臺南春宵〉、〈懷念夢中人〉。

21	臺南春宵②	洪文昌	洪德成	洪文昌	一九五七
22	可愛的結他	洪文昌	林合	不詳	一九五七
23	赤崁樓之戀	洪文昌	鄭政雄	洪文昌	一九五七
24	男性的純情	洪文昌	洪德成	洪文昌	一九五七
25	我是行船人	洪文昌	葉應麟	不詳	一九五七
26	小奴家③	洪文昌	葉應麟	洪文昌	一九五八
27	別君譜④	不詳	葉應麟	王雅美主唱、洪文昌口白	一九五八
28	流浪曲	洪文昌	葉應麟	洪文昌	一九五八
29	流浪嘆	洪文昌	黃國隆	洪文昌	約一九五八
30	斷情記	洪文昌	葉應麟	洪文昌	一九五八
31	河邊情歌	洪文昌	黃國隆	不詳	一九五八
32	放浪人生	洪文昌	葉應麟	洪文昌	一九五八
33	旅途夜風	万城目正	蔡啓東	洪文昌、林英美	一九五八
34	春在何處	莊啓勝	黃其良	洪文昌	一九五八
35	綠衣天使	洪文昌	葉應麟	洪文昌	一九五八
36	碧潭之戀	洪文昌	黃國良	不詳	一九五八
37	舊情綿綿	洪文昌	葉應麟	洪文昌	一九五八
38	寶島曼波	洪文昌	葉應麟	洪文昌	一九五八
39	攤販夜嘆	不詳	葉應麟	洪文昌	一九五八
40	生銹小刀片	上原賢六	葉應麟	洪文昌	一九五八
41	只好抱吉他	不詳	葉應麟	洪文昌	一九五八
42	月下等無兄	洪文昌	黃國隆	洪文昌	一九五八
43	半夜單相思	洪文昌	黃國隆	不詳	一九五八
44	赤城搖子歌	竹岡信幸	不詳	洪文昌	一九五八
45	男性勃露斯	山口俊郎	清源	洪文昌	一九五八
46	男性的意志	不詳	葉應麟	洪文昌	一九五八

註②—〈臺南春宵〉：曲同〈臺北春宵〉、〈懷念夢中人〉。

註③—〈小奴家〉：曲同〈古怪少年家〉。

註④—〈別君譜〉：江蕙曾於一九八九年翻唱爲〈深情難捨〉。

47	南海迎春曲	洪文昌	黃國隆	不詳	一九五八
48	英俊的鼓手	大森盛太郎	蔡啓東	洪文昌	一九五八
49	爽快的鼓手	大森盛太郎	蔡啓東	洪文昌	一九五八
50	快樂的鼓手	大森盛太郎	蔡啓東	洪文昌	一九五八
51	相逢有樂町	吉田正	葉應麟	洪文昌	一九五八
52	深更的吉他	吉田正	葉應麟	洪文昌	一九五八
53	無聊月暗暝	佐佐木俊一	葉應麟	洪文昌	一九五八
54	無聊的意志	洪一峰	葉俊麟	洪一峰	約一九五八
55	青春巡邏員	利根一郎	葉應麟	洪文昌	一九五八
56	青春的男兒	利根一郎	葉應麟	洪文昌	一九五八
57	寶島蓬萊謠	日本民謠	高金福	洪文昌	約一九五八
58	山頂的黑狗兄	Leslie Sarony	高金福	洪文昌	一九五八
59	臺北賣花姑娘	洪文昌	蔡啓東	洪文昌	一九五八
60	我猶原等著你	不詳	葉應麟	洪文昌	一九五八
61	你著不可未記呢	洪文昌	洪文昌	顏華	一九五八
62	阮可愛的一杯酒	洪文昌	黃國隆	洪文昌	一九五八
63	懷念美麗的故鄉	楊三郎	黃國隆	洪文昌	一九五八
64	中央市場上午三時	洪文昌	黃國隆	李清風	一九五八
65	風中煙	鄧雨賢	周添旺	洪一峰	約一九五九
66	夜間飛行	吉田正	葉俊麟	洪一峰	一九五九
67	孤單男兒	不詳	葉俊麟	洪一峰	一九五九
68	妹妹請期待	邱再福	周添旺	洪一峰	約一九五九
69	再會夜都市	渡久地政信	葉俊麟	洪一峰	一九五九
70	港邊的吉他	不詳	葉俊麟	洪一峰	一九五九
71	港邊的簫聲⑤	村沢良介	葉俊麟	洪一峰	一九五九
72	可愛的免悲傷	大野正夫	葉俊麟	洪一峰	一九五九

註⑤—〈港邊的簫聲〉：另有〈港邊的哨聲〉、〈港邊簫聲〉等名。

73	咱二人的舞會	吉田正	葉俊麟	洪一峰	一九五九
74	風騷的尾孀婆	洪一峰	葉俊麟	紀露霞	一九五九
75	可憐戀花再會吧	上原げんと	葉俊麟	洪一峰	一九五九
76	離別	筒美京平	葉俊麟	洪一峰	一九六〇
77	旋風兒	上原賢六	葉俊麟	洪一峰	一九六〇
78	男兒哀歌	洪一峰	葉俊麟	洪一峰	一九六〇
79	淡水暮色	洪一峰	葉俊麟	洪一峰	一九六〇
80	重回故鄉⑥	不詳	葉俊麟	洪一峰	一九六〇
81	冷淡的接吻	渡久地政信	葉俊麟	洪一峰	一九六〇
82	悲情的城市	吉田正	葉俊麟	洪一峰	一九六〇
83	春宵運河邊⑦	上原げんと	葉俊麟	洪一峰	一九六〇
84	無聊的流星⑧	上条たけし	葉俊麟	洪一峰	一九六〇
85	寶島四季謠	洪一峰	葉俊麟	洪一峰	一九六〇
86	霧夜長相思	不詳	葉俊麟	洪一峰	一九六〇
87	相逢南都之夜	不詳	葉俊麟	洪一峰	一九六〇
88	難忘的夜都市	不詳	葉俊麟	洪一峰	一九六〇
89	鷓鴣望你回來	渡久地政信	葉俊麟	洪一峰	一九六〇
90	銀座西路車站前	吉田正	葉俊麟	洪一峰	一九六〇
91	心心相愛	遠藤実	葉俊麟	洪一峰	約一九六一
92	爭取勝利	野崎眞一	葉俊麟	洪一峰	約一九六一
93	男性的情淚	渡久地政信	葉俊麟	洪一峰	約一九六一
94	流浪的吉他	狛林正一	葉俊麟	洪一峰	約一九六一
95	省都一封信	佐伯としお	葉俊麟	洪一峰	約一九六一
96	寂寞的街市	不詳	葉俊麟	洪一峰	約一九六一
97	母親請你放心	不詳	葉俊麟	洪一峰	約一九六一
98	臺北發的尾班車	豊田一雄	葉俊麟	洪一峰	約一九六一

註⑥—（重回故鄉）：另有〈重回的故鄉〉之名。

註⑦—〈春宵運河邊〉：另有〈春宵的運河邊〉之名。

註⑧—〈無聊的流星〉：另有〈無聊的孤星〉之名。

99	搖子調	洪一峰	葉俊麟	洪一峰	一九六二
100	相思河邊	泰國民謠	葉俊麟	洪一峰	一九六二
101	何時再相逢	洪一峰	葉俊麟	洪一峰	一九六二
102	快樂的牧場	洪一峰	葉俊麟	洪一峰	一九六二
103	春風眞有情⑨	姚敏	葉俊麟	洪一峰	一九六二
104	惜別夜港邊	上原げんと	葉俊麟	洪一峰	一九六二
105	無情的街市	不詳	葉俊麟	洪一峰	一九六二
106	大家來聽故事	姚敏	葉俊麟	洪一峰	一九六二
107	眞情難忘⑩	洪一峰	葉俊麟	洪一峰	一九六三
108	悲戀情歌	洪一峰	葉俊麟	洪一峰	一九六三
109	可愛的小姐	姚敏	葉俊麟	洪一峰	一九六三
110	古怪少年家⑪	洪一峰	葉俊麟	洪一峰	一九六三
111	姑娘眞美麗	服部良一	葉俊麟	洪一峰	一九六三
112	春宵五更鼓	臺灣民謠—十二月調	葉俊麟	洪一峰	一九六三
113	黃昏日頭落	臺灣民謠—留傘調	葉俊麟	洪一峰	一九六三
114	苦戀的男性	不詳	葉俊麟	洪一峰	一九六三
115	秋雨	不詳	葉俊麟	洪一峰	一九六四
116	小亡魂	不詳	洪信德	洪一峰	一九六四
117	母子愛	洪一峰	洪信德	瑪莉	一九六四
118	處女心	洪一峰	葉俊麟	洪一峰主唱 方瑞娥、黃秀月、陳秀惠合唱	一九六四
119	大海之戀	不詳	洪信德	洪一峰	一九六四
120	祝你幸福⑫	吉田正	洪信德	洪一峰	一九六四
121	春夢夜曲	不詳	葉俊麟	洪一峰	一九六四
122	無情的夢⑬	佐佐木俊一	葉俊麟	洪一峰	約一九六四
123	戀愛時代	不詳	葉俊麟	洪一峰	約一九六四

註⑨—〈春風眞有情〉：國語版爲〈春風吻上我的臉〉。

註⑩—〈眞情難忘〉：曲同〈舊情難忘〉。

註⑪—〈古怪少年家〉：曲同〈小奴家〉。

註⑫—〈祝你幸福〉：曲同〈懷念的播音員〉。

註⑬—〈無情的夢〉：另有〈無情之夢〉之名。

124	鳳陽花鼓	中國民謠	葉俊麟	洪一峰、莊明珠	一九六四
125	甘蜜的青春	遠藤実	葉俊麟	洪一峰	約一九六四
126	曼卡灣唆囉	Gesang Martohartono	葉俊麟	洪一峰	約一九六四
127	無聊的男性	中野忠晴	葉俊麟	洪一峰	約一九六四
128	隔壁的小姐	不詳	葉俊麟	洪一峰	約一九六四
129	男性的志氣	山口俊郎	洪信德	洪一峰	一九六四
130	漂泊的男性	飯田三郎	洪信德	洪一峰	一九六四
131	花紅的手巾	上原賢六	葉俊麟	洪一峰	一九六四
132	故鄉小姑娘	三界稔	葉俊麟	洪一峰	一九六四
133	慕情搖子歌	不詳	葉俊麟	洪一峰	一九六四
134	慕情的黃昏	不詳	葉俊麟	洪一峰	約一九六四
135	離別的情淚⑭	莫然（王福齡）	葉俊麟	洪一峰	一九六四
136	思情之夜	不詳	葉俊麟	洪一峰	約一九六五
137	時代男兒	不詳	葉俊麟	洪一峰	約一九六五
138	港邊夜月	洪一峰	葉俊麟	洪一峰	約一九六五
139	異鄉風雨	洪一峰	葉俊麟	洪一峰	約一九六五
140	難忘的人	大村能章	葉俊麟	洪一峰	約一九六五
141	愛河之夜	不詳	韓萬人	洪一峰	約一九六五
142	南國之夜	洪一峰	葉俊麟	洪一峰	一九六五
143	悲情的夢	洪一峰	葉俊麟	洪一峰	一九六五
144	今宵伴吉他	洪一峰	葉俊麟	洪一峰	約一九六五
145	青春好伴侶	不詳	葉俊麟	洪一峰	約一九六五
146	玫瑰的探戈	洪一峰	葉俊麟	洪一峰	一九六五
147	想起彼當時⑮	鳥取春陽	葉俊麟	洪一峰、王秀如	約一九六五
148	懷念夢中人⑯	洪一峰	葉俊麟	洪一峰	約一九六五
149	霧夜的路燈	洪一峰	周添旺	洪一峰	約一九六五

註⑭—〈離別的情淚〉：國語版為〈不了情〉。

註⑮—〈想起彼當時〉：另有〈想起當時〉之名。

註⑯—〈懷念夢中人〉：另有〈懷念的夢中人〉之名。曲同〈臺北春宵〉、〈臺南春宵〉。

150	戀情的都市	不詳	不詳	洪一峰	約一九六五
151	我不是流浪者	日本民謠	韓萬人	洪一峰	約一九六五
152	情意綿綿惜別時	洪一峰	韓萬人	洪一峰	一九六五
153	歌星淚	洪一峰	蘇南竹	洪一峰	一九六七
154	高山姑娘	洪一峰	葉俊麟	文鶯	一九六七
155	純情的人	不詳	葉俊麟	洪一峰	一九六七
156	日月潭之戀	洪一峰	葉俊麟	黃西田、文鶯	一九六七
157	孝女的心聲	洪一峰	蘇南竹	莎莉	一九六七
158	男兒純情心	不詳	余俊男	洪一峰	一九六七
159	無聊的愛人	洪一峰	葉俊麟	洪一峰	一九六七
160	聲聲無奈何⑰	洪一峰	葉俊麟	王秀如	一九六七
161	難忘臺北城	洪一峰	葉俊麟	林峰	一九六七
162	刺玫瑰	洪一峰	王炳源	洪一峰	一九六八
163	思慕的人	洪一峰	葉俊麟	洪一峰	一九六八
164	愛河月夜	洪一峰	葉俊麟	洪一峰	一九六八
165	心情亂紛紛	洪一峰	王炳源	洪一峰	一九六八
166	暗淡的月影	洪一峰	王炳源	洪一峰	一九六八
167	難忘台北城	洪一峰	王炳源	洪一峰	一九六八
168	寶島阿哥哥⑱	洪一峰	黃國隆	洪一峰	一九六八
169	冷靜聽阮來安慰	洪一峰	王炳源	洪一峰	一九六八
170	我永遠對你眞情	洪一峰	洪一峰	洪一峰	一九六八
171	晶晶	古月	呂金守	洪一峰	一九六九
172	單戀	藝昇	呂金守	洪一峰	一九六九
173	五月花	吳晉淮	許天賜	洪一峰	一九六九
174	老長壽	張新興	呂金守	洪一峰	一九六九
175	擦皮鞋	那卡諾⑲	那卡諾	洪一峰	一九六九

註⑰—〈聲聲無奈何〉：西卿於二〇〇八年翻唱爲〈聲聲怨嘆〉。

註⑱—〈寶島阿哥哥〉：曲同〈寶島曼波〉。

註⑲—那卡諾（一九一八～一九九三）：本名黃仲鑫，爲〈苦戀歌〉、〈望你早歸〉之作詞者。

176	雙雁影	蘇桐	陳達儒	洪一峰	一九六九
177	愛與恨	佐佐木俊一	葉俊麟	洪一峰	一九六九
178	鷲與鷹	荻原忠司	呂金守	洪一峰	一九六九
179	母親請安	佐伯としお	葉俊麟	洪一峰	一九六九
180	秋風夜雨	楊三郎⑳	周添旺	洪一峰	一九六九
181	淡水河邊	宇佐英雄	呂金守	洪一峰	一九六九
182	港都夜雨	楊三郎	呂傳梓	洪一峰	一九六九
183	港邊惜別	吳成家	陳達儒	洪一峰	一九六九
184	看破的愛	星幸男（即遠藤実）	莊啓勝	洪一峰	一九六九
185	望你早歸	楊三郎	那卡諾	洪一峰	一九六九
186	望君立志	不詳	呂金守	洪一峰	一九六九
187	離別之夜	直木陽	莊啓勝	洪一峰	一九六九
188	霧夜燈塔	豊田一雄	葉俊麟	洪一峰	一九六九
189	山高情又深	洪一峰	洪一峰	洪一峰	一九六九
190	男性的苦戀	吉田正	愁人㉑	洪一峰	一九六九
191	青春的戀夢㉒	中山晉平	葉俊麟	洪一峰	一九六九
192	追憶的戀夢	不詳	呂金守	洪一峰	一九六九
193	最後一封信	宮川泰	陳達雄	洪一峰	一九六九
194	最後的談判	黃敏	呂金守	洪一峰	一九六九
195	傷心的離別	遠藤実	呂金守	洪一峰	一九六九
196	思鄉	姚讚福	姚讚福	洪一峰	一九七〇
197	雨中鳥	姚讚福	陳達儒	洪一峰	一九七〇
198	雨夜花	鄧雨賢	周添旺	洪一峰	一九七〇
199	老小姐	不詳	不詳	洪一峰	一九七〇
200	初戀花	洪一峰	葉俊麟	文鶯	一九七〇
201	日落西山	姚讚福	林啓清	洪一峰	一九七〇

註⑳—楊三郎（一九一九～一九八九）：本名楊我成，曾自組「黑貓歌舞團」，為〈苦戀歌〉、〈望你早歸〉、〈港都夜雨〉、〈秋風夜雨〉等經典作品之作曲者。

註㉑—愁人（一九二八～）：即文夏，本名王瑞河，為第一位加入臺南亞洲唱片公司之歌手，一九五七年發行歌曲〈飄浪之女〉後大受歡迎，也大量改編日本演歌重新填詞翻唱，如〈媽媽請妳也保重〉、〈黃昏的故鄉〉等。

註㉒—〈青春的戀夢〉：另有〈青春愛戀〉、〈青春的愛戀〉等別稱。

202	酒擱一杯	猪俣公章	黄太田	洪一峰	一九七〇
203	暗淡的月	吳晉淮	葉俊麟	洪一峰	一九七〇
204	我有一句話	侯賜泉	陳達儒	洪一峰	一九七〇
205	美查某囝仔	不詳	不詳	洪一峰	一九七〇
206	故鄉黃昏時	米山正夫	呂金守	洪一峰	一九七〇
207	爲伊走千里	不詳	不詳	洪一峰	一九七〇
208	請你免悲傷	不詳	呂金守	洪一峰	一九七〇
209	夢中的愛人	不詳	不詳	洪一峰	一九七〇
210	最後的乾杯	不詳	不詳	洪一峰	一九七〇
211	可愛的玫瑰花	不詳	不詳	洪一峰	一九七〇
212	迌迌人的目屎	米山正夫	劉達雄	洪一峰	一九七〇
213	溫泉鄉的吉他	古賀政男	葉俊麟	洪一峰	一九七〇
214	最後的火車站	渡久地政信	正一	洪一峰	一九七〇
215	流浪天涯伴吉他	吉田正	劉達雄	洪一峰	一九七〇
216	生命的愛	洪一峰	葉俊麟	洪一峰	一九七二
217	男性純情	古賀政男	葉俊麟	洪一峰	一九七二
218	思慕之夜	洪一峰	葉俊麟	洪一峰	一九七二
219	港邊夜月	洪一峰	葉俊麟	洪一峰	一九七二
220	愛的流浪	猪俣公章	葉俊麟	洪一峰	一九七二
221	悲情的小路	宇佐英雄	葉俊麟	洪一峰	一九七二
222	孤兒淚	洪一峰	羅平	洪榮宏	一九七三
223	相招你	不詳	羅平	洪榮宏	一九七三
224	新妻鏡	古賀政男	蔡啓東	洪一峰、顏華	一九七三
225	船夫小調	中山晉平	葉俊麟	洪一峰	一九七三
226	熱戀之夜	吉田正	葉俊麟	洪一峰	一九七三
227	不通忘記我	洪一峰	羅平	洪榮宏	一九七三

228	可愛的街市	洪一峰	羅平	洪榮宏	一九七三
229	明日又天涯	大森盛太郎	葉俊麟	洪一峰	一九七三
230	男性的純情	洪一峰	洪德成	洪一峰	一九七三
231	哀愁的吉他	不詳	葉俊麟	洪一峰	一九七三
232	純情的男兒	不詳	羅平	洪一峰	一九七三
233	純情好女兒	不詳	羅平	洪一峰	一九七三
234	快樂的爸爸	洪一峰	羅平	洪榮宏	一九七三
235	親愛的媽媽	洪一峰	羅平	洪榮宏	一九七三
236	懷念你一人	洪一峰	不詳	洪一峰	一九七三
237	賣烟的姑娘	鈴木静一	葉俊麟	洪一峰	一九七三
238	臺灣小姑娘	洪一峰	葉俊麟	洪一峰	一九七三
239	愛情夜港邊	不詳	羅平	洪一峰	一九七三
240	風速四十公尺㉓	上原賢六	葉俊麟	洪一峰	一九七三
241	我爲您唱一首歌	洪一峰	羅平	洪一峰	一九七三
242	思親孝子	洪一峰	洪一峰	洪榮宏	一九七四
243	你愛信賴我	洪一峰	洪一峰	洪一峰	一九七四
244	我愛慕太陽	洪一峰	洪一峰	洪榮宏	一九七四
245	甜蜜的少女	不詳	洪一峰	洪一峰	一九七四
246	離別的機場	洪一峰	洪一峰	洪一峰	一九七四
247	那按呢欲怎樣	洪一峰	洪一峰	洪榮宏	一九七四
248	送你一首輕鬆歌	洪一峰	洪一峰	洪一峰、洪榮宏	一九七四
249	大家來看迎鬧熱	不詳	洪一峰	洪榮宏	一九七四
250	媽媽您會寂寞否	洪一峰	洪一峰	洪榮宏	一九七四
251	酒場純情影	不詳	葉俊麟	洪一峰	一九七五
252	可愛彼個人	不詳	洪一峰	洪榮宏	一九七七
253	迎接好春天	不詳	洪一峰	洪榮宏	一九七七

註㉓—〈風速四十公尺〉：另有〈風速四十米〉之名。

254	異鄉的街市	不詳	洪一峰	洪榮宏	一九七七
255	難忘的河邊	不詳	洪一峰	洪榮宏	一九七七
256	離別	吉屋潤	蘇明	洪一峰	一九七八
257	雨毛毛	不詳	蘇明	愛玲㉔	一九七八
258	純情花	不詳	蘇明	愛玲	一九七八
259	悲情的雨	不詳	蘇明	洪一峰	一九七八
260	港口惜別	不詳	蘇明	洪一峰	一九七八
261	青春祝福	不詳	洪一峰	洪一峰、愛玲	一九七八
262	難分難離	不詳	蘇明	洪一峰	一九七八
263	女人的命運	不詳	蘇明	愛玲	一九七八
264	女性的願望	不詳	蘇明	愛玲	一九七八
265	流浪的兄妹	不詳	洪一峰	洪一峰、愛玲	一九七八
266	快樂的人生	不詳	蘇明	洪一峰、愛玲	一九七八
267	快樂夜都市	不詳	蘇明	洪一峰、愛玲	一九七八
268	放浪的女性	不詳	洪一峰	愛玲	一九七八
269	夜霧航空站	不詳	洪一峰	愛玲	一九七八
270	悲戀的河邊	不詳	蘇明	愛玲	一九七八
271	港都不夜城	不詳	蘇明	愛玲	一九七八
272	黃昏龍山寺	大野正雄	蘇明	洪一峰	一九七八
273	痴情的女人	不詳	洪一峰	愛玲	一九七八
274	請你免悲傷	不詳	蘇明	洪一峰	一九七八
275	懷念播音員	吉田正	蜚聲	洪一峰	一九七八
276	再一次的相見	不詳	洪一峰	愛玲	一九七八
277	罩茫霧彼一日	不詳	蘇明	洪一峰	一九七八
278	懷念初戀的人	不詳	蘇明	愛玲	一九七八
279	請你站在我身邊	吉田正	蘇明	洪一峰	一九七八

註㉔—愛玲：本名陳淑梅，曾發行專輯《愛玲之歌》（第１集）、《愛玲之歌》（第２集）。

280	河邊黃昏時	不詳	葉俊麟	洪一峰	一九八〇
281	人生旅途	洪一峰	洪一峰	洪榮宏	一九八一
282	請你毋通忘記	洪一峰	洪一峰	洪榮宏	一九八一
283	寶島春宵暝	洪一峰	洪一峰	洪榮宏	一九八一
284	黃昏慕情	洪一峰	洪一峰	洪榮宏	一九八二
285	無你就無我	洪一峰	葉俊麟	洪榮宏	一九八二
286	給我伸手幫助你	洪一峰	葉俊麟	洪榮宏	一九八二
287	誰人不想行好路	洪一峰	洪一峰	洪榮宏	一九八二
288	年輕美姑娘	洪一峰	洪一峰	洪榮宏	一九八三
289	感謝你的關懷	洪一峰	洪一峰	洪榮宏	一九八三
290	父子情深	洪一峰	洪一峰	洪榮宏	一九八四
291	等待您再相見	洪一峰	洪一峰	洪榮宏	一九八四
292	純情的夢㉕	洪一峰	洪一峰	洪榮宏	一九八五
293	有話坦白說出來	洪一峰	洪一峰	洪榮宏	一九八六
294	免怨恨	洪一峰	洪一峰	愛玲	一九八七
295	海邊情歌	洪一峰	洪一峰	洪一峰	一九八七
296	愛的日屎	洪一峰	洪一峰	愛玲	一九八七
297	愛的笑容	洪一峰	洪一峰	洪一峰	一九八七
298	一步一步來	洪一峰	洪一峰	洪一峰、洪榮宏	一九八七
299	歡喜唱情歌	洪一峰	洪一峰	洪一峰、愛玲	一九八七
300	見面三分情	洪一峰	葉俊麟	洪榮宏	一九八八
301	愛一斤是値外多	洪一峰	黃瑞祺	洪榮宏	一九八九
302	打拼人生	洪一峰	洪一峰	未出版	一九九〇
303	空思戀	洪一峰	洪榮宏	洪榮宏	一九九四
304	水底鴛鴦夢	洪一峰	洪一峰	洪榮宏	一九九四
305	咱的神天父上帝	洪一峰	洪一峰	未出版	一九九九

註㉕—〈純情的夢〉：此曲爲一九七〇年代洪一峰於日本演唱期間所創，原名〈男の淚〉，由川內康範作詞，但發表時作曲者竟掛名麻布十郎，直至洪榮宏於光美唱片灌錄唱片時，才將作曲者改回洪一峰。引自郭麗娟，《寶島歌聲》（一），頁三八。

306	感恩	洪一峰	洪一峰	未出版	二〇〇〇
307	感謝耶和華	洪一峰	洪一峰	未出版	二〇〇〇
308	敬拜讚美上帝	洪一峰	洪一峰	未出版	二〇〇〇
309	一家信主全家得救	洪一峰	洪一峰	未出版	二〇〇〇
310	主祝福基督的家庭	洪一峰	洪一峰	未出版	二〇〇〇
311	耶穌愛你我也愛你	洪一峰	洪一峰	未出版	二〇〇一
312	舞伴㉖	洪一峰	洪榮宏	洪榮宏	二〇〇二
313	我的故鄉	洪一峰、洪榮宏	洪榮宏	洪榮宏	二〇〇二
314	淡水戀歌	洪一峰	洪一峰	未出版	二〇〇二
315	眞情綿綿	洪一峰	洪榮宏	洪榮宏	二〇〇二
316	愛恨之間	洪一峰	武雄	洪榮宏	二〇〇二
317	有你的夏天	洪一峰	陳施羽	洪榮宏	二〇〇二
318	愛常常喜樂	洪一峰	洪榮宏	洪一峰、洪榮宏、洪敬堯、洪榮良、洪千惠、洪千琇、洪薇婷、愛玲	二〇〇八
319	情書	吉田正	不詳	洪一峰	不詳
320	行船人	吉田正	王時人	洪一峰	不詳
321	純情花	洪一峰	呂金守	不詳	不詳
322	噫故鄉	洪一峰	周添旺	洪一峰	不詳
323	嘆五聲	不詳	不詳	洪一峰	不詳
324	有你陪伴	洪一峰	洪一峰	未出版	不詳
325	阿里蘭喲	韓國民謠	不詳	洪一峰、林淑媛、陳貴代、黃麗霞、許連召	不詳
326	河邊夜嘆	洪一峰	洪一峰	洪一峰	不詳
327	知音情郎	不詳	不詳	洪一峰	不詳

註㉖—〈舞伴〉：曲同〈感恩〉。

328	南國小調	洪一峰	不詳	洪一峰主唱，莊明珠、王秀如、楊錦秀、陳美香合唱	不詳
329	相逢恨晚	不詳	洪輝明	不詳	不詳
330	港邊悲歌	洪一峰	蔡啓東	不詳	不詳
331	楊花水性	洪一峰	陳達儒	不詳	不詳
332	福氣的人	洪一峰	洪一峰	未出版	不詳
333	痴情日記	洪一峰	不詳	洪一峰主唱、王秀如伴唱	不詳
334	舊情難忘㉗	洪一峰	蔡啓東	洪一峰	不詳
335	觀月小調	洪一峰	周天目	不詳	不詳
336	鸞鳳雙飛	不詳	不詳	洪一峰	不詳
337	女性的復仇	洪一峰	洪德成	紀露霞、洪德成	不詳
338	日子的經過	不詳	洪一峰	洪榮宏	不詳
339	心愛你一人	洪一峰	洪一峰	陳聖芬	不詳
340	甘願綴你去	洪一峰	洪一峰	愛玲	不詳
341	故鄉一朵花	洪一峰	洪理夫	洪榮宏	不詳
342	臺灣美麗城	洪一峰	洪一峰	不詳	不詳
343	打扮遊山妹	客家歌曲	葉俊麟	洪一峰	不詳
344	目前戀愛中	不詳	葉俊麟	洪一峰	不詳
345	再會夜港口	米山正夫	葉俊麟	洪一峰	不詳
346	再會啊再會	不詳	不詳	洪一峰	不詳
347	快樂的歌聲	不詳	不詳	洪一峰	不詳
348	幸福在何處	洪一峰	葉俊麟	洪一峰	不詳
349	青春戀喜曲	不詳	不詳	洪一峰	不詳
350	祈禱你幸福	清水保雄	葉俊麟	洪一峰	不詳
351	無聊的意志	洪一峰	葉俊麟	洪一峰	不詳
352	媽媽的恩情	洪一峰	洪一峰	不詳	不詳

註㉗—〈舊情難忘〉：曲同〈眞情難忘〉。

353	懷念的城市	遠藤実	葉俊麟	洪一峰	不詳
354	離別的港都	不詳	不詳	洪一峰	不詳
355	愛妻請原諒	洪一峰	陳和平	洪一峰、愛玲	不詳
356	懷念的夜城市	洪一峰	陳和平	洪一峰	不詳
357	可愛的夏威夷	不詳	不詳	洪一峰	不詳
358	懇求上帝施恩賜福	洪一峰	洪一峰	未出版	不詳
359	男の涙	洪一峰	川内康範	不詳	不詳
360	裏町酒場町	洪一峰	魏廖光	不詳	不詳

附錄三　洪一峰口述歷史計畫訪談一覽表

次別	時間	訪談對象	主題	主訪人	訪談地點	資料
1	2009.03.13	洪一峰（一）	說明訪談計畫、溝通訪談方式	孫德銘、李瑞明	洪一峰先生府上	影音檔、筆記稿
2	2009.03.20	洪一峰（二）、洪榮宏（一）	傳承與調教；洪榮宏的音樂人生	李瑞明	洪一峰先生府上	影音檔、臺文稿、中文稿
3	2009.03.24	洪榮宏（二）、洪鶯娥、洪敬堯、陳施羽	我的父親	李瑞明	三芝雙連安養院	影音檔、臺文稿、中文稿
4	2009.04.02	洪鳳、陳姿安（一）	查某嫺仔主婦與洪德成、洪一峰兄弟	李瑞明、洪榮良	陳姿安小姐府上	影音檔、筆記稿
5	2009.04.03	洪一峰（三）	遺腹子的童年	李瑞明、章蓁薰	洪一峰先生府上	影音檔、臺文稿、中文稿
6	2009.04.10	洪一峰（四）	走唱人生與電臺肉聲時代	李瑞明、吳國禎	洪一峰先生府上	影音檔、臺文稿、中文稿
7	2009.04.15	洪一峰（五）	從有聲到有影	章蓁薰	洪一峰先生府上	影音檔、中文稿
8	2009.04.23	葉吳秀鑾、葉煥琪	葉俊麟與洪一峰	李瑞明、洪榮良	葉吳秀鑾女士府上	影音檔、臺文稿、中文稿
9	2009.04.24	洪一峰（六）	我與我的音樂	李瑞明、章蓁薰、林太崴	洪一峰先生府上	影音檔、臺文稿、中文稿
10	2009.05.01	紀露霞	電臺時代的回憶	李瑞明、洪榮良	紀露霞女士府上	影音檔、臺文稿
11	2009.05.14	羅玉	饒赦之路	李瑞明、章蓁薰、洪榮良	三芝雙連安養院	影音檔、臺文稿、中文稿
12	2009.05.14	洪榮良	走尋阿爸	李瑞明、章蓁薰	三芝雙連安養院	影音檔、臺文稿、中文稿

13	2009.05.15	李鴻禧	音樂社會學與洪一峰	李瑞明、章蓁薰、洪榮良	李鴻禧教授府上	影音檔、臺文稿
14	2009.05.26	邱志炅、洪慶雲	鼓霸大樂隊與五〇年代臺灣音樂	李瑞明、章蓁薰	臺北市環河南路黃氏大宗祠	影音檔
15	2009.05.27	林福地	《舊情綿綿》電影憶往	李瑞明、章蓁薰	林福地導演府上	影音檔、臺文稿、中文稿
16	2009.06.05	陳木	「爸爸在哪裡」	李瑞明、章蓁薰	陳木先生府上	影音檔、臺文稿
17	2009.06.09	鄭日清（一）	露天音樂會、歌簿、亞洲唱片與洪一峰的婚姻	李瑞明、章蓁薰	異象傳播公司	影音檔、臺文稿、中文稿
18	2009.06.09	脫線	康樂隊走天涯	李瑞明	內湖瑞光街星巴克咖啡	影音檔、臺文稿、中文稿
19	2009.06.11	蘇南竹（一）	臺南電臺、洪一峰歌舞明星大公演與「歌星淚」	章蓁薰、李瑞明	異象傳播公司、國際電話訪問	錄音檔、臺文稿
20	2009.06.12	洪薇婷	發聲教學、舞臺精神與秀場回憶	李瑞明、章蓁薰	異象傳播公司	影音檔、臺文稿
21	2009.06.16	陳和平（一）	洪一峰與葉俊麟；南北歌手：文夏與洪一峰	李瑞明、章蓁薰	陳和平先生府上	錄音檔、臺文稿
22	2009.06.18	蘇南竹（二）	金馬歌唱訓練班教學實錄	李瑞明	異象傳播公司、國際電話訪問	錄音檔、臺文稿
23	2009.06.18	李昭男	我與洪老師	李瑞明	異象傳播公司、國際電話訪問	錄音檔、臺文稿
24	2009.06.19	陳星光	友情、愛情、婚姻與威權下的廣播生態	李瑞明、章蓁薰	臺灣廣播公司	錄音檔、臺文稿
25	2009.06.19	愛玲（一）	從歌廳秀、餐廳秀到工地秀	李瑞明、章蓁薰	異象傳播公司	影音檔、臺文稿
26	2009.07.02	魏少朋（一）	秀場中的洪一峰	李瑞明、章蓁薰、洪榮良	魏少朋先生府上	影音檔、臺文稿
27	2009.07.03	黃敏	從戰後臺南歌壇到音樂著作權	李瑞明、章蓁薰	黃敏先生府上	影音檔、臺文稿
28	2009.07.09	洪鳳、陳姿安（二）	戰前貧家生活、青少年期音樂活動、終戰後短暫警察生涯、小鳳及其子女、旅日點滴、家變等	李瑞明、章蓁薰、洪榮良	陳姿安小姐府上	影音檔、臺文稿

29	2009.07.20	蘇南竹（三）	補充前兩回內容	李瑞明	異象傳播公司	錄音檔、臺文稿
30	2009.07.24	洪一峰（七）	東瀛歲月與交遊憶往	李瑞明、章蓁薰、洪榮良	洪一峰先生府上	錄音檔、臺文稿
31	2009.07.30	龍山國小、東園國小萬華戶政事務所	尋訪舊跡龍山國小（陳信宏主任、莊老師熱情提供學校資料）與東園國小（教務處組長引導參觀校史室）	李瑞明	校園	學籍卡、學校簡介、戶籍謄本
32	2010.01.08	蔡東華（一）	日本劇場與《世界秀》	李瑞明、洪榮宏	異象傳播公司	影音檔、筆記稿
33	2010.02.26	愛玲（二）	洪一峰的歌唱藝術	李瑞明、章蓁薰	北醫附設醫院	筆記稿
34	2010.03.24	陳惠珠（一）	日本劇場時期的洪一峰	李瑞明	異象傳播公司、東京國際電話	筆記稿
35	2010.04.14	陳和平（二）	五〇至六〇年代臺語歌壇、洪一峰的歌與曲風、混血歌曲、前輩憶往	李瑞明、章蓁薰	陳和平先生府上	錄音檔、臺文稿
36	2010.04.16	康丁（一）	從「捷豹歌舞團」到秀場；辛酸話歌星證	章蓁薰、李瑞明	臺灣藝人工會（臺北市中山區吉林路四十五號四樓）	錄音檔、筆記稿
37	2010.04.20	愛玲（三）	鬥病始末	章蓁薰、李瑞明	愛玲女士府上	筆記稿
38	2010.09.10	陳和平（三）	臺語歌、國語歌的交叉逆轉	李瑞明	陳和平先生府上	錄音檔、臺文稿
39	2010.09.20	愛玲（四）	學歌、旅日與洪老師的舞臺精神	李瑞明	愛玲女士府上	筆記稿
40	2010.11.29	陳和平（四）	晚會秀、廟口秀與工地秀年代	李瑞明	電話訪談	筆記稿
41	2010.12.23	蔡東華（二）、陳惠珠（二）	蔡：我的救命大恩人；陳：值得信賴的人	李瑞明、洪榮良	平溪白石腳「皇宮茶坊」	筆記稿
42	2011.01.19	愛玲（五）	信仰轉折、受洗經過	李瑞明	愛玲女士府上	筆記稿
43	2011.01.26 2011.01.27	陳和平（五）	海山唱片《洪一峰經典專輯》與著作權	李瑞明	陳和平先生府上 電話訪談	筆記稿
44	2011.02.23	康丁（二）	「思慕的人」與小鳳	李瑞明	三峽客家園區	筆記稿
45	2011.02.23	魏少朋（二）	撕裂悲劇中的洪氏父子	李瑞明	三峽客家園區	筆記稿

46	2011.03.04	臺南市青年路故居	故居主人曾天福先生與鄰居洪陳昭英女士憶往	李瑞明	臺南市青年路二二六巷五十一號前	筆記稿
47	2011.03.04	郭一男	南星音樂教室、亞洲唱片與洪一峰；尋訪南寧路故居與亞洲唱片原址	李瑞明	臺南市永福路六十六號「南星音樂教室」原址	筆記稿
48	2011.03.05	尋訪鹽水	月津文史協會理事長林明义先生陪訪「洪厝寮」	李瑞明	臺南鹽水洪厝寮	筆記稿
49	2011.3.18	鄭日清（二）	詳述一九四六年露天音樂會與一九五二年露天歌廳盛況；洪一峰的愛情、婚姻、家變；亞洲唱片臺北部分製作過程	洪榮良、李瑞明	淡水河左岸忠孝碼頭	筆記稿
50	2011.04.22	章蓁薰	基督徒的罪與饒赦	李瑞明	電話訪談	筆記稿
51	2011.06.01	金澎	節奏、爵士與洪一峰	李瑞明	臺北市松江路「綠色逗陣」	筆記稿
52	2011.07.17	洪金英	婚姻、家教、洪鳳與洪德成洪一峰兄弟	李瑞明	異象傳播公司	筆記稿
53	2012.03.23	愛玲（六）	作品、學生群像、女歌迷、親情癒合	張喻涵、李瑞明	愛玲女士府上	筆記稿

附錄四 參考資料

一、口述訪談影音檔逐字稿及筆記

二、專書（依姓名筆劃排列）

● 文國偉譯，《每日研經叢書》，香港：基督教文藝出版社，二〇〇六年。

● 王禎和，《人生歌王》，臺北：聯合文學，一九八七年。

● 左秀靈校訂，《日本歷史辭典》，臺北：名山出版社，一九八八年。

● 古賀政男，《歌はわが友わが心》，日本：潮出版社，一九七七年。

● 池田憲一，《昭和流行歌の軌跡》，日本：白馬出版，一九八五年。

● 吳國禎，《吟唱臺灣史》，臺北：臺灣北社，二〇〇三年。

● 卓甫見，《陳泗治：鍵盤上的遊戲》，臺北：時報文化，二〇〇二年。

● 邱坤良，《飄浪舞臺：臺灣大眾劇場年代》，臺北：遠流，二〇〇八年。

● 孫芝君，《呂泉生——以歌逐夢的人生》，臺北：時報文化，二〇〇二年十二月。

● 孫德銘等編，《臺灣歌謠大師葉俊麟經典詞作賞析》，臺北：文化公益信託葉俊麟臺灣歌謠推廣基金，二〇〇七年。

● 莊永明、孫德銘著，《臺灣歌謠鄉土情》，自費出版，一九九四年。

● 莊永明，《臺灣歌謠追想曲》，臺北：前衛，一九九五年一月。

● 崔萬秋，《東京見聞記》，臺北：皇冠出版社，一九六六年。

● 郭麗娟，《寶島歌聲》（一）、（二），臺北：玉山社，二〇〇五年八月。

● 陳艷秋等著，《懷念的人物》，臺北：前衛，一九八四年八月。

- 黃仁，《日本電影在臺灣》，臺北：秀威，二〇〇八年。
- 葉龍彥，《臺灣唱片思想起》，臺北：博揚，二〇〇一年。
- 葉龍彥，《春花望露：正宗臺語電影興衰錄》，臺北：博揚，一九九九年。
- 鄭恆隆、郭麗娟，《臺灣歌謠臉譜》，臺北：玉山社，二〇〇二年二月。
- 劉國煒，《老歌情未了——五十年代的臺語歌曲》，宜蘭：華風，一九九七年。
- 蔡棟雄，《三重唱片業戲院影歌星史》，新北：三重市公所出版，一九九七年一月。
- 鍾堅，《臺灣航空決戰》，臺北：麥田，一九九六年。

三、單篇論文（依發表時間排列）

- 〈臺灣民謠〉臺灣研究研討會第六次集會紀錄，《臺灣風物》第二十九卷第一期，一九七九年三月三十一日。
- 銘傳大傳科編著，〈臺灣唱片業的過去、現在、未來〉，《傳薪雜誌》，一九九〇年四月。
- 王順隆，〈從百年來的閩南語教育探討臺灣的語言社會〉，《臺灣文獻》第四十六卷第五期，一九九五年九月。
- 〈臺北唱片業座談會紀錄〉，《臺北文獻直字》第一二五期，一九九八年九月。
- 李筱峰，〈時代心聲——戰後二十年的臺灣歌謠與臺灣的政治和社會〉，《臺灣風物》第四十七卷第三期，一九九七年九月。
- 陳慧玲，〈禁錮的時期——臺語查禁歌曲之文化霸權論述〉，《輔仁大學大眾傳播研究所中華傳播季刊》，二〇〇二年六月。
- 劉曉頤，〈愛使經典再生〉，《好消息雜誌月刊》第一八六期，二〇一〇年六月。

四、學位論文（依發表時間排列）

- 楊克隆，《臺語流行歌曲與文化環境變遷之研究》，臺北：國立臺灣師範大學國文所碩士論文，一九九八年。
- 黃裕元，《戰後臺語流行歌曲的發展（一九四五～一九七一）》，桃園：國立中央大學歷史研究所碩士論文，二〇〇〇年六月。
- 施沛瑜，《技術、流行與小眾音樂市場——以亞洲唱片公司爲例之地方音樂工業研究》，臺南：國立臺南藝術大學民族音樂學研究所碩士論文，二〇〇七年。
- 吳俊鳳，《楊三郎音樂創作之研究》，臺南：國立臺南藝術大學民族音樂學研究所在職專班碩士論文，二〇〇八年六月。
- 鶴田純，《一九五〇、六〇年代「日本曲臺語歌」研究》，臺南：國立成功大學臺文所碩士論文，二〇〇八年。

- 邱婉婷，《「寶島低音歌王」之路——洪一峰創作與混血歌曲之探討》，臺北：國立臺灣大學音樂研究所碩士論文，二〇一一年六月。
- 陳堅銘，《熟悉的異國之聲——「日本流行歌」在臺灣的傳唱（一九二八～一九四五）》，臺北：國立政治大學臺灣史研究所碩士論文，二〇一一年六月。
- 張喻涵，《洪一峰之音樂藝術研究》，臺北：國立臺北教育大學音樂研究所碩士論文，二〇一二年十一月。

四、其他

- 陳和平，〈臺語歌曲何去何從〉，《五十八年度歌星選拔大會特刊》，一九六九年十月二十一日。
- 莊永明，〈臺灣歌謠紀事〉，《中國時報》，一九九四年十月十九日。
- 晏山農，〈誰的「舊情綿綿」〉，《自由時報》，二〇〇八年九月十八日，A15。
- 〈寶島歌王安息主懷〉，《基督教論壇報》第八～九版，二〇一〇三月十二日～十五日。
- 洪一峰口述，洪榮良整理，〈音樂人生〉，二〇〇八年十二月。
- 洪榮宏口述，陳施羽撰文，〈父子情深：我的父親寶島歌王洪一峰〉，《基督教論壇報》。
- 李麗璧，〈二二八事件眞相與血淚的回憶〉（未刊稿），一九九二年三月。
- 〈葉俊麟年表〉，葉煥琪提供。
- 張淵福，臺灣電影筆記 http://moire.cca.gov.tw/files/16-1000-1636.php
- 康丁，臺灣電影筆記 http://moire.cca.gov.tw/files/16-1000-1636.php

思慕的人：寶島歌王洪一峰與他的時代

總 策 劃　文化公益信託葉俊麟臺灣歌謠推展基金
　　　　　財團法人洪一峰文化藝術基金會
口　　述　洪一峰等
執　　筆　李瑞明
責任編輯　鄭清鴻　張怡寧
美術編輯　黃子欽
影像協力　鄭恆隆　郭麗娟
出版贊助　臺南南區扶輪社　臺南西區扶輪社
　　　　　臺南府城扶輪社　臺南成大扶輪社

出 版 者　前衛出版社
　　　　　10468 臺北市中山區農安街 153 號 4 樓之 3
　　　　　Tel：02-25865708 | Fax：02-25863758
　　　　　郵撥帳號：05625551
　　　　　E-mail：a4791@ms15.hinet.net
　　　　　http://www.avanguard.com.tw
出版總監　林文欽
法律顧問　南國春秋法律事務所
出版日期　2016 年 8 月初版

總 經 銷　紅螞蟻圖書有限公司
　　　　　台北市內湖區舊宗路二段 121 巷 19 號
　　　　　Tel：02-27953656 | Fax：02-27954100
定　　價　新台幣 480 元

 Printed in Taiwan ISBN 978-957-801-802-0

國家圖書館出版品預行編目 (CIP) 資料

思慕的人：寶島歌王洪一峰與他的時代 /
洪一峰口述；李瑞明作 . -- 初版 . -- 臺北
市：前衛, 2016.08
　面；　公分
ISBN 978-957-801-802-0(平裝)
1. 洪一峰 2. 歌星 3. 臺灣傳記
783.3886　　105009081